桂林理工大学出版基金
本书得到：桂林理工大学风景园林一流学科建设专项经费 资助
国家自然科学基金(31960252)

旅游开发背景下
漓江流域土地利用变化及
生态效应研究

胡金龙 ◎ 著

企业管理出版社
ENTERPRISE MANAGEMENT PUBLISHING HOUSE

内 容 简 介

本书以世界知名旅游目的地——漓江流域为研究对象，在景观生态学、流域生态学、环境科学等相关学科理论支撑下，按照“格局—过程—效应”的研究思路，在3S技术支持下，利用多个时相的遥感影像数据，研究了漓江流域1973—2013年间土地利用演化特征及驱动机制，探讨了土地利用变化与旅游业发展的相互关系，从格网单元和镇区等不同尺度，分析土地利用变化对漓江流域生态系统服务的价值和生态风险时空分异的影响，提出了漓江流域生态可持续发展对策，研究成果为漓江流域区域生态环境建设提供技术支持和科学依据。本书可供生态学、地理学、环境科学、土地资源管理、旅游管理等领域的科研工作者及高校教师参考。

图书在版编目（CIP）数据

旅游开发背景下漓江流域土地利用变化及生态效应研究 / 胡金龙著 . — 北京 : 企业管理出版社 , 2020.9

ISBN 978-7-5164-2222-9

Ⅰ . ①旅… Ⅱ . ①胡… Ⅲ . ①漓江－流域－旅游资源开发－关系－土地利用－生态效应－研究 Ⅳ . ① F592.767 ② F321.1

中国版本图书馆CIP数据核字（2020）第182980号

书　　名：旅游开发背景下漓江流域土地利用变化及生态效应研究
作　　者：胡金龙
责任编辑：杨慧芳 侯春霞
书　　号：ISBN 978-7-5164-2222-9
出版发行：企业管理出版社
地　　址：北京市海淀区紫竹院南路17号　　邮编：100048
网　　址：http://www.emph.cn
电　　话：发行部（010）68701816　　编辑部（010）68420309
电子信箱：314819720@qq.com
印　　刷：河北宝昌佳彩印刷有限公司
经　　销：新华书店
规　　格：710毫米×1000毫米　　开本16　　印张14.5　　千字260
版　　次：2020年10月第1版　　2020年10月第1次印刷
定　　价：78.00元

前　言

土地利用/覆被变化是全球环境变化的重要组成部分和重要驱动因素之一，是陆地表层多种过程相互制约和影响的综合反映，是特定人—地关系下多种驱动力因素共同作用的结果，被认为是可持续发展的核心问题，关系到人类的生存和发展。在分析土地利用变化过程和趋势的基础上，开展土地利用变化的生态效应研究，有助于揭示人类社会影响下区域生态环境变化的过程及机理，进而从提高生态系统服务供给、降低区域生态风险的角度为土地利用规划、土地决策制定以及区域生态环境保护提供参考依据，促进经济、社会与环境的协调发展。

漓江流域是世界知名的旅游目的地，属于典型的喀斯特地区，生态环境脆弱。早在1978年，漓江就被列为国家重点保护的十三条江河之一，现已成为名副其实的“中国名片”。近年来，伴随桂林国际旅游胜地建设加速推进，城镇化、旅游活动的快速扩张，漓江流域局部地区面临环境污染、生物多样性降低、土地退化等众多生态环境问题，已引起全社会的高度关注。研究典型旅游目的地土地利用变化及生态效应，具有十分重要的现实意义，同时也有助于丰富景观生态学和流域生态学理论。

本书按照“格局—过程—效应”的研究思路，在3S技术的支持下，利用多个时相的遥感影像，结合野外调查，分析漓江流域1973—2013年土地利用演化特征及驱动机制；结合漓江流域旅游发展相关指标，分析40年来漓江流域土地利用变化与旅游业发展的相互关系；基于格网单元和镇区等不同尺度，综合运用地统计和空间统计分析方法（空间自相关），结合DEM数据，从水平和垂直空间深入分析土地利用变化对漓江流域生态系统服务价值和生态风险时空分异的影响，提出漓江流域生态可持续发展对策。本书研究运用了面向区域生态系统服务功能和生态风险及其驱动因素研究的空间格网方法，并结合空间自相关分析和DEM数据，多维度深入揭示漓江流域生态系统服务和生态风险的空间分布规律。本书研究使生态系统服务和生态风险评价动态化，评价结果图纸化，研究结果更直观、更具有实际意义，为实现土地资源可持续利用、旅游开发及环境管理之间的协调发展提供了决策依据。

本书得到广西人文社科重点研究基地广西旅游产业研究院建设经费，桂林理工大学风景园林、旅游管理一流学科建设经费以及国家自然科学基金项目“漓江流域生态系统服务时空演变与旅游城镇化耦合关系研究”（31960252）资助。由于时间和水平有限，书中难免存在不足之处，敬请广大读者批评指正!

胡金龙

目　　录

第1章　绪　论

1.1　研究背景及意义

土地利用/覆被变化是全球环境变化的重要组成部分（Foley et al.，2005；Turner et al.，2013）和重要驱动因素之一（Ward et al.，2000），是陆地表层多种过程相互制约和影响的综合反映，是特定人–地关系下多种驱动力因素共同作用的结果（Liu et al.，2003；Meyfroidt et al.，2013；李常斌等，2014），被认为是可持续发展的核心问题之一，关系到人类的生存和发展（He et al.，2011；Campos and Velazquez，2012； Wijesekara et al.，2012）。1995 年国际地圈与生物圈计划（IGBP）和全球环境变化人文因素计划（IHDP）发起《土地利用/覆被变化科学研究计划》后，土地利用/覆被变化的生态环境响应迅速成为全球环境变化研究的热点内容（王晓东和蒙吉军，2014）。在对过往土地利用/覆被变化研究计划总结的基础上，IGBP 和 IHDP 2002 年提出 10 年土地研究计划，将研究重点转向土地利用变化与其他领域的交叉综合，注重生态功能与人类社会活动的紧密联系（蔡运龙等，2004）。为评估生态系统服务如何受人类–环境耦合系统变化的影响，IGBP 和 IHDP 于 2005 年推出“全球土地计划”，将土地利用变化的生态环境效应研究引向深入。相关研究内容从微观大气成分到区域尺度生态系统等均有所涉及（Vitousek et al.，1997； Matson et al.，1997； Tilman et al.，2001； Foley et al.，2005）。研究发现土地利用变化释放大量二氧化碳，亦导致生态环境破碎、生物多样性降低、土壤和水环境功能退化等问题（Pimm and Raven，2000）。土地利用变化不仅造成地表结构的巨大变化，而且直接影响区域大气、水文、土壤、生物多样性以及生物地球化学循环过程，进而改变整个生态系统的结构和组成，由此对生态系统服务功能和区域生态风险产生影响（Sterling et al.，2012； Tian et al.，2012；章茹等，2014）。在分析土地利用变化过程和趋势的基础上，开展土地利用变化的生态效应研究，有助于揭示人类社会影响下区域生态环境变化的过程及机理，进而从提高生态系统服务供给、降低区域生态风险的角度为土地利用规划、土地决策制定以及区域生态环境保护提供参考依据，促进经济、社会与环境的协调发展。

漓江流域是世界重要的旅游目的地，属于典型的喀斯特地区，生态环境脆弱。早在 1978 年漓江就被列为国家重点保护的十三条江河之一，现已成为名副其实的“中国名片”。2013 年漓江流域内各区县共接待游客 2636.21 万人次，实现旅游总收入 279.12 亿元，占桂林旅游总收入的 80%。近年来，伴随着城市化及旅游活动的快速扩张，漓江流域局部地区面临环境污染、生物多样性降低、土地退化等众多生态环境问题，已引起全社会的高度关注。2010 年“两会”期间，习近平同志在参加广西代表团全体会议时强调，一定要保护好桂林山水，保护好广西良好的生态环境。2012 年 1 月 1 日，《广西壮族自治区漓江流域生态环境保护条例》正式施行。为揭示漓江流域生态环境变化状况，众多研究相继展开，目前关于漓江流域生态环境的相关研究主要涉及漓江流域的水资源（苏文静等，2012）、森林植被（朱晓媚等，2009）、生态风险评价（何东艳等，2012）、旅游干扰（向芸芸、蒙吉军，2014）、景观变化（胡金龙等，2017）、水文变化（段文军等，2014；许景璇等，2018）、水土流失（覃星铭等，2018）等方面，虽然少量研究已涉及流域内的生态效应问题，但缺乏系统的、深入的土地利用变化以及生态效应研究。

本研究按照“格局—过程—效应”的研究思路，在 3S 技术（遥感技术、地理信息系统和全球定位系统）的支持下，利用多个时相的遥感影像，结合野外调查，研究漓江流域 1973—2013 年土地利用演化特征及驱动机制，从多个角度分析土地利用 / 覆被变化对漓江流域生态系统服务价值和生态风险时空分异的影响，进而提出漓江流域生态可持续发展的对策。研究结果一方面为区域生态环境建设、土地可持续利用提供了技术支持和科学依据；另一方面丰富了景观生态学和流域生态学理论，提供了喀斯特地区和旅游地典型区域案例。

1.2 国内外相关研究进展

1.2.1 土地利用 / 覆被变化研究进展

1. 土地利用 / 覆被时空演变规律研究

对区域土地利用 / 覆被时空演变进行分析和定量描述是土地利用 / 覆被变化早期研究的主要内容。在早期研究中，由于技术水平和条件的限制，大多数学者集中于对土地利用类型的准确分类和制图（何英彬和陈佑启，2004），主要通过实地调查、查阅历史统计资料，并借助地形图、土地利用现状图等辅助资料，来获取不同时期土地利用情况等关键信息（许倍慎，2012）。自 20 世纪 90 年代《土地利用 / 覆被变化科学研究计划》被 IGBP 和 IHDP 共同提出以来，土地利用 / 覆被时空演变研究迅速成为全球环境变化研究的前沿和热点内容（Turner，1994； Geist and Lambin，2002； 覃德华，2010）。相关研究主要通过运用各种数量变化、速率变化和变化程度指标对各种土地利用类型从空间和时间上探讨其分布的特点及结构变化特征。随着土地利用 / 覆被变化研究的不断深入，众多学科（如环境科学、景观生态学、生态学、城市规划学、气象学等）的理论纷纷融入土地利用 / 覆被变化研究中来，加快了相关研究的步伐。

21 世纪以来，国际上针对土地利用 / 覆被时空演变规律的研究主要集中于重点区域和热点地区，土地利用 / 覆被时空变化过程及尺度效应分析是研究的主要内容，同时有关土地利用 / 覆被变化信息的动态监测与自动获取成为研究的焦点。Kandrika 和 Roy（2008）基于知识的决策树法，对印度奥里萨邦多个时相的 IRS-P6 awifs 数据进行了分类解译。Tian 等（2014）在遥感影像和历史资料的基础上，重构了 1880 年和 2010 年印度的土地利用（包括耕地、林地、草地、灌木林和建设用地）变化。Sonter 等（2014）探究了巴西铁四角煤矿区 1990—2010 年的土地利用变化，发现森林和草地面积逐年减少，城市用地面积增加，而耕地面积没有明显变化。Kukkonen 和 Käyhkö（2014）研究了坦桑尼亚桑给巴尔岛 1975—2009 年的森林覆被变化，发现研究期间，年均森林退化面积为 0.88 km^2。

Misra 和 Balaji（2015）基于遥感影像资料研究了印度古吉拉特邦南部沿海地区三个时期（1994 年、2001 年和 2014 年）的土地利用变化，发现养殖地、城市建设用地和裸地的面积随着时间在增加，同时海岸线不同类型用地的面积也发生了显著变化。Islam 等（2015）研究了孟加拉国恒河流域农业用地的土地利用变化，发现 1980—2008 年，农业用地面积减少了 50%（由于盐碱化），而湿地面积增加了 4 倍。Soffianian 和 Madanian（2015）利用三期 MSS/TM 数据（1975 年、1990 年和 2010 年）探究了伊朗伊斯法罕的土地利用 / 覆被变化，可以明显地监测到农田向不透水面转变，未利用地向农田和不透水面转变。Sen 等（2015）研究了土耳其高山林地覆被变化的特征，发现退化森林碎片在 1973—2008 年从 388 增加到了 711，尽管 1984—2008 年新增了 200.6 km^2 的森林面积。

2. 土地利用 / 覆被变化的驱动力研究

土地利用 / 覆被变化的驱动力因素一般包括自然因素和社会因素。众多学者根据研究需要将土地利用 / 覆被变化的驱动因素分为对土地的投入、对土地产品的需求、土地利用集约度、城市化程度、土地权属、土地利用政策以及对土地资源保护的态度等直接因素（李秀彬，1996）和人口变化、经济增长（Shucksmith，1993）、技术发展、经济发展程度、政治与经济政策（Hodge，1991）、价值取向（Schulman et al.，1994）、区位因素（Berry et al.，1996）等间接因素。李传哲等（2011）研究发现社会经济因子是黑河干流中游地区土地利用 / 覆被变化的主要驱动因子。冯仕超等（2012）研究发现西宁市 1977—2007 年土地利用 / 覆被变化及城市扩展的主要原因是人口增长和经济发展。此外，国家及地区政策对土地利用 / 覆被变化和城市扩展也有导向和助推作用。杨志平（2012）研究发现影响徐州市土地利用 / 覆被变化的主要社会因素是总人口数、GDP、工业总产值、全社会固定资产投资以及产业结构。娄和震等（2014）研究发现延河流域土地利用 / 覆被变化的主要驱动因子是国家生态修复政策、经济和产业结构调整、人口增长及城镇化。Yang 等（2014）等通过研究西辽河流域一个子流域三个时间段（1989 年、1999 年和 2007 年）径流变化的主要驱动因素，发现土地利用变化、气候因素和人类用水是最主要的三个因素。Kindu 等（2015）研究发现人口增长、居民点和耕地增加、放牧增加、森林砍伐是埃塞俄比亚的中南高原景观格局变化的主要驱动因素。He 等（2015）研究发现 1661—1980 年中国的土地利用变化主要是由人口快速增加导致的，而美国的土地利用变化则主要是由国家政策导致的。Gao 等（2015）研究了三个时期（2002 年、2007 年和 2012 年）内沂蒙山区生态恢复区土地利用变化，发现该地区土地利用类型发生变化最主要的原因是生态恢复项目的实施。Soffianian 和 Madanian（2015）分析了伊朗伊斯法罕地区的土地利用 / 覆被变化，发现农田和不透水面的增加主要归因于人口的增长、交通和工业的发展。韩会然等（2015）基于 CLUE-S 模型，结合三期土地利用数据，探究了北京市土地利用变化的驱动因素，发现交通和经济因素对土地利用类型转化有较显著的影响，此外坡度对每种土地利用类型的影响都较大，并预测未来北京市城市将向东南和东北方向扩展。向英奇等（2015）发现人为因素是辽宁省沿海地区 2000—2010 年景观格局变化的主要驱动因子，同时自然因素的影响也不可忽略。综上所述，虽然当前对土地利用 / 覆被变化的驱动机制尚未形成统一认识，但是在较小的时空尺度下，绝大多数研究者认为人类及其活动是土地利用 / 覆被变化的重要驱动因素。

1.2.2 土地利用变化的生态效应研究进展

随着全球环境变化研究的深入，人们越来越认识到土地利用变化不仅造成地表结构的巨大变化，而且直接影响区域大气、土壤、水文以及生物地球化学循环过程，进而改变整个生态系统的结构和组成，由此产生对生态系统服务功能和区域生态风险的影响。IGBP 和 IHDP 于 2005 年推出“全球土地计划”，将土地利用变化的生态效应研究引向深入。目前国内外关于土地利用变化生态效应的研究主要集中在以下几个方面。

1. 土地利用变化的环境效应研究

（1）对大气环境的影响

土地利用 / 覆被变化不仅影响陆地生态系统的碳存储，还间接影响人类碳排放（Chuai et al.，2015）。肖笃宁和陈文波（2002）指出，近几个世纪以来，土

地利用 / 覆被变化对大气中 CO_2、N_2O 及 CH_4 含量的增加具有重要作用。赵米金和徐涛（2005）研究发现土地利用 / 覆被变化引起了硫的释放，在 SO_2 浓度较高的地区可能会导致酸雨现象发生。退耕还林项目能够有效提高土壤固碳能力（Deng et al.，2014），其他学者发现耕地转换为林地、灌木林地和草地后，土壤的碳存储效率分别为 0.45mg /（$hm^2 \cdot y$）、0.47mg /（$hm^2 \cdot y$）和 1.1 mg /（$hm^2 \cdot y$）（Murty et al.，2002； Vleeshouwers and Verhagen，2002； Shi et al.，2013）。Kim 和 Kirschbaum（2015）通过总结以前的研究，发现自然林转换为耕地和草地后 CO_2 排放量分别增加 7.3±0.6t /（$hm^2 \cdot y$）和 5.9±0.3t /（$hm^2 \cdot y$），而农田和草地转换为次生林后 CO_2 排放量分别减少 5.3±0.9t /（$hm^2 \cdot y$）和 3.6±0.7 t /（$hm^2 \cdot y$）。土地利用 / 覆被变化可引起下垫面物理性质的改变，从而引起局地与区域气候变化。Yamashima 等（2015）通过研究印度土地利用变化对印度季风及降雨的影响，发现土地利用变化对季风的起始时间没有显著影响，但是对降雨时间和降雨量有显著影响。Cunha 等（2015）研究了巴西东北部半干旱区域土地利用 / 覆被变化对气候的影响，发现由林地转为草地或者裸地时，干旱季节降雨量会明显减少。Van 等（2015）探究了越南红河流域城市地表温度的时空变化特征及其与土地利用的关系，发现地表温度变化与土地覆盖类型有显著关系。Trail 等（2015）研究了再造林和农田土地流转对美国东南部空气质量的影响，研究发现再造林会导致 O_3 浓度降低和夏季时 PM2.5 浓度略有增加，林地转换为农田后 O_3 和 PM2.5 浓度都增加。

在城市范围内，土地利用类型的转变会对空气质量产生严重影响，如引起温度、湿度、风速、太阳辐射及污染物浓度等发生变化。土地利用方式变化对城市区域气候最明显的影响就是城市热岛效应。岳文泽和徐丽华（2007）通过研究上海市中心城区土地利用类型及格局对城区热环境的贡献，发现不同土地利用类型所产生的热环境效应不同。Li 等（2014）研究了上海市城市热岛效应受土地利用 / 覆被变化的影响，发现这个影响是非常复杂和矛盾的，旧居住区、工业区和公共区域的地表温度没有差异，新居住区的地表覆被结构虽然和工业区相似，但是地表温度却有显著差异。韦晶等（2015）发现对于不同的城市类型，颗粒物污染对土地利用 / 覆被变化的响应具有明显的差异，这主要是由于决定环境变化的主导因素不同。

（2）对土壤环境的影响

土壤对土地利用变化有明显的反应，不合理的土地利用方式极易导致水土流失、土壤退化和植被退化等一系列环境问题（郭旭东等，2001），这些问题反过来又限制土地的空间布局，进一步激化人地矛盾。Martinsen 等（2011）研究发现过度放牧引起的草地退化会引起土壤有机碳（Soil Organic Carbon，SOC）储量减少。Rabbi 等（2014）通过研究澳大利亚新南威尔士州土壤表层 SOC 与土地利用、管理的关系，发现土壤性质和环境变化可解释 SOC 储量 42.8% 的变化，而土地利用变化和管理只能解释 SOC 储量 9.2% 的变化。土地利用退化会影响 SOC 和土壤有机氮（Soil Organic Nitrogen，SON）的存储，进而影响土壤的肥力、生产量及综合质量（Dlamini et al.，2014）。Li 和 Shao（2014）通过研究三种不同用地（荒漠地、耕地和湿地）地表有机碳的分布，发现湿地土壤有机碳含量最高，荒漠地土壤有机碳含量最低。刘艳丽等（2015）通过研究黄河三角洲 5 种土地利用类型对土壤物理性质的影响，发现土壤物理性质等级从麦田、棉田、苇地、碱蓬地、裸地依次降低，与裸地相比，有植被的土壤的容重、孔隙度、团聚水稳定性、饱和含水量、SOC 和速效氮、磷含量增加，而总盐分含量显著降低。部分学者也提出土壤的碳源 / 碳汇关系主要取决于草地类型、草地所处的气候区域、干扰状况以及管理措施等（Obade and Lal，2013； Ngo-Mbogba et al.，2015）。Dlamini 等（2014）研究发现当草地的覆盖率从 100% 降低至 0 ～ 5% 时，土壤表层有机碳和有机氮的储量分别减少了 89% 和 76%。Yang 等（2015）通过研究内蒙古鄂尔多斯土地沙漠化不同阶段土壤有机碳总量的变化，发现随着沙漠化程度的加重，土壤有机碳含量降低。Tao 等（2015）研究了 1986—2011 年常州市土壤中碳储量的变化及其驱动因素，发现随着城市化速度的加快，单位面积的碳储量降低，1986—2011 年平均每年下降 1.5%。Tangen 等（2015）研究发现土地利用对温室气体通量和土壤性质的影响会因集水区域、湿地种类、湿地地理位置和时间的差异而不同。Yu 等（2015）研究发现土地利用类型对土壤的水力性质有显著影响，如农田转为林地或者草地时，土壤渗透率会增加，林地的持水能力优于草地和农田。王雪梅等（2015）定量评价了渭 – 库绿洲不同土地利用方式下的土壤质量，发现不同利用方式的结果差异显著，土壤质量依林地、耕地、荒漠草丛、盐碱草地的顺序降低。

（3）对水文环境的影响

土地利用/覆被变化对区域水资源的影响主要包括对水资源数量和空间分布以及水质的影响，其中对水资源数量和空间分布的影响主要取决于土地利用变化对水文过程的影响（胡余忠等，2008）。高俊峰和闻余华（2002）指出水田改作旱地或非耕地，流域的产水量会增加，而水面变为水田或旱地，流域的产水量会减小。不同的土地利用类型会影响土壤的结构以及孔隙度，进而影响土壤含水量及地下水（Schwen et al.，2014），如 Bormann 和 Klaassen（2008）研究发现林地、草地和农田的土壤密度、含水量、渗透系数是有显著差异的。温海燕等（2013）研究发现土地利用方式改变对流域的产水特性产生显著影响，当耕地向林地转变时，流域的产水量会减少。Zhang 等（2014）定量分析了敦煌绿洲土地利用变化对地下水损耗的影响，发现 1987—2007 年农田面积增加了 98.7 km^2，导致地下水位显著下降。Guo 等（2014）研究发现 1961—2009 年中国北方的潮河流域年均降雨量和潜在蒸散量没有发生显著变化，而年均地表径流量发生显著变化，土地利用变化较气候变化对年均径流量的影响更大。Sajikumar 和 Remya（2015）通过研究印度 Manali 和 Kurumali 流域土地利用变化对地表径流的影响，发现 1967—2004 年森林面积从 60% 下降到了 32%，影响最大的就是径流峰值（增加了 15%）。Ngo 等（2015）利用 SWAT 模型分析了越南大河流域土地利用变化对径流和泥沙量的影响，发现植被对径流和泥沙量有很大影响，在 2005—2010 年，由于森林面积扩大，径流从 342.7 mm 减少到 167.6 mm，泥沙量则从 148.1t/hm^2 减少到 74.0 t/hm^2。Yuan 等（2015）通过模拟太行山区崇岭流域 14 种情景模式下的水土流失情况，发现当 93.89% 的土地转变为农田、农田 – 林地、农田 – 灌木林、农田 – 草地模式时，单次降雨产生的地表径流和泥沙量会增加，当 93.89% 的土地转换为林地或者灌木林时，地表径流和泥沙量都会减少。周俊菊等（2015）基于气候及土地利用两种因素，研究了石羊河流域河川径流的变化，发现 1956—2009 年蔡旗断面的河川年均径流量由 $5.392\times10^8 m^3$ 减少到 $1.096\times10^8\ m^3$。

土地利用/覆被变化对水质的影响主要来自点源污染 - 和面源污染两个方面，而这两种形式都和土地利用方式及强度有直接关系（Budhcudra et al.，2003）。周海丽等（2003）研究发现城市用地比例发生改变是深圳河流综合污染指数变化的主要原因。Jiang 等（2008）研究发现，当林地转换为耕地或者城市建设用地时，土壤 pH 值和污染物浓度都会增加。胡和兵（2013）研究发现土地利用及格局对流域水质有较明显的尺度效应。在小尺度上，建设用地和湿地是影响流域水质的主要因素；在中大尺度上，林地是影响流域水质的主要因素。El-Khoury 等（2014）基于改进的土地利用模型预测了 2012—2050 年土地利用变化对加拿大安大略湖东部流域水质的影响，发现随着城市化的发展、农业用地规模的扩大和种植密度的增加以及气候的变化，水质将会低于标准。Kellner 等（2015）通过比较林地和耕地地下水的化学元素含量，发现不同土地覆被下的水质差异很大。Meneses 等（2015）通过研究葡萄牙 Zêzere 流域土地利用变化对水质的影响，发现针叶林的减少会导致水的 pH 值升高，人工表面和牧草面积的增加会导致可溶盐类和粪便大肠菌浓度增加。

2. 土地利用变化对生态系统服务的影响研究

生态系统服务是生态系统给人类提供的各种效益，一般包括有形的物质产品和无形的服务供给（可分为提供服务、调节服务、文化服务及支持服务）。土地利用变化通过对生态系统格局和过程产生影响，改变着生态系统提供产品与服务的能力（傅伯杰和张立伟，2014）。随着城市化进程的加快和人口的快速增长，以人类为主导的土地利用类型（农业用地和城市建设用地）快速取代以自然为主导的土地利用类型。因而，土地利用变化背景下的生态系统服务研究引起了世界范围的关注。

（1）土地利用方式变化对生态系统服务的影响

土地利用方式的转变直接影响着生态系统的物质循环、能量交换、生物地球化学循环等主要生态过程，从而改变着生态系统服务的供给（傅伯杰和张立伟，2014）。Carpenter 等（2009）研究认为生态系统结构和功能的改变受土地利用的不同策略以及管理措施的影响。目前大多数区域生态系统服务价值的变化主要由土地利用方式的转变引起，Estoque 和 Murayama（2012）研究发现 1988—2009 年菲律宾碧瑶市生态系统的服务价值减少了 60%，其中约 98% 是由森林面积减少导致的。严恩萍等（2014）研究发现 1990—2011 年三峡库区总的生态系统服务价值增加，这主要是由退耕还林带来的林地增加引起的。Wang 等（2014）研究发现由于土地利用方式发生变化，我国总的生态系统服务价值减少了 1.52%。生态系统服务价值的减少主要归因于城市建设用地的增加、东北林地的减少，以及北方、西南和西北区域草地面积的减少。刘永强等（2015）对湖南省土地利用转型带来的生态系统服务价值效应进行了分析，结果表明 1995—2010 年湖南省耕地和草地面积减少、城乡建设用地增加是生态系统服务价值减少的主要影响因素。

土地利用方式与生态系统服务密切相关，这主要是因为不同土地利用类型的各单项生态系统服务价值有较大差异。刘桂林等（2014）研究发现，虽然 1980—2010 年长三角地区总的生态系统服务价值减少 4.40%，但水源涵养、休闲娱乐、废物处理等生态系统服务价值上升，主要由具有较高上述服务价值的水域增加引起。Simonneaux 等（2015）研究了土地利用变化对摩洛哥某山区流域水土流失的影响，发现大部分土地覆被类型的土壤侵蚀量为 0.015 ～ 2.5 t /（hm^2·y），而荒地的土壤侵蚀量为 350 t /（hm^2·y）。Islam 等（2015）研究了孟加拉国恒河流域生态系统服务价值受土地利用变化的影响，发现恒河流域生态系统服务价值与农业用地面积有密切关系。

人类不合理的土地利用方式将带来大气质量下降、土地退化、面源污染以及生物多样性降低等众多生态环境问题。Polasky 等（2011）研究发现，由于大规模的农业扩张，1992—2001 年美国明尼苏达州的水体质量下降、生物多样性下降以及碳储量减少，进而导致生态系统服务价值降低。Su 等（2012）指出城市人工用地类型的快速扩张会对生态系统服务产生负面影响。Lo 等（2015）通过模拟比利牛斯山 150 年来的土地利用，发现当林地转化为草地或耕地时，碳和氮的储量分别减少了 378 ～ 427mg/hm^2 和 4.0 ～ 4.6mg/hm^2。此外，土地利用的变化会引起动植物栖息地的减少或破碎化，影响动物的迁徙，从而加速物种的灭绝，尤其是在气候变化的情况下，还会影响动植物适应环境的能力，导致其灭绝的速度进一步加快（Gerstner et al.，2014； Mantyka-Pringle et al.，2015）。

（2）土地利用格局变化对生态系统服务的影响

土地利用格局影响着生物生境和资源分布，从而影响生态系统服务，因此不同的土地利用格局对生态系统服务有不同的影响（Fu et al.，2013）。不同尺度的生态系统本身和环境条件的多样性导致生态服务类型和强度的空间差异，单位面积生态系统服务价值不仅取决于生物量，而且受空间位置的影响（谢高地等，2006；程琳等，2011）。Fu等（2000）研究发现黄土高原从坡顶到坡底“林地—草地—坡耕地”的格局较“林地—坡耕地—草地”和“草地—林地—坡耕地”具有更好的保水和保肥能力。Radford和James（2013）以英国曼彻斯特地区为研究对象，分析了四种不同的城市区位下土地利用格局对单项生态系统服务价值的影响，发现土地利用格局会影响单项服务价值，进而影响总服务价值。土地利用格局的变化可能会带来生态环境退化、生物多样性减少等生态系统服务功能的变化（Olivier et al.，2010；索俊锋，2011；王军等，2012）。相关研究发现，土地利用格局指数与生态系统服务价值的变化联系紧密。张明阳等（2010）探讨了桂林西北典型喀斯特地区生态系统服务价值对景观格局的响应，发现生态系统服务价值除了与景观面积紧密相关外，与破碎度、斑块形状、连通性以及丰富度也联系紧密。赵微等（2013）在进行土地整理区域生态系统服务价值损益规律研究时，发现土地利用多样化、优势度等与区域生态系统服务价值具有良好的线性拟合效果。土地利用的优化布局能够不断提高生态系统的服务供给能力，促进生态环境改善。随着研究的深入，近年来基于生态系统服务价值评估进行土地利用格局优化的研究不断增加。吴蒙等（2013）以上海市宝山区为研究对象，利用最小累积阻力模型，基于生态系统服务价值保护，将研究区划分为四个生态分区并提出分区发展策略。刘钰等（2013）基于生态系统服务价值评估，构建了建设用地控制区划技术框架，对建设用地扩展的适宜性进行划分，提出控制建设用地无序扩张的生态空间政策。王军等（2014）以吉林省大安市为例，基于生态系统服务价值评估，从提高生态系统服务功能入手，提出土地利用的景观生态设计策略。赵阳等（2014）在分析怀柔水库流域土地利用变化的基础上，基于生态系统服务价值理论，利用CLUE-S模型对怀柔水库流域土地利用模式进行了空间优化配置。

（3）土地利用强度变化对生态系统服务产生的影响

一般来说，在不同的人类干扰程度下，各生态系统服务类型的供给具有较大差异。若人类干扰程度较小，则供给服务相对较弱，而调节和支持服务较强；若人类干扰适度，则供给服务最强，而调节与支持服务最弱；若人类干扰过度，则会造成土地退化，不同生态系统服务类型的供给都受到严重的威胁（傅伯杰和张立伟，2014）。大多数研究表明，土地利用强度与生态系统服务呈负相关。胡喜生等（2011）在对福州市生态系统服务价值变化和土地利用强度进行相关分析时发现，1985—2007 年土地利用程度不断增强，而生态系统服务价值逐渐降低。黄云凤等（2012）结合土地利用强度指数分析了半城市化地区生态系统服务对土地利用的响应，结果表明，半城市化地区生态系统服务与土地利用强度总体上呈负相关。胡和兵等（2013）以南京市九乡河流域为研究对象，综合运用空间分析方法，研究了城市化流域生态系统服务价值时空特征以及土地利用程度对其的影响，结果表明流域生态系统服务价值时空分异主要由土地开发引起，土地利用程度与服务价值存在明显的负相关。郭荣中和杨敏华（2014）对 1996—2008 年长株潭地区的生态系统服务价值进行了评估和预测，发现随着土地利用强度的上升，生态系统服务价值逐年下降。与上述大部分研究者的结论相反，石龙宇等（2010）在对厦门市土地系统和生态系统二者的耦合关系进行研究时发现，随着土地利用程度的增强，生态系统服务价值不断增加。

（4）生态系统服务研究方法

生态系统服务评价可分为价值量评价与物质量评价两种类型（傅伯杰和张立伟，2014）。在实际评价中依据不同的研究目的选择不同的评价方法，如果研究生态系统服务的可持续性则选择物质量评价法（赵景柱等，2000），如果对不同时段、不同区域生态系统服务的变化进行对比研究则选择价值量评价法（张舟等，2013）。目前参考 Costanza、谢高地等人的研究成果，利用土地利用类型生态系统服务价值系数进行评估的方法应用最为广泛。随着技术手段的丰富，众多学者在土地利用变化对生态系统服务价值的影响研究中引入了许多地理和数学统计方法（王军和顿耀龙，2015），可以归纳为四大类：①数学模型方法，如多元回归分析、耗费距离模型、CLUE-S 模型、Logistic-CA 模型以及 Mann-Kendall 检验法等；②指数分析法，如土地利用格局指数、土地利用强度指数等；③生态系统服务价值动态评估模型，如 InVEST 模型、SoIVES 模型、MIMES 模型、IBIS 模型以及 AnnAGNPS 模型（田耀武等，2011）；④空间分析法，如空间自相关分析、半方差分析等。

综上所述，土地利用方式变化、土地利用格局变化、土地利用强度变化等均对生态系统服务价值产生影响，其中土地利用方式变化对生态系统服务价值的影响最显著，以人类活动为主导的土地利用方式变化往往导致区域生态系统服务价值下降。因此，可以综合考虑其生态效应，基于生态系统服务价值动态评估结果，进行土地利用结构和空间格局的优化。目前，对于生态系统服务价值的定量评估已发展了一系列相对较为成熟的理论与方法，但生态系统服务价值系数、生态系统分类以及评价模型的构建差异较大，造成评估结果可比性差，因此在评估中应根据尺度、地域特点选择合适的分类系统、评价模型以及修正价值系数。当前研究中基于数量的统计分析多，区（县）等中小尺度的空间分异研究少，尤其是基于格网并结合坡度、海拔，深入分析生态系统服务价值时空分异的研究更少。精确评估生态系统服务价值的空间差异并制图，有助于土地利用和生态保护政策的制定。

3. 土地利用变化对生态风险的影响研究

生态风险是指一个种群、生态系统或整个景观的正常功能受外界胁迫，从而在目前和将来减少该系统内部某些要素或其本身的健康、生产力、遗传结构、经济价值和美学价值的一种状况（李国旗等，1999），是评估区域生态环境可持续性的重要指标。生态风险评价始于20世纪80年代，经过多年的发展，评价由单风险源、单一受体的局部小尺度区域扩展到多风险源、多受体的大尺度区域（Landis，2003； Yang et al.，2011； Gao et al.，2014），现已成为一种重要的生态环境管理手段（Yu et al.，2013； Zhao et al.，2014）。

（1）土地利用变化的生态风险影响研究

在人为活动占优势的景观内，不同土地利用结构产生的生态影响具有累积性和区域性（曾辉和刘国军，1999），对区域生态安全起着决定性的作用。由于土地利用数据信息较易保存（Pungetti，1995；王娟等，2008），在难以进行全面生态监测的区域，可以基于土地利用类型结构变化进行区域生态风险评价，以综合评价一定时段内各生态影响的类型和程度（胡和兵等，2011；赵岩洁等，2013）。近年来，基于土地利用变化的区域生态风险评价逐渐成为环境管理研究领域中的热点问题（Xie et al.，2013；巩杰等，2014）。曾辉和刘国军（1999）以深圳市龙华镇5期遥感影像为基础信息源，基于景观结构数据构建生态风险指数，评价了龙华镇的区域生态风险。研究发现龙华镇的生态风险不断增加，区域分布不均匀性同样增加。Obery 和 Landis（2002）利用相对风险评价模型，评价了 Codorus Creek 流域的生态风险，发现区域最大的风险来源是农业用地。刘永兵等（2006）以杜蒙县 1979—2004 年 3 个时段的 TM 影像为基础数据，通过土地利用结构建立区域生态风险指数，评价了生态风险时空分异并提出生态风险管理措施。王娟等（2008）运用景观生态学原理和分析方法，以景观格局指数为评价指标，分析了土地利用变化对云南澜沧江流域景观生态风险的影响，发现 1980—2000 年澜沧江流域的生态风险不断增加，区域差异显著。高永年等（2010）利用景观干扰度指数和景观脆弱度指数构建景观生态风险指数，评价了太湖流域水生态功能区的景观生态风险并提出水生态保护策略。胡和兵等（2011）以南京市九乡河流域为研究对象，利用 2003 年、2009 年的遥感影像提取景观结构数据，构建生态风险指数，揭示了流域生态风险变化与城市化的关系，发现城市化与生态风险呈正相关，城市化水平越高，生态风险就越高。高宾等（2011）基于景观格局数据构建生态风险指数，研究了锦州湾沿海经济开发区生态风险的时空变化情况，发现研究区以中等生态风险为主，较高生态风险区域增加显著。Paukert 等（2011）基于土地利用变化和景观结构数据构建生态威胁指数，评价了美国科罗拉多流域的生态风险分布。许妍等（2011）以太湖地区 1990—2008 年的土地利用数据和遥感数据为基础，定量评价了研究区内景观生态风险的时空动态变化特征，发现土地利用方式和强度对景观生态风险分布有显著影响。赵岩洁等（2013）基于 4 期 TM 和 CBERS 影像评估了三峡库区草堂溪小流域的生态风险，发现该区域的生态风险呈现先恶化后好转的趋势。肖琳和田光进（2014）研究发现天津市 1996—2005 年土地利用生态风险时空分异显著，高生态风险区面积增加而低生态风险区不断缩小，市区生态风险等级高而郊区低，总体上呈现圈层状布局。李保杰（2014）通过评价徐州贾汪矿区的生态风险，发现生态风险格局向两极发展，即中等级生态风险区向低等级生态风险区发展而较高生态风险区向高等级生态风险区发展。Wilson 等（2015）在研究土地利用变化的基础上，通过计算一个转换风险指标评估了未来土地利用对加利福尼亚生态保护区的影响，发现加利福尼亚海岸山脉具有较大的风险，需要通过合理规划和优化管理措施来规避风险。

（2）土地利用变化的生态风险评价方法

目前基于土地利用进行生态风险评价的方法主要为通过土地利用结构数据或

景观结构数据构建生态风险指数，通过等距离空间采样实现生态风险空间化，运用克里格差值绘制生态风险图，利用相对指标法、标准差法等方法划分生态风险等级并进行面积统计，来研究区域生态风险时空分异。陈鹏和潘晓玲（2003）基于景观结构数据构建生态风险指数，采用 5×5 km^2 格网进行空间化，并对生态风险指数进行半方差分析和空间插值，绘制生态风险图，从而对阜康三工河流域的生态风险进行分析。臧淑英等（2005）基于土地利用结构建立生态风险指数，通过层次分析法确定生态风险强度参数，利用 GIS 空间分析功能绘制大庆市生态风险分布图，分析研究生态风险时空分异。肖杨和毛显强（2006）通过景观生态脆弱度和景观生态功能指数，构建景观生态风险指数，采用格网法对山西省平遥县生态风险的空间分布进行了分析。谢花林（2011）利用空间自相关和半方差分析对江西省兴国县生态风险的空间分布进行了研究，发现生态风险具有一定的相关性。田义超等（2013）基于景观格局指标构建生态风险指数，并进行方差分析和插值，评价了延安宝塔区的生态风险，发现研究区呈高风险分布态势。吴健生等（2013）采用景观格局数据构建生态风险指数，并进行空间自相关分析，研究了平朔露天矿区生态风险空间分异特征，发现空间自相关性高，生态风险聚集效应明显。叶长盛和冯艳芬（2013）利用各土地利用类型的面积比例，并咨询专家确定权重，构建了生态风险指数，研究了珠江三角洲生态风险的时空变化。吴剑等（2014）通过构建生态风险表征指数（ERI），并综合运用空间自相关和半方差分析方法，对海坛岛过去、现在、未来不同土地利用情景模式下的生态风险进行评价，分析了其潜在的风险及变化趋势。徐兰等（2015）从土地利用变化和景观结构的角度构建景观生态风险评价模型，评价了洋河流域生态风险的时空变化，发现 1990—2008 年洋河流域总体景观生态风险值（ERI）由 0.1973 上升到 0.2384。

综上所述，土地利用变化对生态风险影响的研究主要针对城镇和流域等，集中于生态环境脆弱区、城市化快速发展区，其评价结果已成为区域生态环境管理和土地资源优化配置的重要依据。目前研究方法逐渐成熟，大多数研究者从土地利用结构或景观结构入手构建生态风险指数，采用等距离空间采样，而后进行生态风险制图。但运用空间统计分析（空间自相关）并结合区域 DEM 数据，深入揭示土地利用变化带来的流域生态风险的空间分异规律的相关研究较少。

1.3 研究目标、内容及技术路线

1.3.1 研究目标

本书以漓江流域土地利用变化为切入点，研究漓江流域土地利用演变规律，评估流域土地利用变化所产生的生态效应，探讨区域尺度上生态可持续发展的管理对策。主要研究目标包括：①揭示漓江流域土地利用变化的时空规律及驱动机制；②定量评估漓江流域生态系统服务价值的时空变化；③阐明漓江流域土地利用变化带来的生态风险的时空分异。

1.3.2 研究内容

本研究在3S技术的支持下，按照“格局—过程—效应”的研究思路，对漓江流域土地利用变化及生态效应进行研究，主要研究内容如下。

（1）漓江流域土地利用演变特征分析

在3S技术的支持下，对1973年、1986年、2000年、2013年4个时间段的Landsat遥感影像进行解译，建立漓江流域土地利用类型数据库。从土地利用结构、动态度及不同坡度段和高程带空间差异等方面探讨研究区土地利用变化规律。通过对格局指数的计算、分析，从土地利用斑块类型特征、总体水平上定量研究漓江流域土地利用景观格局动态变化特征，揭示研究区土地利用/覆被变化规律。

（2）漓江流域土地利用变化驱动力分析

运用ERDAS 9.2中的矩阵分析功能，对解译获取的1973—2013年共4个时期的土地利用类型数据进行转移矩阵分析，分别统计不同时段各土地利用类型的转移变化面积。建立不同时段的土地利用转移矩阵，分析不同时段土地利用类型的转移特征。结合不同时段社会经济数据和漓江流域出台的各类经济社会发展政策措施，对比漓江流域土地利用转移分布图，采用定量分析与定性描述相结合的方法分析各阶段的土地利用变化驱动力。

（3）漓江流域土地利用变化与旅游业发展的相互关系研究

通过查阅《桂林社会经济统计年鉴》《广西统计年鉴》等，在获取地方旅游发展指标的基础上，综合运用相关性分析、转移矩阵、TOPSIS 评价法等，分析 1973—2013 年漓江流域土地利用变化与旅游发展的相关性、土地利用类型转移与不同时段旅游发展的关系，构建旅游驱动因素指标体系，从旅游者、旅游经济、旅行社、住宿餐饮、交通可达 5 个方面分析土地利用变化的旅游驱动机制。

（4）漓江流域生态系统服务价值时空变化研究

以土地利用类型数据为基础，对土地利用变化带来的生态系统服务价值损益和分布差异进行研究。结合漓江流域实际情况，确定单位面积生态系统服务价值，分析漓江流域生态系统服务总价值、单项服务价值的构成特征和动态变化，从坡度和海拔两方面进一步揭示生态系统服务价值在垂直空间的分布差异。同时，从土地利用类型的组成和转化角度，分析漓江流域生态系统服务价值的流向。将 GIS 的空间分析功能引入生态系统服务价值动态性和空间异质性研究中，基于行政单元和格网单元，分析 1973—2013 年漓江流域生态系统服务功能及其价值的时空差异，并进行空间相关性分析。

（5）漓江流域土地利用变化的生态风险研究

从区域生态系统结构出发，基于各土地利用类型的面积比例，构建生态风险指数，建立土地利用方式与生态影响类型和强度之间的经验联系。在分析土地利用变化及结构合理性的基础上，通过空间自相关分析，揭示区域生态风险的空间聚集程度，评价 1973—2013 年漓江流域的区域生态风险，对生态风险指数进行克吕格插值，获得不同时相漓江流域的生态风险分布图，并结合不同坡度、不同海拔以及不同土地利用类型生态风险的分布差异，深入分析流域生态风险的时空分异特征，最终提出漓江流域生态风险管理对策。

（6）漓江流域生态可持续发展对策

依据生态系统服务价值和生态风险评价结果，针对研究区土地利用变化特点和主要环境问题，提出漓江流域生态可持续发展的对策建议。

1.3.3 技术路线

研究技术路线如图 1-1 所示。

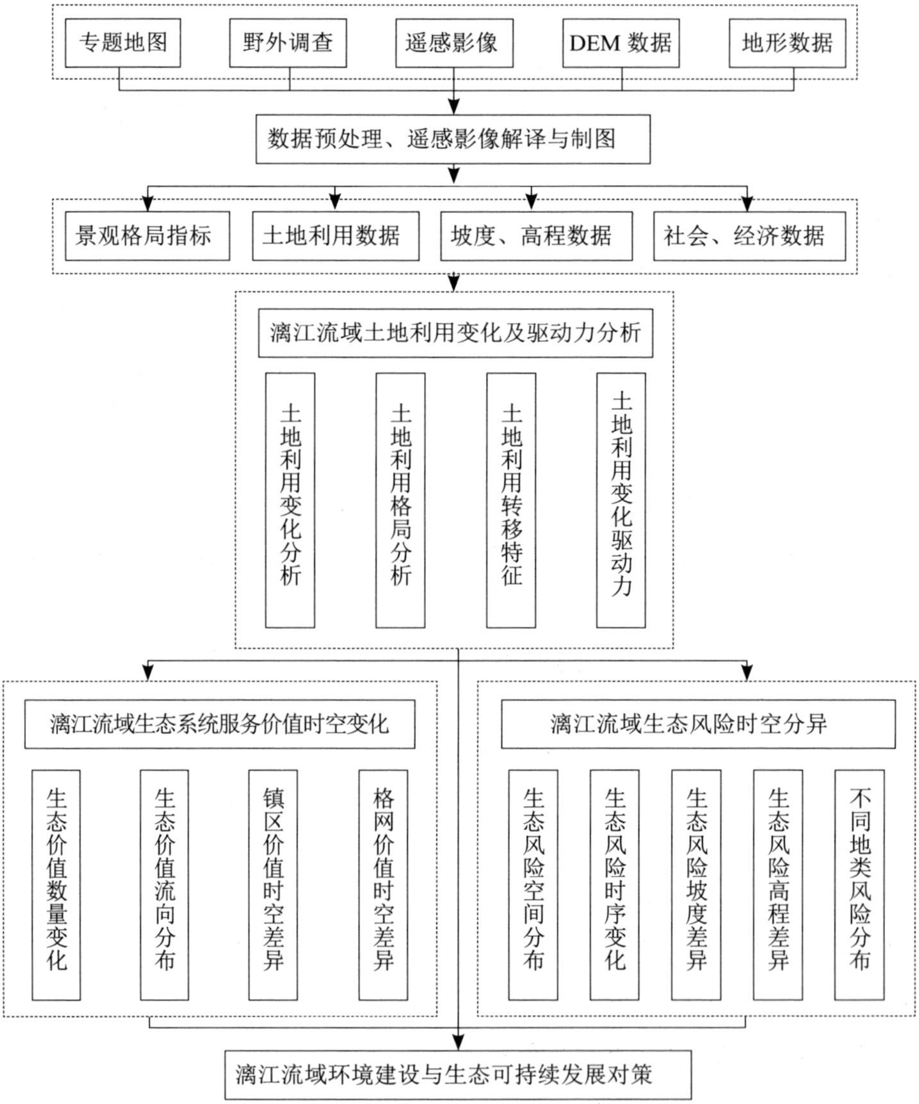

图 1-1 研究技术路线

第2章　研究区概况

2.1　研究区位置及范围

漓江流域位于广西东北部、南岭山系西南端，地理坐标为 24° 38′ 10″ N ～ 25° 53′ 59″ N、110° 07′ 39″ E ～ 110° 42′ 57″ E，主要包括象山、七星、叠彩、秀峰、雁山五区以及临桂、灵川、兴安、平乐、阳朔部分区域，流域总面积 5837.93 km^2，干流全长 164km。整体地势北高南低，以漓江为中轴线，呈南北向狭长带状分布，北部为碎屑岩中低山地貌，中南部主要为低山、丘陵、喀斯特地貌。

2.2　地质与地形地貌

2.2.1　地质

漓江流域地质结构复杂，由古生界地层弧形褶皱和逆冲断层构成，地处岭南横向构造带的西段、广西区“山”字型地质构造的东部内侧，属于向西凸出的桂林弧形构造带亚带，东西两侧分别为富川和大瑶山南北向构造亚带。弧形构造带范围为 110° 53′ E ～ 110° 57′ E、24° 30′ N ～ 25° 50′ N，南北向全长约 150km，东西宽约 70km。总体为北窄南宽的“帚”状形态，弧顶位于临桂睦洞至灵川南圩一带，位置适中，两翼基本对称（龚克，2011）。

据区域构造发育史料，本区弧形构造生成之后，于燕山晚期至喜山期还叠加有东西向构造、北东向新华夏系地质构造和北西向构造等。第三纪以来，本区受到了幅度达 150m 左右的差异抬升，奠定了桂林热带喀斯特的基本格局。漓江流域内地层分布较多，震旦系、寒武系、奥陶系、志留系及下泥盆纪基本为碎屑岩沉积，主要分布在东、西部及北部中低山区。奥陶系和志留系仅见于北部，下泥盆纪呈角度不整合盖于前泥盆系上。与喀斯特发育关系密切的地方是中、上泥盆纪和下石炭纪，此外还有少量下白垩纪和第四系，其中震旦系至下古生界构成基底岩系，上古生界至新生界为盖层沉积，主要由碳酸岩组成，厚度达 4000m 以上，是漓江流域热带喀斯特发育的物质基础。

2.2.2 地形地貌

漓江流域地形主要是花岗岩山体、喀斯特盆地、准平原和河谷盆地等。

（1）越城岭花岗岩山体

横亘华南的南岭最西岭，古代曾称始安岭、临源岭、全义岭，为北东—南西向花岗岩山地，长约 160km，宽约 20km，分布于全州、兴安、灵川、桂林、临桂等市县，向北伸入湖南境内，主峰猫儿山海拔 2141.5m，为南岭最高峰，也是华南最高峰。猫儿山是漓江、资江、寻江三江的源头，地层为加里东期花岗岩。山地气势雄伟，风化剥蚀后的浑圆和球状地貌及垂直裂隙分割的山峰陡峭险峻，形成独特的地貌景观。

（2）湘桂河谷

湘桂河谷指绵亘于湘桂边界的由湘江河谷和漓江河谷相连而形成的河谷盆地，呈北东走向，为越城岭和海洋山两个山脉所夹持。它是横亘华南的南岭山系中少数几个贯穿山系的豁口之一，是古代中央政权与两粤甚至滇黔联系的重要通道。它北东起于全州，西南止于桂林市区，长约 150km，宽 2km ～ 10km 不等，沿湘江、漓江两岸的Ⅰ级和Ⅱ级阶地平坦宽阔，连续性较好，标高介于 140m ～ 200m，是良好的交通孔道。

（3）桂林喀斯特峰林平原

桂林喀斯特峰林平原指以桂林市区为中心，南至大圩、北至灵川县城、东至尧山脚、西至临桂县城和猴山脚的地理范围内的喀斯特地貌，由质纯厚层状的融县石灰岩，经喀斯特作用而形成的峰林和峰丛山体，分散立于喀斯特准平原之上，漓江蜿蜒从盆地中心流过。桂林城位于漓江向西突出的河湾西岸，被峰林和峰丛山体包围，城内城外有诸多名山胜景，成为“城在景中，景在城中”的山水城市。

（4）桂林—阳朔喀斯特峰丛谷地

桂林—阳朔喀斯特峰丛谷地指由大圩到阳朔福利镇沿漓江长约83km的峰丛谷地。峰丛山由融县石灰岩组成，漓江侵蚀切割峰丛山体，形成悬崖峭壁以及一层层相互包抄的峰丛，与蜿蜒于其间的漓江江水相映衬，这就是“桂林山水甲天下”以及“阳朔山水甲桂林”的物质基础。两岸峰丛山体中有一些地下河，在漓江两岸形成飞瀑流泉，形成洞衔漓江水面的出口，形成有特殊景观的石灰岩溶洞，这些景观组成了漓江百里画廊。除此之外，漓江流域内还有会仙喀斯特准平原、雁山盆地、白沙葡萄喀斯特盆地、遇龙河喀斯特峰林平原等地貌形态。

2.3 气候与水文

2.3.1 气候

漓江流域地处低纬度地区，属中亚热带季风气候区，全年气温较高、热量丰富、雨量充沛、光照充足、四季分明、不分雨热季，气候条件十分优越，适合于热带喀斯特发育。从风景旅游的角度看，全年均适宜开展旅游活动，且伴随季节、昼夜变化，桂林山水的景色呈现千变万化。

（1）辐射资源

漓江流域年平均日照时数为1614.7h，平均日照百分率为36%，大于0℃期间的日照时数为1607.7h，占年日照时数的99%，大于5℃期间的日照时数为1505.2h，占年日照时数的93%，大于10℃期间的日照时数为1354h，占年日照时数的84%。全年无霜期最长为349天，最短为256天。历年平均无霜期为320天，80%保证率无霜期为309天。

（2）水分资源

从降雨量地理分布看，流域北部是高降雨区，向南逐渐减少。北部源头区年降雨量等值线在2000mm以上，小溶江砚田、金石高达2700mm，是广西的暴雨中心。流域南部降雨量呈减少趋势，桂林、阳朔年降雨量分别为1900mm和1500mm，年径流量等值线分布也具有相同的态势，由源头区的2000mm向下游逐渐降低，桂林附近为1300mm，阳朔附近为800mm。漓江干流坡降大，洪水暴涨暴落，最大上涨率为2.16m/h，一次洪水涨幅可达5～6m，峰形尖瘦。漓江是低沙量的河流，根据桂林水文站资料，多年平均含沙量为0.086kg/m^2，输沙量为34.3×10^{4}t/a，汛期输沙量占全年的97%，枯水期的输沙量极低，有时为零，这是桂林山清水秀的基础。但近年来，由于森林过度砍伐、林分发生变化、旅游开发力度过强等原因，河流含沙量出现逐年增大的趋势。漓江流域年平均降雨量为1941.5mm，最大年降雨量为2460.7mm，最小年降雨量为1543.2mm，降雨量主要集中在上半年，3—8月为雨季，4—7月降雨较多，5—6月为降雨高峰期，5月降雨量为全年之冠，9月之后，大范围降雨减少，多为局部地方性阵雨（杨永德，2005）。

（3）温度条件

漓江流域年平均气温为18.7℃，1月最冷，月平均气温为6.8～8.4℃，7月最热，月平均气温为27.0～28.6℃，极端最高温度为39.5℃，极端最低温度为-5.1℃。

2.3.2 水文

漓江流域内主要是漓江水系。漓江属珠江水系桂江支流上游，发源于兴安县猫儿山东麓，依次穿越中山山地、丘陵谷地、峰林平原、峰丛峡谷、低山丘陵五个地貌单元，表现出不同的景观特征，最终在平乐县恭城河口结束，全长214km，干流长105km（杨永德，2005）。漓江源头段主要是由花岗岩构成的中山山地，主峰超过2000m，山脊高度大于1000m，河谷整体呈V字形，水流湍急，发源处标高1410m，流程约40km，落差为1200m，坡降为3%。漓江在斧子口处进入以碎屑岩为主的低山丘陵谷地，海拔多数在300～500m。漓江因地质构造制约而发生曲折，两岸均有较大的漫滩、阶地，经灵川县，至漓江与甘棠江汇合处为止，约44km，落差为50m，坡降为0.11%，漓江地势降低，逐渐过渡为冲积盆地。从汇合处起，漓江进入最大的盆地——峰林平原，两岸阶地宽阔平坦，漓江河床宽浅，此段河长约30km，落差为20m，坡降为0.07%，在大圩结束。此后，漓江受北东和北西两组区域性断裂构造的影响，河谷迹线曲折蜿蜒，进入峰丛峡谷地貌区，至阳朔福利为止，此段河长约80km，落差为40m，坡降为0.05%，两岸有悬挂式溶洞泉和地下河。福利是一个重要的地貌分野点，北为喀斯特地貌，南为低山丘陵。漓江最后一段由福利至平乐，为碎屑岩低山丘陵地貌。河床再次变得宽阔，并出现了较多的河滩和沙洲。漓江自桂林至阳朔一段，贯穿两个地貌单元，是热带喀斯特最成熟、典型、完美的河段（见表2-1）。

表2-1 漓江水文特征

地点	多年平均径流量（$10^8m^3/s$）	多年平均流量（m^3/s）	最大年径流量（$10^8m^3/s$）	最小年径流量（$10^8m^3/s$）	枯水期最小流量（m^3/s）	径流模数（$1/skm^2$）	水力坡度（‰）
桂林站	42.40	127.00	56.69	23.30	3.80	45.70	0.58
阳朔站	56.69	220.55	97.27	47.18	12.30	39.00	0.41

漓江是典型的雨源型河流，其径流量受随降雨时空分布变化的影响明显。汛期为每年3—8月，径流量占全年的80%以上，5—6月洪水最大，其径流量约占全年的40%。9月至次年2月为枯水期，尤其是12月至次年1月，径流量仅占全年的5%，洪枯季时间与降水丰枯期大致吻合（黎瑶和杨柳青，2011）。漓江的主要支流有：黄柏江、川江、灵河（灵渠）、大溶江、甘棠江、小溶江、桃花江、潮田河、遇龙河、兴坪河、田家河等。

2.4 土壤与植被

2.4.1 土壤

漓江流域的土壤主要由红壤、黄壤、紫色土、水稻土和少量裸岩构成。土地利用程度不高，土壤肥力相对较高，土壤有机质含量大于2%，全磷含量大于0.02×10^{-6}mg/L，全钾含量大于0.5×10^{-6}mg/L。红壤较为常见，偏酸性，土层较厚，主要分布在海拔 800m 以下的低山、丘陵地带，富铝化强烈；黄壤是在温暖湿润的气候条件下形成的，自然植被较好，呈酸性至强酸性，主要分布在海拔 800～1400m 的山地，富铝化作用较红壤弱；水稻土多为潞育性水稻土，是主要的耕作土壤，分布普遍，熟化程度高，养分状况、理化性状及生产性能较好，并有水利保证（喻泽斌，2004）。

2.4.2 植被

漓江流域植物丰茂，物种繁多，有木本植物1415种，76个变种，564属，199科，国家一级保护珍稀植物有银杉、银杏、南方红豆杉、冷杉、桫椤等，二级保护珍稀植物有福建柏、黄枝油杉、长苞铁杉、白豆杉、观光木、马尾树、榉树、楠木等。

漓江流域森林植被主要由常绿阔叶林演替系列上的亚热带山地落叶阔叶林和常绿阔叶混交林演替系列构成（龚克，2011）。前者包括：①常绿阔叶林，如栲树林、银荷木林、白椎林、甜槠林；②落叶阔叶林，如光皮桦林、枫香林、拟赤杨林、白安息香林、鹅耳枥林；③针叶林，如长苞铁杉林、南方铁杉林、银杉林、马尾松林、杉木林；④竹林，如方竹林、摆竹林、毛竹林；⑤灌丛，如波缘冬青灌丛、圆锥绣球灌丛、映山红灌丛、笼竹灌丛等；⑥草本群落，如铁芒萁、白茅、野古草、五节芒、芒草等。常绿阔叶混交林包括枫香—四照花、野漆—青冈栎、安息香—尾叶山茶、虎皮楠—水青冈等混交林。此外，还有人工种植的柑橘、板栗、沙田柚、桂花、泡桐林等（见表 2-2）。

表 2-2　漓江流域石灰岩石山植被群落

植被群落	群　系
Ⅰ.石灰岩半常绿林	1.青岗栎、山胶木、圆叶乌桕林
	2.石山榕、马尾树、黄连木林
Ⅱ.石灰岩落叶阔叶林	1.桂林白腊、马尾树林
	2.小果化香林
	3.翅荚香槐林
	4.青檀林
Ⅲ.石灰岩灌藤丛	1.红背山麻秆、杜荆、龙须藤灌丛
	2.檵木、皱雀梅藤灌丛
	3.火棘、小果蔷薇灌丛
	4.山胶木、斜叶榕、石山棕榈灌丛
Ⅳ.石灰岩草丛	1.白茅草丛
	2.荩草草丛

2.5　社会经济状况

漓江流域主要涉及阳朔、灵川、兴安以及桂林市区。截至2013年年末，总人口184.33万人，非农业人口80.66万人，其中漓江流域一市三县的地区生产总值占全市生产总值的50%以上。研究区中心城市桂林是中国首批国家历史文化名城、中国优秀旅游城市，享有“桂林山水甲天下”的美誉。近年来，桂林的社会经济呈快速发展的态势。据2013年《桂林市国民经济和社会发展统计公报》显示，2013年桂林全年地区生产总值为1657.90亿元，比上年增长11.0%，其中，第一产业增加值299.44亿元，增长5.2%；第二产业增加值792.87亿元，增长15.5%；第三产业增加值565.59亿元，增长7.3%（见表2-3）。全社会固定资产投资1390.32亿元，增长25.4%；财政收入增长10.3%，为180.37亿元；金融机构本外币存款余额增长13.0%，为2067.01亿元；城镇居民人均可支配收入增长10.1%，为24552元，农民人均纯收入增长14.1%，为8361元。总体而言，桂林市的企业规模不大，布局较为分散，产业链不完善，人均GDP低于全国平均水平，经济实力较弱。流域内城镇化水平不高，桂林市区及几个主要县城规模较小，辐射带动力较弱，农村医疗、卫生、教育、文化等公共服务和基础设施建设相对滞后。生态环境保护任务重，漓江的生态保护制约着工业的发展。

表2-3　1973—2013年桂林市生产总值产业分布

产业	1973年		1986年		2000年		2013年	
	总产值（亿元）	比重（%）	总产值（亿元）	比重（%）	总产值（亿元）	比重（%）	总产值（亿元）	比重（%）
第一产业	3.29	42.51	11.30	39.59	99.50	32.89	299.44	18.06
第二产业	2.73	35.35	9.31	32.62	93.57	30.93	792.87	42.82
第三产业	1.71	22.14	7.93	27.79	109.42	36.18	565.59	39.12
GDP	7.73	100.00	28.54	100.00	302.49	100.00	1657.90	100.00

资料来源：《桂林市社会经济统计年鉴（1973—2013）》。

2.6 生态环境状况

桂林地处南岭山系的西南部，属典型的喀斯特地貌。位于中亚热带湿润季风气候带，气候温和，四季分明，气候条件十分优越。漓江发源于越城岭，水资源丰富。受中亚热带湿润季风气候影响，当地植被繁茂，自然生态环境良好。经亿万年风化侵蚀的石灰岩地貌形成了千峰环立、一水抱城、洞奇石美的独特景观，吸引国内外游客纷至沓来。“江作青罗带，山如碧玉簪”咏叹出了漓江山水组合的生态美，王正功用“桂林山水甲天下”高度总结了桂林（漓江流域）的山水特色与价值，让世人羡慕、憧憬。为了满足游客的旅游需求，流域范围内以山水观光为特色的系列景点或景区相继被开发。其中，在城区最具有代表性的景点有象鼻山、伏波山、南溪山、尧山、独秀峰、七星岩、芦笛岩、甑皮岩、冠岩、明代王城、榕湖、杉湖等，漓江成为最具旅游价值的黄金水道，兴安灵渠、古东瀑布、遇龙河漂流、漓水人家等多样化的旅游景点或景区遍布整个流域。

随着旅游空间的不断拓展和国内外游客人数的节节攀升，流域宁静、优美的自然环境受到干扰，局部地区遭到破坏。同时，为了发展地方经济，流域内出现了大规模的生产建设特别是工业建设，给流域生态环境带来了严重影响，曾经清澈的水质、优美的自然景致受到了威胁，“桂林山水甲天下”的美誉受到了挑战，引起了政府、社会团体、民间组织、当地居民、游客的关注与重视。自 20 世纪 70 年代以来，通过不断探索和完善，桂林市确立了漓江流域生态环境保护的指导思想，即“以提高人民群众和中外旅游者生活质量、环境质量为目的，正确处理好发展生产、发展旅游、城乡建设与环境保护的关系，综合利用经济的、行政的、法律的手段，全面搞好漓江流域生态环境和水资源保护利用，实现经济、社会、环境的协调和可持续发展”。为了完善漓江流域生态环境利用和保护的规章制度，政府制定和出台了多个规范性文件，如《桂林市漓江饮用水源保护区污染防治管理暂行规定》《关于综合治理漓江河道的通告》等，积极开展了漓江流域生态环境综合治理工作。1979—1996 年，为解决漓江水质污染问题，当地投入 2160 万元，先后关、停、并、转、迁 49 个严重污染的工厂和车间，市区建成了四个污水处理厂及十几个垃圾转运和处理站，并对漓江游船进行改造，增设粪便集装设施，建造粪便处理船，每天将游船上的粪便收回岸上送到无害化处理站处理；1989—

1992 年，为解决漓江枯水问题，市政府组织进行了补水性质的综合整治；1998—2004 年，市政府再次对漓江进行综合整治，项目包括补水截污及城市固废处理、植树及水土保持等。通过生态环境治理与保护，漓江流域生态环境有了很大的改善，特别是保持了漓江水质的清澈，实现了沿岸植被繁茂、四季常青。另外，季节性枯水问题也有所缓解（王金叶，2012）。

虽然生态环境建设取得了明显成效，但由于需求的不断增长，漓江流域生态环境状况仍不容乐观。蔡德所等（2008）根据 20 世纪 70 年代以来对漓江流域开展的系列调查和研究资料，将漓江流域分为上游非岩溶森林生态分区和中下游岩溶生态分区两个生态分区进行研究，结论指出：①上游分区虽然生态良好，旱涝灾害与石漠化现象很少，但自 20 世纪 80 年代以来，受人类经济活动影响，森林结构变得不合理，水源林中人工林和次生林比例增加，导致水源涵养功能减弱，使漓江水资源调节蓄水的能力下降；②中下游分区存在水土流失与石漠化、水域面积减少与湿地退化、洪涝灾害与岩溶干旱、水质恶化和岩溶坍塌等主要问题。除此之外，流域生态环境还存在其他问题，如：由于地方经济发展相对滞后，漓江流域生态建设工程投入不足或无法保障；区域内生态环境保护与工业经济发展之间的矛盾突出；水质污染增加，水体出现富营养化；等等（王金叶，2012）。

2.7 漓江流域旅游发展概况

2.7.1 漓江流域旅游资源现状

漓江流域旅游资源丰富多样，典型的喀斯特景观赋予漓江流域如画般的山水风光，使之享有“桂林山水甲天下”的美誉。该流域自然资源和人文资源浑然一体，呈现城景交融的优美景致，推窗、出门就能见景。除了山与水的自然景观资源外，还有古遗址、古建筑、陵墓、石刻及摩崖造像、革命纪念遗址和少数民族村寨等别具特色的人文资源。

（1）自然资源

漓江流域的自然旅游资源以石灰岩地貌为特征，奇山、异洞、秀水、美石是分布于不同空间的自然景观资源。桂林、阳朔一带，喀斯特地貌发育最为典型，山多为平地拔起，孤峰、峰丛、峰林环布，河流依山势而转，河中多洲多滩，河谷开阔平缓，岸边竹木葱郁，溶洞内则是千姿百态的石笋、石柱、石幔。

①奇山。以石山为主，主要景点有独秀峰、象鼻山、叠彩山、伏波山、南溪山等。石山形态各异，惟妙惟肖，形似巨象、骆驼、奔马、斗鸡，如象鼻山、骆驼山、斗鸡山、净瓶山、老人山等。

②异洞。第一类以钟乳石景观为主，形象生动，似动物、植物，以芦笛岩、七星岩、穿山岩最为突出；第二类是一山多洞，洞洞相连，以隐山为代表，其山虽不高，却有大小岩洞10余个，分上下两层，最著名的有朝阳、白雀、嘉莲、夕阳、南华、北牖6洞，构成一山尽空、洞洞互连的奇特风格，十分罕见。

③秀水。漓江以桂林至阳朔之间全长约86km的江段最为秀丽，以水清、景奇而著称于世，沿途奇峰挺拔，碧水萦回，似青罗玉带飘落群山之间，有“黄金水道”之称。2007年漓江景区成为我国第一批5A级旅游景区。除穿城而过的江河之外，还有不少湖塘，如榕湖、杉湖等。榕湖、杉湖恰似镶嵌在城中的碧玉，景区内水榭亭阁、曲桥错落其间。桂林市政府于1999年启动两江四湖贯通建设工程，并于2002年实现环城水系通航，2017年成功创建国家5A级景区。

1992年，桂林市景点征名小组通过媒体广泛征求意见，评选出桂林新二十四景，即榕湖春晓、古榕系舟、象山水月、南桥虹影、还珠试剑、拿云揽胜、木龙古渡、老人高风、隐山六洞、西山佛刻、桃江拥翠、芦笛仙宫、花桥映月、七星洞天、驼峰赤霞、龙隐灵迹、桂海碑林、靖江王陵、尧山观涛、穿山挂月、塔山清影、南溪玉屏、冠岩水府、漓江烟雨。

（2）人文资源

①古遗址。古遗址主要有丹桂岩洞穴遗址、宝积岩洞穴遗址、轿子岩洞穴遗址、甑皮岩洞穴遗址、窑田岭窑址、窑里村窑址、颜延之读书岩遗址等。甑皮岩位于桂林市南郊，是母系氏族社会的人类穴居处，属华南地区新石器时代早期的原始文化遗址，距今约1万年，洞穴高89m，宽深各10m多，遗

迹有火塘、火坑和垃圾坑，出土了30余具人骨化石、陶制品、石器以及象、牛等动物化石。

②古建筑。现存的有靖江王城、花桥、古南门、木龙石塔、舍利塔等。王城位于市中心独秀峰下，是明朝靖江王府的一座周长近2km的城垣。洪武五年（1372年）在元代万寿宫遗址上兴建，洪武九年建成，前后共有14个藩王在此居住。王城四周为青石城墙，四门及承运殿云阶玉陛至今基本保持完好。

③陵墓。有马君武、白鹏飞、阚维雍、张曙、陈光等学者、英雄墓和王陵。其中，位于桂林市东郊尧山西南麓的明靖江王陵，墓制宏伟，封土硕大，是中国目前延续时间最长、规模最大、保存最完善的王墓群之一。明靖江王11代藩王及王妃、将军葬于此，共有坟墓300余座。陵园南北长约15km，东西宽约7km，墓有内外两道围墙，墓前有陵门、神道、享堂，两旁列有石人、石兽和华表，虎、狮、羊、象、麒麟等石兽雕工精细。

④石刻和摩崖造像。桂林月牙山东南麓的龙隐岩、龙隐洞，是桂林市摩崖石刻最丰富的两个洞窟，洞内共有石刻200多件，其中宋刻《平蛮三将题名》《元祐党籍碑》等是研究宋史的珍贵文物。摩崖造像以唐宋两代为多，主要位于西山、伏波山、叠彩山等处，共173龛，585尊。西山现存唐代摩崖佛教造像最多，有98龛，242尊，一般为一龛三尊，造像最大者高约两米，小的仅数厘米，大多为中唐以后的作品。西山摩崖造像的特点是：面型方长而丰满，耳垂至肩，宽胸细腰，大多裸露乳肩，与印度佛教造像风格相似，而异于中原佛教造像。

⑤革命纪念遗址。有太平天国文物史料陈列馆、蒋翊武先生就义处纪念碑、八路军办事处旧址等。

⑥其他。漓江流域内还有许多名人故居及现代人文景点，如李宗仁故居、白崇禧故居及漓江民俗风情园、桂山之秀、豪华之夜等。

根据GB/T 18972—2003《旅游资源分类、调查与评价》的有关标准和要求，漓江流域旅游资源包含水域风光、地文景观、古迹及建筑、生物景观、消闲求知、购物6大类，67个基本类型，占全部74个基本类型的90.5%。常年接待海内外旅游者的主要景点有200余处，A级以上景区达55处，其中包括5A级景区3处、4A级景区23处（黄华乾，2013）（见表2-4）。

表 2-4　2013 年漓江流域主要旅游景区（点）一览表

区域	主要旅游景区（点）
桂林市区	两江四湖景区、芦笛岩景区、西山景区、叠彩山景区、伏波山景区、七星景区、象鼻山景区、桂海碑林博物馆、愚自乐园（地中海俱乐部桂林度假村）、八路军桂林办事处旧址、王城景区、靖江王陵、冠岩、穿山公园、南溪公园、西山公园、尧山景区、刘三姐大观园、虞山景区、甑皮岩、梦幻漓江、李宗仁官邸、桂林美术馆、园林植物园、訾洲公园等
阳朔县	大榕树景区、兴坪景区、杨堤景区、福利景区、印象·刘三姐、阳朔西街、遇龙河、世外桃源、碧莲峰、历村、月亮山景区、蝴蝶泉、聚龙潭、鉴山寺、莲花岩、龙颈河漂流、图腾古道一聚龙潭景区等
临桂县	九滩瀑布、花坪、十二滩漂流、古桂柳运河、李宗仁故居、刘三姐茶园、义江缘景区、红溪景区、五通浮州塔、东宅江瑶寨蝴蝶谷、岚岩生态长寿村、会仙湿地等
灵川县	古东瀑布景区、青狮潭、大圩千年古镇、东江生态旅游区、世纪探古乐园、海洋银杏林、江头景区、毛洲三岛农家乐等
兴安县	乐满地度假世界、灵渠、秦城水街、红军长征突破湘江烈士纪念碑园、超然派度假山庄、秦家大院、世纪冰川大溶洞、古严关、猫儿山、五里峡水库等

2.7.2　漓江流域旅游发展历程

漓江流域的开发建设和旅游业的发展大致可分为三个阶段。

（1）第一阶段：中华人民共和国成立以前

早在南朝时期，诗人颜延之于宋景平二年（424 年）在任始安郡（今桂林）太守时就对独秀峰进行了开拓。到唐代，开发过的景区有南溪山、隐山、叠彩山等。到了宋代，开发岩洞 30 余处，并开辟了虞山至隐山、西山的水上游览线路。明清时期，兴建了王城、靖江王陵及雁山公园。民国时期也有不同程度的发展。漓江流域的景区虽在不同朝代得以扩大，但旅游业在古代尚未形成独立的行业。抗日战争中期，中国旅行社总社在桂林设分社，后来业务中辍，直到民国 37 年（1948 年）中国旅行社桂林分社复设，才标志着桂林有了近代专业化的旅游服务。

（2）第二阶段：中华人民共和国成立后至 1978 年

中华人民共和国成立后一段时间以来，受国际环境影响，我国一直没有全面对外开放。1973 年 5 月，国务院将桂林市列为我国首批对外开放的旅游城市之一，同时桂林也是国内最早可以接待入境游客的 5 个城市（北京、西安、上海、桂林、广州）之一。之后，桂林接待了大量各国外交人员、专家和留学生。此时的旅游主要是加强国际交流，不以经济效益为主要目的，相较于过去，旅游有了更丰富的时代意义。1973 年 10 月，邓小平同志陪同加拿大总理特鲁多访问桂林，面对着桂林山水和正在被严重污染的生态环境，邓小平表示治理漓江十分重要。中共十一届三中全会之后，治理漓江污染被提上议事日程。据统计[1]，在桂林市对外开放刚刚起步的 1973 年，整个漓江流域的旅馆只有 248 张床位，大、小旅游客车 10 辆，漓江游览木船 3 艘，直接从事旅游服务的人员不足 200 人，当年接待入境旅游者 977 人，国内尚未有旅游团前来，大多是个人公务出差到桂林顺便游览。旅游业还处于初始的发展时期，条件比较简陋、形式比较初级。

（3）第三阶段：1979 年至今[2]

1979 年，国务院将桂林的城市性质确定为“风景游览城市”。自此之后，漓江流域以旅游产业为国民经济发展核心。随着境内外游客逐年增多，1980 年 2 月，漓江流域出现了第一家专门从事旅游经营和管理的旅游公司，促进了旅游业的进一步成长。1981 年，桂林航空口岸正式对外开放，桂林海关正式开关。之后，桂林旅游市场与世界接轨，交通通达性得到极大的提高，使漓江流域旅游业迎来了发展的加速期。1981—1985 年，先后建成榕城、丹桂等一批饭店。至 1985 年底，各类饭店、旅社、招待所达 316 家，床位 31910 张；空调旅游车 278 辆，座位 5837 个，非空调旅游车 200 余辆；漓江游览船 94 艘，座位 7477 个。1986 年后陆续出现多家涉外饭店，至 1990 年底漓江流域拥有涉外饭店 32 家，床位 13275 张，其中：正式涉外饭店 23 家，可提供 11018 张床位；临时涉外饭店 9 家，可提供 2257 张床位。由于涉外饭店发展过快，客房出租率从 20 世纪 80 年代中期后逐年下降：1986 年高达 82.9%，到 1987 年降至 55.6%，1988 年跌至 46.9%，到 1989 年又降为 30.6%。客房出租率太低，致使投入难以回本，虽然旅游条件已经提升，但在市场供求关系的影响下，旅游发展并不景气。在此期间，桂林市政府开始将目光转到旅游配套设施建设上，在发展旅游的同时，不断改善城乡旅游环境与生态环境，完善交通与基础服务设施，如：修建了桂林—阳朔二级公路，横跨漓江的虞山桥、漓江桥、净瓶山大桥和 21.8km 的东西环城路等；开通了桂

[1]　资料来源：《桂林经济社会统计年鉴（2014）》。

[2]　资料来源：《桂林年鉴（1986—2014）》。

林至日本、美国等100多个国家和地区以及至国内658个市、县的国际国内长途电话；新开发靖江王陵墓、西山公园；扩建了芦笛岩、独秀峰和阳朔大榕树等风景区景点；修复了八路军桂林办事处旧址、云峰寺、桂海碑林等一批人文旅游景点；漓江整治一期工程已竣工，并加强漓江两岸绿化，形成了几十千米的绿化带。

旅游交通从20世纪80年代开始有了较大发展，1981年扩建桂林机场，空运能力提高了两倍。1990年，桂林有15条航线可直达北京、上海、广州等国内大城市，固定航班24个。同时还开通了中国香港—桂林的定期旅游直航包机，不定期包机飞往中国香港及日本熊本、福冈、鹿儿岛、名古屋等地。2007年，桂林站、桂林北站（Ⅰ场）、桂林北站（Ⅱ场）、桂林南站、三江南站、五通站、桂林西站（普速场）、桂林西站（高速场）、阳朔站、恭城站10个站区，其中五通站未开办客运业务，全年累计发送旅客1544.8万人次。2013年12月28日，广西首趟高铁列车G530次（桂林—北京）在桂林站首发，桂林车站正式迈入高铁时代。2013年桂林两江国际机场（简称桂林机场）运输起降航班49943架次，运输旅客587.5万人次，其中，国内航线旅客（不含地区航线旅客）运输747.4万人次。全年飞行航线65条，其中国内航线56条、国际航线6条、地区航线3条，机场通航城市50个。全年共新开航线15条，其中国际航线3条、国内航线12条，恢复航线2条，增加了上海、南宁、重庆等主要客源地航班量密集度。2013年，桂林国际旅游胜地建设正式启动并实现良好开局，桂林国际旅游胜地的政策落地取得实质性进展，漓江流域旅游业步入发展快车道。

2.7.3 漓江流域旅游产业现状

桂林是我国最早一批对外开放的旅游城市之一，“桂林山水甲天下”的旅游老品牌使其在全国旅游发展格局中始终处于重要地位，为桂林旅游产业发展提供了源源不断的收益。1998年桂林接待游客803.98万人次，其中入境游客41.23万人次，实现旅游总收入32.16亿元；2001年桂林旅游总人次超千万，为1009.22万人次；2008年旅游收入过百亿，为100.26亿元；2013年实现旅游总收入348.48亿元，相较于1998年增长了近10倍（见表2-5）。桂林在入境旅游方面表现尤其突出，1998年入境旅游人数占据整个广西入境旅游人数的79%，到2013年，虽然入境旅游人数占有额明显降低，但仍在广西壮族自治区占有半壁江山。漓江流域是桂林旅游活动开展的主要区域，2013年漓江流域内各区县共接待游客2636.21万人次，实现旅游总收入279.12亿元，占桂林旅游总收入的80%[1]。

表2-5　2000—2013年桂林旅游接待人数和总收入

年份	旅游人数（万人次）	增长率（%）	旅游收入（亿元）	增长率（%）
2000	963.37	7.22	45.12	23.31
2001	1009.22	4.76	45.87	1.66
2002	1095.80	8.58	49.33	7.54
2003	854.29	−22.04	34.34	−30.39
2004	1111.43	30.10	50.14	46.01
2005	1205.08	8.43	57.95	15.57
2006	1337.95	11.03	68.75	18.63
2007	1530.64	14.40	85.51	24.39
2008	1626.90	6.29	100.26	17.20
2009	1860.08	14.33	126.92	26.59
2010	2104.37	13.13	167.32	31.83
2011	2729.16	29.69	218.34	30.49
2012	3291.25	20.60	276.79	26.77
2013	3584.17	8.90	348.48	25.90

资料来源：《广西统计年鉴》和《桂林统计公报》。

[1]　资料来源：《桂林社会经济统计年鉴（1999—2014）》。

第3章　数据收集与预处理

3.1　数据收集

3.1.1　遥感数据

目前，遥感影像是研究土地利用变化及生态效应的主要数据来源，现有遥感数据类型多样，分辨率、波段信息、采集周期等各方面均有差异，因此应该基于不同的研究目的选择合适的遥感数据。本研究根据漓江流域的植被生长规律、年际降雨分布情况，选用各时相9月、10月的遥感影像，此时段植物生长稳定、水位变化较小。采用的主要遥感数据有漓江流域1973年10月（Landsat MSS）、1986年10月（Landsat TM）、2000年9月（Landsat TM）、2013年10月（Landsat OLI）的遥感影像，每个时相2景，共8景（见表3-1）。影像经过图像纠正、图像增强、投影变换以及拼接、裁切等预处理后，用于土地利用信息的提取（彭月，2011；许倍慎，2012）。

表3-1　研究区遥感影像数据列表

数据类型	轨道号	采集时间	分辨率	波段数	数据来源
Landsat MSS	124-42，124-43	1973年10月	60m	4	其他课题
Landsat TM	124-42，124-43	1986年10月	30m	7	USGS数据
Landsat TM	124-42，124-43	2000年9月	30m	7	USGS数据
Landsat OLI	124-42，124-43	2013年10月	15m	9	USGS数据

3.1.2 野外调查数据

本研究于2012年9月、2013年5月和2013年10月分三次对漓江流域进行了全面考察，建立了遥感影像解译标志，对土地利用分类结果进行了比对校正，实地调查猫儿山自然保护区、青狮潭水库、海洋山等生态环境关键区的植被状况，阳朔等地退耕还林以及石漠化治理情况，调研了流域内农村社会经济发展情况，以及村落的变迁历史并对村民进行访谈，收集社会经济统计资料若干。

3.1.3 其他数据

研究还收集了流域内的图形数据、DEM数据、社会经济统计数据及相关的规划资料等，主要有桂林市1：50000地形图、2009年桂林市1：10000土地利用现状图、2013年桂林市行政区划图、漓江流域30m分辨率数字高程模型（来源于USGS），以及《桂林市志（1991—2005）》《桂林市社会经济统计年鉴（1973—2013）》《2013年桂林市国民经济和社会发展统计公报》《桂林市土地利用总体规划（2006—2020）》《桂林旅游发展总体规划（2001—2020）》《桂林市城市总体规划（2010—2020）》《桂林市重点旅游片区规划（2014—2020）》等。

3.2 Landsat数据源介绍

本研究共计使用Landsat系列遥感影像8景，作为1973—2013年不同年度土地利用数据提取的数据源，主要包括Landsat 1 MSS影像、Landsat 5 TM影像、Landsat 8 OLI影像（见表3-1）。

美国SA的陆地卫星（Landsat）计划是人类持续运行最久的对地观测卫星工程，由美国航空航天局（NASA）和美国地质调查局（USGS）共同承担。NASA负责卫星和航天器的研发、调试与发射，USGS则负责卫星和地面接收站的运行并负责影像存储、产品生成以及数据的分发。1972年7月23日，NASA、美国内政部和农业部联合研制并发射了地球资源技术卫星（ERTS-1），

1975年，这颗卫星被改名为Landsat 1。Landsat 1携带了两个传感器，其中之一为休斯圣巴巴拉研究中心设计研制的多光谱扫描仪（MSS），在运行5.5年后，Landsat 1于1978年1月6日退役。随后，Landsat 2、Landsat 3、Landsat 4分别于1975年、1978年、1982年成功发射。发射于1984年的Landsat 5取得了巨大的成功，提供高质量的地表影像长达28年10个月，大大超过原有设计寿命，并创造了“运行时间最长的卫星”的吉尼斯纪录。Landsat 6卫星于1993年10月5日发射失败。Landsat 7于1999年发射成功并运行至今，但2003年5月1日发生的传感器故障导致随后获取的多光谱影像出现条带阴影。Landsat 8卫星于2013年2月11日发射后运行至今。40多年来，陆地卫星计划累计获取了数百万景遥感影像，这些影像不仅记录着全球变化，而且在农业、林业、地质学、区域规划和教育等诸多方面得到了广泛应用（王珽，2018）。Landsat 1—Landsat 3系列卫星轨道高度为920km，每103分钟绕地球一周，重返周期为18日。其运行轨道为近极地近圆形轨道，因此不仅具备观测地球绝大多数地区的能力，同时保证了比例的尺一致性。卫星同时运行在太阳同步轨道，保证卫星在观测不同区域时的光照条件相似。为提高分辨率，Landsat 4、Landsat 5、Landsat 7和Landsat 8降低轨道高度至705km，每99分钟绕地球一周，重返周期为8日，每日可获取至少500景遥感影像。其轨道的特征与Landsat 1—Landsat 3相似（见表3-2）。

本研究中所使用的Landsat 1 MSS、Landsat 5 TM及Landsat 8 OLI影像对应的传感器参数见表3-2。Landsat 1上最重要的传感器是多光谱扫描仪（MSS），分辨率为80m。MSS传感器获取的影像波段范围从绿光到近红外，共4个波段。Landsat 5上搭载了更为先进的专题制图仪（TM），绝大多数波段分辨率提高至30m。与MSS相比，TM传感器增加了蓝光、短波红外和热红外波段。Landsat 7上的增强专题制图仪（ETM+）与TM传感器相比增加了一个分辨率为15m的全色波段。2003年5月31日，ETM+传感器上的扫描校正仪发生故障。扫描校正仪的功能是精确地调整传感器的垂直方向，使之随着卫星的位移逐行扫描地表并生成影像。扫描校正仪故障导致Landsat 7 ETM+的影像上产生条带缝隙，一景影像中22%的区域没有数据。尽管修复传感器故障的尝试失败了，但已有尝试在影像中直接对条带进行修复的研究，且成效显著（Zeng 等，2013）。与 ETM+ 传感器类似，Landsat 8 搭载的推扫式陆地成像仪（OLI）获取的遥感影像在可见光、近红外以及短波红外波段的分辨率均为 30 m，全色波段为 15 m。Landsat 8 影像中还包含热红外传感器（TIRS）获取的两个热红外波段（第 10 波段、第 11 波段），用于反演地表温度，不过第 11 波段的影像质量不稳定。此外，Landsat 8 影像还专门提供了一个波段用于评价影像质量。这个波段标识了成像过程受云层和传感器误差干扰较大的像元（王翀，2018）。

表 3-2 美国 Landsat 系列卫星参数一览表

卫星参数	Landsat 1	Landsat 2	Landsat 3	Landsat 4	Landsat 5	Landsat 7	Landsat 8
发射时间	1972年7月23日	1975年1月12日	1978年3月5日	1982年7月16日	1984年3月1日	1999年4月15日	2013年2月11日
卫星高度（km）	920	920	920	705	705	705	705
半主轴（km）	7285.438	7285.989	7285.776	7285.465	7285.438	7285.438	—
倾角（°）	103.143	103.155	103.115	98.9	98.2	98.2	98.2
经过赤道的时间	8:50am	9:03am	6:31am	9:45am	9:30am	10:00am	10:00am
覆盖周期（天）	18	18	18	16	16	16	16
扫幅宽度（km）	185	185	185	185	185	185	185
波段数	4	4	4	7	7	8	9
机载传感器	MSS	MSS	MSS	MSS、TM	MSS、TM	ETM+	OLI、TIRS
运行情况	1978年退役	1976年失灵，1980年修复，1982年退役	1983年退役	1983年TM传感器失效，退役	2011年11月18日，USGS宣布停止获取数据	2003年5月出现故障	在役服务

本研究中各卫星搭载的传感器主要包括 MSS 传感器、TM 传感器、OLI 传感器，不同传感器的波长、分辨率等有较大差异。

（1）MSS 传感器

MSS 传感器的全称为多光谱扫描仪（Multi-Spectral Sensor），Landsat 1 ～ Landsat 5 卫星中均搭载了 MSS 传感器，它几乎获得了 1972 年 7 月至 1992 年 10 月期间的连续地球影像。MSS 选用可见光到近红外（0.5 ～ 1.1 μm）谱段，共分 4 个波段（表 3-3）。

表 3-3 MSS 传感器参数

多光谱扫描仪	Landsat 1—3	Landsat 4—5	类型	波长（μm）	分辨率（m）	主要作用
MSS	Band 4	Band 1	绿色波段	0.5～0.6	80	对水体有一定的透射能力，清洁水体中透射深度可达10～20m，可判别地形和近海海水泥沙，可探测健康绿色植被反射率
	Band 5	Band 2	红色波段	0.6～0.7	80	用于城市研究，对道路、大型建筑工地、沙砾场和采矿区反应明显，可用于地质研究、水中泥沙含量研究，以及用于观测植被分类
	Band 6	Band 3	近红外	0.7～0.8	80	用于区分健康与病虫害植被、水陆分界、土壤含水量研究
	Band 7	Band 4	近红外	0.8～1.1	80	用于测定生物量和监测作物长势、水陆分界、地质研究

（2）TM 传感器

Landsat 专题制图仪（Thematic Mapper，TM）是 Landsat 4 和 Landsat 5 携带的传感器，几乎实现了对地球影像的连续获得，具体参数见表 3-4。

表 3-4 TM 传感器参数

专题制图仪	Landsat 4—5	波段	波长（μm）	分辨率（m）	主要作用
TM	Band 1	蓝绿波段	0.45～0.52	30	用于水体穿透，分辨土壤和植被
	Band 2	绿色波段	0.52～0.60	30	分辨植被
	Band 3	红色波段	0.63～0.69	30	处于叶绿素吸收区域，用于观测道路、裸露土壤、植被种类等
	Band 4	近红外波段	0.76～0.90	30	用于估算生物量
	Band 5	中红外波段	1.55～1.75	30	用于分辨道路、裸露土壤、水，在不同植被之间有很好的对比度，并且有很好的穿透云雾的能力
	Band 6	热红外波段	10.40～12.50	120	感应发出热辐射的目标
	Band 7	中红外波段	2.08～2.35	30	对于岩石、矿物的分辨很有用，也可用于辨识植被覆盖和湿润土壤

（3）OLI 传感器

OLI 传感器的全称为陆地成像仪（Operational Land Imager，OLI），为 Landsat 8 卫星的主要携带仪器。OLI 被动感应地表反射的太阳辐射和散发的热辐射，有 9 个波段的感应器，覆盖了从红外到可见光的不同波长范围。与 Landsat 7 卫星的 ETM+ 传感器相比，OLI 增加了一个蓝色波段（0.433 ～ 0.453 μ m）和一个短波红外波段（band 99，1.360 ～ 1.390 μ m），蓝色波段主要用于海岸带观测，短波红外波段包含水汽强吸收特征，可用于云检测。传感器具体参数见表 3-5。

表 3-5　OLI 传感器参数

陆地成像仪	Landsat 8	波长（μm）	分辨率（m）	主要作用
OLI	海岸波段	0.433～0.453	30	海岸带观测
	蓝波段	0.450～0.515	30	用于水体穿透，分辨土壤植被
	绿波段	0.525～0.600	30	用于分辨植被
	红波段	0.630～0.680	30	处于叶绿素吸收区，用于观测道路、裸露土壤、植被种类等
	近红外	0.845～0.885	30	用于估算生物量，分辨潮湿土壤
	中红外	1.560～1.660	30	用于分辨道路、裸露土壤、水，在不同植被之间有很好的对比度，并且有较好的大气、云雾分辨能力
	中红外	2.100～2.300	30	用于岩石、矿物的分辨，也可用于辨识植被覆盖和湿润土壤
	全色波段	0.500～0.680	15	为15m分辨率的黑白图像，用于增强分辨率
	水汽吸收波段	1.360～1.390	30	包含水汽强吸收特征，可用于云检测

3.3　数据处理软件

研究用到的数据处理软件主要有遥感影像处理软件 ERDAS 9.2、地理信息系统软件 ARCGIS 10.0、Fragstats 3.3 及 Geo 9.5 等。ERDAS 9.2 主要用于遥感影像分类与解译及土地利用转移矩阵计算，ARCGIS 10.0 主要用于生态系统服务、生态风险的空间分析以及绘制专题图，Fragstats 3.3 用于土地利用格局指数计算，Geo 9.5 用于空间自相关分析。

3.4 遥感影像分类与解译

3.4.1 土地利用分类体系

土地利用分类是遥感影像解译、格局分析、动态模拟等研究工作的基础，是研究土地利用变化及生态效应的重要前提，其不仅影响着分类结果的表达，也决定了数据的适应领域。漓江流域土地利用分类系统的构建，首先要适合漓江流域土地利用的实际情况；其次分类体系要与国家相关的标准和已有的调查数据有较好的兼容性和延续性；最后还要保证各土地类型在遥感影像上有较高的区分度，易于影像精确解译。根据漓江流域土地利用状况，结合后续研究需要，参考刘纪远等人（刘纪远等，2009；刘纪远等，2014）的研究成果，本研究采用中国资源环境遥感调查数据库所用的土地利用分类方法，将漓江流域的土地划分为以下 6 个基本类型。

①林地。指生长乔木、灌木、竹类等的林业用地，包括郁闭度大于 30% 的有林地、郁闭度大于 40% 的灌木林地、郁闭度 10% ～ 30% 的疏林地以及果园、茶园等其他林地。

②耕地。指适合种植农作物的土地，包括水田和旱地。

③建设用地。指城乡居民点及其以外的工矿、交通等用地，包括城镇用地、农村居民点用地以及厂矿、交通道路、机场等。

④水域。指天然形成的水域和水利设施用地，包括河流、湖泊、水库、沟渠、坑塘、滩地等。

⑤草地。指以生长草本为主，覆盖度大于 5% 的各类草地，包括灌丛草地和郁闭度小于 10% 的疏林草地。

⑥未利用地。指目前还未利用的土地，包括裸地、沙地、裸岩石质地等。

3.4.2　影像预处理

（1）辐射校正

辐射校正主要包括辐射定标和大气校正。由于传感器参数、影像获取时间的影响，遥感影像中像元的灰度值（DN）并不完全等同于地物本身的辐射亮度（L），但二者线性相关。遥感影像成像过程极其复杂，导致地物本身的辐射能量与传感器接收到的电磁波能量有差异。传感器输出的能量包含了由于太阳位置和角度条件、大气条件、地形影响和传感器本身引起的各种失真，特别是电磁波在大气层传播时，传播方向与辐射特征均不可避免地受到地球大气的影响，主要包括辐射吸收和辐射散射。这些失真与地面目标本身无关，但会对遥感影像的处理和理解造成影响，因此辐射校正是非常必要的。辐射校正最关键的是要消除大气的影响，其过程称为大气校正（孙家抦，2009）。本研究采用 ERDAS IMAGANE 9.2 软件中的回归分析法进行辐射校正。

（2）几何校正

传感器的位置、高度、速度等各种因素的变化会造成像元相对于目标的实际位置发生扭曲、挤压、伸展等几何变形，在这种情况下就需要对影像进行几何校正，几何校正重采样算法有双线性内插法和立方卷积等。

遥感图像的几何校正包括几何粗校正和几何精校正。几何粗校正是针对引起畸变的原因进行的校正。几何精校正是人为地从已有的数据资料上选择相应的地面控制点进行的几何校正，它是用数学模型来近似地描述遥感图像的几何畸变过程，并利用标准遥感图像和畸变的遥感图像之间的对应点（地面控制点数据对）求得畸变模型，然后利用此模型进行几何畸变的校正，这种校正不考虑畸变形成的具体原因，只考虑如何利用畸变模型来校正遥感影像（盖艾鸿，2013）。几何校正的一般步骤如图 3-1 所示。

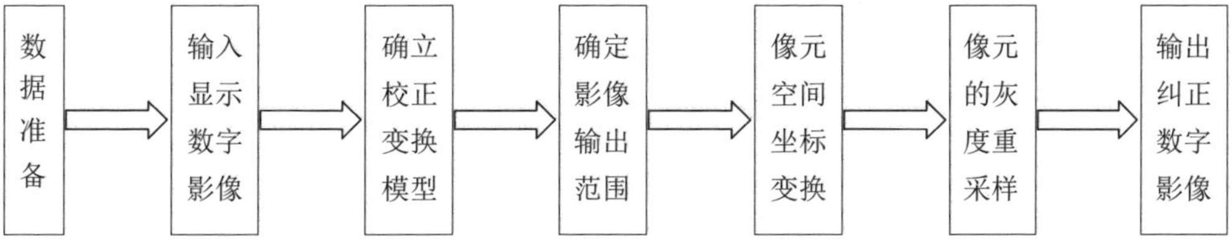

图 3-1　遥感数字影像纠正步骤

本研究采用 ERDAS IMAGANE 9.2 软件对影像进行几何精校正。首先，根据漓江流域地形图对 2000 年的 TM 影像进行几何校正。先在地形图上选择道路、河流等的交叉点或山峰等易识别的地物做控制点，控制点应尽可能地平均分布在整幅影像上，通过采用二次多项式函数转化进行图像校正。其次，对遥感影像选取最邻近法进行灰度重采样，将原始影像的灰度值转化为校正后的灰度值。最后，以经过几何校正的 2000 年 TM 影像为参照标准，对 1973 年 MSS 影像、1986 年 TM 影像、2013 年 OLI 影像分别进行配准。

（3）遥感图像增强处理

为了提高图像的可解译性，进而从图像中提取更有用的定量化信息，就要用遥感图像增强中的直方图均衡化、直方图匹配、去霾处理等改善图像的质量。直方图均衡化的实质是对图像进行非线性拉伸，对像元值进行重新分配，保证在一定灰度范围内使得像元数量大致相等，把原图像上频率小的灰度级进行合并，对频率高的像元进行拉伸，这样可以大大改善图像质量，增强大面积地物与周围地物的反差。直方图匹配是对图像查找表进行数学变换，使一幅图像某个波段的直方图与另一幅图像的对应波段类似。直方图匹配可以部分消除由于大气影响造成的相邻图像的效果差异。为了降低多波段图像的模糊度，还需要对图像进行去霾处理。去霾处理的实质是基于缨帽变换方法，对遥感图像进行主成分变换，找到并剔除与模糊度相关的成分，通过主成分逆变换变回到 RGB 彩色空间，达到去霾的目的。降噪处理是沿着边缘或平坦区域消除噪声，同时保持图像中的某些微小细节，主要利用自适应滤波方法去除图像中的噪声。图像增强处理改善了图像的灰度等级和灰度范围，提高了图像的对比度，消除了噪声平滑图像，突出了地物边缘和线状地物。

本研究利用 ERDAS 9.2 软件，以漓江流域地形图作为地理参考，在易识别地物处选取 20 个地面控制点，通过多项式变换模型，对 4 个时相 8 景遥感影像进行几何精校正，采用回归分析法去除大气辐射，利用正射校正降低山体阴影对影像的影响。运用图像拼接功能将校正后的影像进行合并，将 4 期遥感影像都调整到北京 1954 坐标系。以漓江流域数字化边界作为 Mask，利用 ARCGIS 10.0 空间分析中的 Extraction 提取功能，依据边界对 4 期影像进行不规则裁切，最终获得漓江流域遥感影像图，如图 3-2 ～图 3-5 所示。

图 3-2　1973 年漓江流域遥感影像图

图 3-3　1986 年漓江流域遥感影像图

图 3-4　2000 年漓江流域遥感影像图

图 3-5　2013 年漓江流域遥感影像图

3.4.3 遥感影像解译

在相同的条件（如光照、地形、气温等）下，同一类地物具有相同或者相似的光谱和空间信息特征，不同的地物有不同的光谱和空间信息特征。将相关图像中的所有像素根据像元性质的不同分为若干类的过程就是遥感图像分类，它是用计算机对遥感图像上的属性进行识别和分类的过程，其目的是从图像上识别实际地物，提取地物信息，把图像中相似的像元或区域划为一类，其结果是将图像空间划分为若干个子区域，一种地物代表一个区域。

遥感影像分类方法主要有非监督分类、监督分类及专家分类系统三种。

非监督分类是指对分类过程不施加任何先验知识，仅凭像元的光谱特征，运用迭代自组织数据分析算法，把一组像素按照相似性划为若干类别。

监督分类与非监督分类不同，监督分类是在对已有遥感图像上的地物有先验经验的基础上进行的，即要从图像上选取所要区分的各类地物的样本，建立模板再进行自动识别。

专家分类系统是模式识别和人工智能的产物。首先利用某一领域内专家的知识和经验建立知识库；其次依据分类目标提出假设，并制定支持假设的规则、条件和变量；最后运用知识库进行自动分类。监督分类的判别规则可以分为无变量和有变量两种。无变量包括特征空间、平行六面体；有变量包括最大似然、最小距离和马氏距离。非参数规则和参数规则可以同时在这两种方法里使用。

综合考虑不同分类方法的优缺点，结合漓江流域实际情况以及获取的研究区的数据情况，本研究选用最大似然法监督分类和非监督分类相结合的方法对漓江流域的土地利用类型进行解译。进行计算机自动模式识别时，需要以目视判读的成果作为训练样本。建立判读标志是整个判读工作的基础环节，是确保后续计算机解译质量的关键。本研究根据野外调查勾绘的图斑数据，确定影像与实地的对应关系，建立典型地物的判读标志（见表 3-6）。

表 3-6　典型土地利用类型影像特征

土地利用类型		TM标准假彩色影像特征	影像截图
林地	有林地	有明显的山体纹理，呈浅绿色到深绿色	
	灌丛	有明显喀斯特峰丛山体纹理，浅绿色，局部区域泛淡红色	
	果园	处于山地谷底或山脚，呈浅绿色	
农田	旱地	呈淡红色，质地均匀，偶有零星绿色	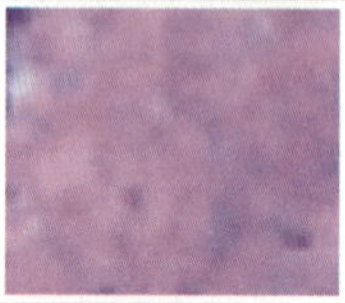
	农田	呈淡蓝紫色，质地均匀，间有少量浅绿色	
建设用地	城镇用地	呈紫灰色，质地均匀，有明显的条状交叉道路网	
	农村居民点用地	呈紫红色，分布于农田或林地间，零散分布	
	交通用地	呈紫红色，细长线状分布	

（续表）

土地利用类型		TM标准假彩色影像特征	影像截图
水域	河流	表面平滑，有较流畅的轮廓线条，呈深蓝色，面积大，长条带状	
	水库	表面平滑，呈深蓝色，处于谷地中	
草地	—	呈浅草绿色，分布于林中空地、河滩、喀斯特山体中	
未利用地	—	主要分布于山脊、河滩、采石场，呈白色、灰白色等色调	

具体解译流程如图3-6所示。

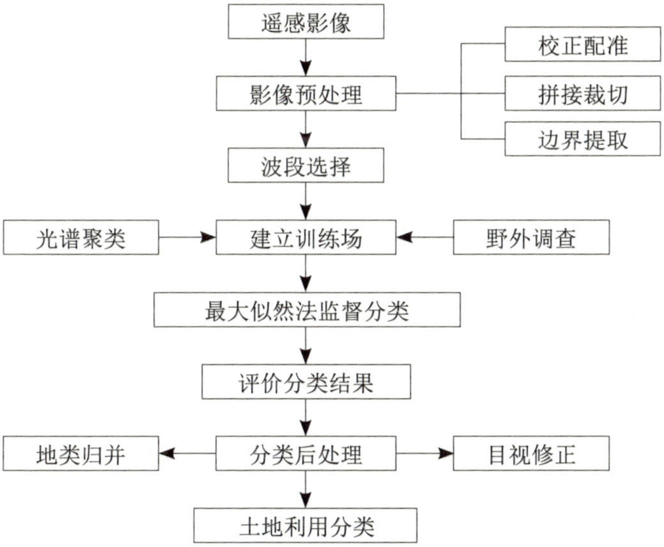

图3-6　遥感数据处理技术路线

3.4.4 分类后处理

利用 ERDAS 9.2 中的聚类分析和去除分析模块将小于 4 个像元的小图斑进行地类归并，通过分类重编码将多分地类合并。结合野外调研相片、土地利用现状图、土地变化的访谈记录以及 Google Earth 影像等资料，对分类后的影像进行目视人工修正和检验，尤其注意调整山体阴影和水体的错分，对未能解译出来的交通用地和溪流，可以依据大比例尺的交通图和水系分布图进行补充完善，以提高解译结果的精度。

3.4.5 分类精度评价

图像分类精度评价是分类过程中不可或缺的组成部分。为了保证数据的质量，我们对分类的结果进行了精度评价，以判断分类的结果是否能满足后续评价的要求。精度评价的主要指标有反映各类别被正确分类的像元数，与被评价图像上相应类别总像元数比值的用户精度，还有反映各类别被正确分类的像元数与参照图像上相应类别总像元数比值的制图精度，以及分类的结果与地面所对应区域的实际类型相一致概率的总体分类精度，和更能客观评价分类质量的 Kappa 系数。本研究利用 ERDAS 9.2 中的 Accuracy Assessment 模块进行精度评估，采用随机采样的方式，在 4 期土地利用分类图中各产生 600 个随机点，结合土地利用现状图、现场调研数据等资料，把随机点分别与其实际类型进行比对，输入各随机点的实际类别，生成分类精度报告。经精度评估，1973 年、1986 年、2000 年、2013 年的总体分类精度分别为 86.17%、86.83%、87.33%、89.67%，满足研究需求。

3.5 高程和坡度段划分

利用漓江流域 30m 分辨率数字高程模型数据，并根据漓江流域高程分布情况及后续研究需要，参考相关研究（赵岩洁等，2013），将研究区划分为 0 ～ 200m、200 ～ 500m、500 ～ 800m、800 ～ 1200m 和大于 1200m 等 5 个高程带（见图 3-7）。以 DEM 为数据源，利用 ARCGIS 10.0 的 3D analyst 分析功能生成坡度栅格图，结合前人研究（陈利顶等，2001），依据漓江流域坡度的分布状况，将研究区划分为 0°～3°、3°～8°、8°～15°、15°～25° 和大于 25° 等 5 个坡度段（见图 3-8）。漓江流域高海拔地区主要分布在北部和东南部，集中分布于 200～500m 高程带，占 58.51%，占比最小的为大于 1200m 高程带。高坡度地区同样也主要分布在北部和东南部，15°～25° 面积最大，0°～3° 面积最小，其他坡度段面积相对均匀（见表 3-7）。

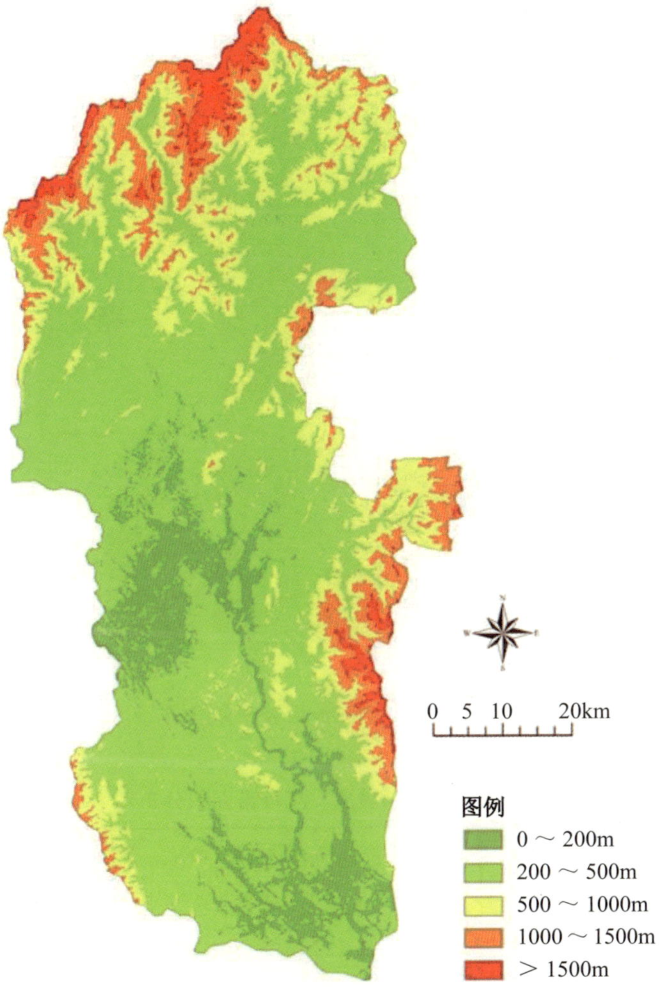

图 3-7　漓江流域高程分级图

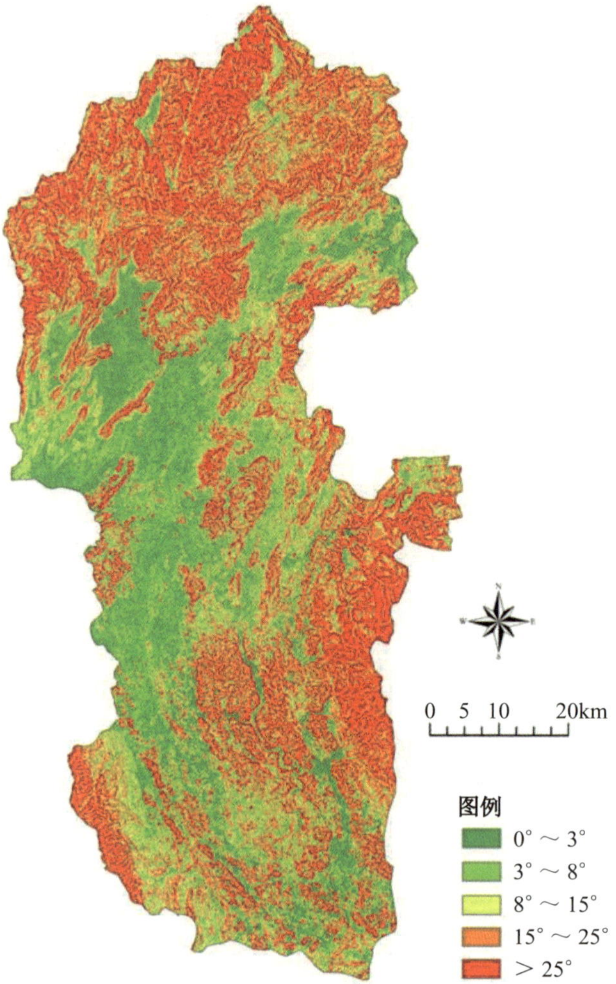

图 3-8　漓江流域坡度分级图

表 3-7　各坡度、高程带面积分布

坡度段	面积（km^2）	比例（%）	高程带（m）	面积（km^2）	比例（%）
0°～3°	780.04	13.36	0～200	615.90	10.55
3°～8°	1153.77	19.76	200～500	3415.68	58.51
8°～15°	1137.49	19.49	500～800	1100.88	18.86
15°～25°	1518.90	26.02	800～1200	524.57	8.98
＞25°	1247.73	21.37	＞1200	180.90	3.10

第4章 漓江流域土地利用时空演变及驱动力分析

4.1 引言

土地利用/覆被变化是全球环境变化的重要组成部分（Foley et al.，2005；Turner et al.，2013）和重要驱动因素之一（Ward et al.，2000），是陆地表层多种过程相互制约和影响的综合反映，是特定人–地关系下多种驱动力因素共同作用的结果（Liu et al.，2003；李常斌等，2014）。在早期研究中，大多数学者集中于对土地利用类型的准确分类和制图，自20世纪90年代国际地圈与生物圈计划（IGBP）和全球环境变化人文因素计划（IHDP）共同提出《土地利用/覆被变化科学研究计划》以来，土地利用/覆被变化迅速成为全球环境变化研究的热点内容（Turner，1994；Geist and Lambin，2002）。土地利用变化是地表系统最显著的景观标志，在以人类活动为主导的景观内，不同土地利用结构产生的生态影响具有累积性和区域性，是研究自然和人文过程的理想切入点（王晓东和蒙吉军，2014）。国内外大量有关土地利用变化的研究主要探讨了土地利用变化的特征、时空动态、驱动机制、变化模拟与预测及土地利用变化的生态效应，研究区域主要集中在土地变化剧烈区、生态环境脆弱区、生态关键区等区域。随着人类活动对环境的干扰不断加剧，探讨土地利用的时空演变规律，对于理解土地利用变化与环境效应的耦合关系，应对经济发展过程中出现的生态环境问题，优化土地利用格局以维持区域生态系统的健康和促进区域可持续发展具有重要意义。目前，流域土地利用变化的研究主要集中于流域土地利用变化及驱动机制（Tang et al.，2008；Deng et al.，2009；赵阳等，2013；李常斌等，2014）、土地利用变化模拟与预测（Mitsova et al.，2011；Tian et al.，2011；肖明等，2012；何丹等，

2014）、土地利用变化与生态效应（侯鹏等，2011；孙丽娜等，2013；彭资等，2014；袁宇志等，2015）等。土地利用变化及驱动机制研究是土地利用动态模拟、生态系统服务评估、生态风险评价及土地利用优化布局的基础。

漓江流域是世界重要的旅游目的地，属于典型的喀斯特地区，生态环境脆弱。过去几十年中，伴随着城镇化、旅游活动的快速扩张，特别是桂林国际旅游胜地建设的持续推进，土地利用变化显著。流域内快速城镇化、旅游的蓬勃发展持续影响着区域内的各种生态过程，局部区域的生态环境问题愈发凸显，已引起全社会的广泛关注。本研究在3S技术的支持下，利用多个时相的遥感影像，结合野外调查，建立土地利用数据库，并结合DEM数据，分析漓江流域土地利用变化的时空规律，探明土地利用变化的驱动机制，以期为漓江流域土地利用格局优化、流域景观可持续管理提供技术支持和科学依据。

4.2 研究方法

4.2.1 数据来源

采用的数据资料主要包括：通过1973—2013年4期Landsat遥感影像解译获取的土地利用类型数据，通过流域数字高程模型（DEM）提取的高程分级图和坡度分级图（详见图3-7、图3-8），通过《桂林市社会经济统计年鉴（1973—2013）》获取的研究期内流域社会经济数据。

4.2.2 土地利用变化特征

本研究采用单一土地利用动态度（K）和整体土地利用动态度（LC）两个指标，表征土地利用变化的速率与程度，从类型水平和整体上定量评估土地利用变化动态特征（郑忠明等，2009）。单一土地利用动态度（K）用于表示某种土地利用类型在具体研究时段的变化速率；综合土地利用动态度（LC）用于表征在某一时段内整个研究区土地利用类型转化的剧烈程度，LC 越大，说明土地利用变化越剧烈，反之则较弱。计算公式如下（李忠锋等，2003；徐嘉兴等，2011；胡金龙等，2013）。

$$K = \frac{100 \times (U_b - U_a)}{U_a \times T} \% \tag{4-1}$$

$$LU = \frac{\sum_{i=1}^{n} \Delta LU_{i-j}}{2LU} \times \frac{1}{T} \times 100\% \tag{4-2}$$

式中，U_a、U_b 为研究期初和期末某一土地利用类型的面积；LU 为研究初始各土地类型的总面积；ΔLU_{i-j} 为研究时段内第 i 类土地类型转为非 i 类土地类型的总面积；T 为研究时长。

4.2.3　景观格局指标的选取

景观格局指标是定量分析土地利用格局的重要方法，使测度空间格局与生态过程的关联成为可能（Huslshoff，1995； Botequilha and Ahern，2002）。从 20 世纪 80 年代开始，大量的景观格局指标被提出和用于描述不同尺度的土地利用格局的特征（O' Neill et al.，1988； Turner，1990； Jaeger，2000；He et al.，2000； Vos et al.，2001），但指标的相关性和冗余性及尺度效应一直受到学术界的广泛关注（Pickett and cadanasso，1995；O' Neill et al.，1999；Li and Wu，2004）。选择合适的景观格局指标，既能够全面反映景观格局信息，又能够降低指标的冗余度，是景观格局研究的重要共识。

本书借鉴前人相关研究（Evelyn et al.，2005； 郭泺等，2011； 刘晶等，2011），结合漓江流域实际情况，从景观水平和类型水平两个层次上选取格局指标进行土地利用景观格局分析。景观水平上选取了斑块数（NP）、平均斑块面积（AREA_MN）、边界密度（ED）、面积加权分维数（FRAC_AM）、聚合度（AI）、斑块结合度（COHESION）、平均邻近距离（ENN_ AM）、有效粒度（MESH）、香农多样性指数（SHDI）和香农均匀度指数（SHEI）10 个指标。类型水平上选取了斑块数（NP）、斑块密度（PD）、最大斑块指数（LPI）、边界密度（ED）、平均斑块面积（AREA_MN）、面积加权分维数（FRAC_AM）、平均邻近距离（ENN_

AM）、散布与并列指数（IJI）、聚合度（AI）9 个指标。

在格局指标制图分析中，为了使结果更明晰简洁，以便于对比观察不同指标的变化趋势，所有格局指标均通过除以最大值进行标准化后再制图。

4.2.4 土地利用转移矩阵分析

利用 ERDAS 9.2 中的 MATRIX 分析功能，对 1973—2013 年 4 个时段的土地利用数据进行转移矩阵分析，统计各土地利用类型转移的趋向、面积及转化率，分析各研究阶段土地利用转移特征。

4.2.5 土地利用变化驱动力分析

土地利用变化驱动力分析是区域土地利用政策制定的重要参考依据。研究采用定量分析与定性描述相结合的方法，分析不同时段土地利用变化的驱动力。通过对比不同时期土地利用转移特征及三次产业比例、人口数、城市人口数等社会经济指标变化特征，查阅相应时段漓江流域内出台的政策措施等，分析不同时段土地利用变化的主要驱动力。

4.3 结果与分析

4.3.1 漓江流域土地利用变化分析

1. 土地利用总体变化

基于 1973—2013 年 4 期遥感影像数据，采用最大似然法监督分类和人工目视判读相结合的方式，解译获得漓江流域土地利用类型图（见图 4-1），不同时期的总体分类精度介于 86.17%～89.67%，满足研究需要。

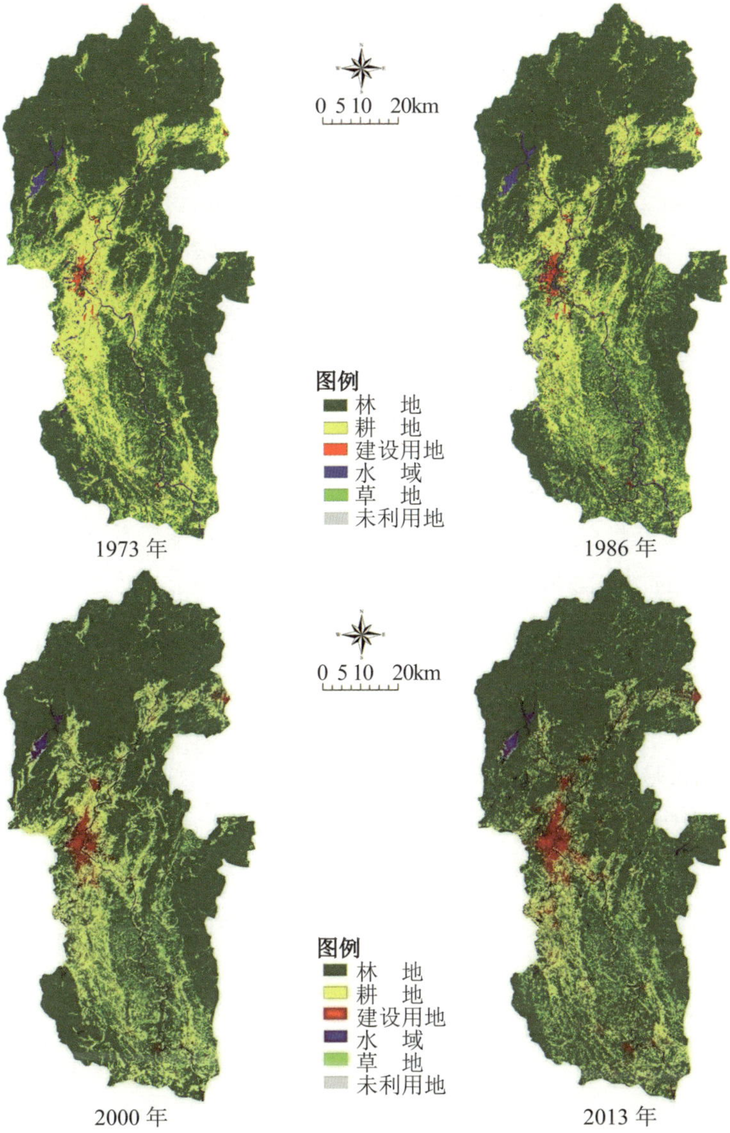

图 4-1 1973—2013 年漓江流域土地利用类型遥感影像图

从土地利用类型构成特征来看（见表 4-1），1973—2013 年林地一直是漓江流域的主要土地利用类型，4 个时期占总面积的比例分别为 69.62%、71.41%、74.32%、78.61%，处于绝对主导地位，主要分布在研究区的北部和东部，且面积持续增加，由 1973 年的 4064.44 km^2 增加到 2013 年的 4589.15 km^2，净增加

524.71 km^2，主要归因于林果种植、退耕还林、石漠化治理等措施的实施。耕地作为流域第二大土地利用类型，主要分布在漓江河谷地势平缓地带，与林地变化趋势恰好相反，即面积持续减少，由1973年的1401.89 km^{2}下降到2013年的744.30 km^2，净减少657.59 km^2，下降近50%，这主要是由于种植结构调整及建设用地的侵占。建设用地占比不大，4个时期分别为1.00%、1.36%、2.04%、3.51%，主要分布在研究区内的桂林市区以及兴安、灵川、阳朔县城驻地，呈快速增加趋势，面积由1973年的58.12 km^{2}快速增加到2013年的204.90 km^2，净增加146.78 km^2，为1973年的3.5倍，主要由流域内城镇扩张以及旅游景区开发等因素驱动。水域面积先增加后减少，由1973年的103.18 km^{2}缓慢增加到1986年的105.16 km^2，而后持续下降到2013年的96.72 km^2，净减少6.46 km^2，对比土地利用类型图发现，1973—1986年主要由于水产养殖开挖鱼塘带来水域面积增加，1986—2013年城市扩张、填水造陆致使部分水域被吞噬。草地面积先减少后增加，由1973年的202.25 km^{2}减少到2000年的154.80 km^2，而后增加到2013年的178.93 km^2，整体下降23.32 km^2，1973—2000年面积下降主要由毁草开荒种植粮食和林果所致，2000—2013年随着经济的快速发展，大量农民外出务工，部分耕作条件差的农田被撂荒变为草地。未利用地持续增加，由1973年的8.05 km^{2}增加到2013年的23.93 km^2，净增加15.88 km^2，较1973年增加近2倍，前期（1973—1986年）面积增加主要是流域中下游地区石漠化加剧所致，中后期（1986—2013年）面积增加主要由于城市建设、采石场开采以及部分水域水位下降，未利用地绝对面积少，研究期内占比均未超过0.5%，在整体变化中反映不明显。

表4-1　1973—2013年漓江流域土地利用结构特征

年份	统计类型	林地	耕地	建设用地	水域	草地	未利用地
1973	面积（km^2）	4064.44	1401.89	58.12	103.18	202.25	8.05
	比重（%）	69.62	24.01	1.00	1.77	3.46	0.14
1986	面积（km^2）	4168.97	1303.21	79.58	105.16	170.40	10.61
	比重（%）	71.41	22.32	1.36	1.81	2.92	0.18
2000	面积（km^2）	4338.84	1106.88	119.10	102.58	154.80	15.73
	比重（%）	74.32	18.96	2.04	1.76	2.65	0.27
2013	面积（km^2）	4589.15	744.30	204.90	96.72	178.93	23.93
	比重（%）	78.61	12.75	3.51	1.66	3.06	0.41
1973—2013	净变量（km^2）	524.71	−657.59	146.78	−6.46	−23.32	15.88
	变化率（%）	8.99	−11.26	2.51	−0.11	−0.40	0.27

2. 不同坡度段土地利用变化分析

从不同土地利用类型在各坡度段的分布来看（见表 4-2），漓江流域林地集中分布在坡度大于 8° 的区域内，1973 年、1986 年、2000 年、2013 年三个坡度段（8° ～ 15°、15° ～ 25°、大于 25°）合计占比分别为 83.11%、80.24%、80.25%、76.80%，均超过 75%，面积先减少后增加，整体增加 146.51 km^2。较 1973 年，2013 年上述三个坡度段中林地合计占比下降，主要由于 0° ～ 3° 和 3° ～8° 两个坡度段林地快速增加引起占比相对下降。0° ～ 3° 坡度段林地呈现先增加后减少再增加的波动变化，整体增加 185.33 km^2；3° ～ 8° 坡度段林地持续增加，净增加 192.87 km^2。研究期内林地的增加主要发生在 0° ～ 3° 和 3° ～ 8° 两个低坡度段，其他坡度段增量较小，林地系统较为稳定。与林地的分布状况相反，耕地主要分布在小于 8° 的区域，面积持续下降，大幅减少 482.79 km^2，1973 年、1986 年、2000 年、2013 年 0° ～ 3° 和 3° ～ 8° 坡度段耕地合计占比分别为 74.37%、70.50%、76.13%、75.21%，均超过 70%。耕地的整体适宜性较好，在高坡度区域（大于 25°）面积较小，占比均不超过 5%，呈先增加后减小的趋势。这主要由于 1973—1986 年研究区以农业生产活动为主，人口的增加带来粮食需求的增加，导致部分坡度较高的区域被毁林、毁草开垦梯田种植粮食作物，1986 年后林果种植开始活跃，加之 2002 年后退耕还林政策的实施，使耕地在高坡度地区持续下降，到 2013 年为 20.02 km^2，占比仅为 2.69%。研究期内建设用地亦集中分布在 8° 以下的区域，面积持续增加，两个坡段合计占比分别为 80.69%、81.95%、83.77%、82.78%，均超过 80%。8° ～ 15° 和 15° ～ 25° 坡度段内，建设用地面积亦持续增加。1986—2000 年大于 25° 的地区建设用地面积下降，主要由于人口外迁、交通不便致使偏远地区村落破败，2000 年以后又呈上升态势，主要因为道路交通持续改善、外出务工带来收入增加以及乡村旅游发展使部分村寨新建房屋增加、面积扩大。水域主要分布在 15° 以下的区域。草地分布的范围较大，各坡度段均有较大比例的分布。未利用地在 1973—2000 年主要分布在 15° 以下的区域，2000—2013 年未利用地分布的范围变大，各坡度段均有较大比例的分布，主要由于人类干扰活动的强度和范围变大所致。

表 4-2 1973—2013 年漓江流域不同坡度段土地利用统计表

坡度段	林地								耕地							
	1973年		1986年		2000年		2013年		1973年		1986年		2000年		2013年	
	面积（km²）	占比（%）	面积（km²）	占比（%）	面积（km²）	占比（%）	面积（km²）	占比（%）	面积（km²）	占比（%）	面积（km²）	占比（%）	面积（km²）	占比（%）	面积（km²）	占比（%）
0°～3°	177.21	4.36	256.81	6.16	247.31	5.70	362.54	7.90	521.36	37.19	447.00	34.30	433.46	39.16	284.62	38.24
3°～8°	509.27	12.53	566.98	13.60	609.61	14.05	702.14	15.30	521.22	37.18	471.76	36.20	409.21	36.97	275.17	36.97
8°～15°	860.04	21.16	859.22	20.61	912.89	21.04	931.60	20.30	199.77	14.25	203.30	15.60	153.19	13.84	109.56	14.72
15°～25°	1356.71	33.38	1338.66	32.11	1391.47	32.07	1399.69	30.50	106.41	7.59	119.25	9.15	75.49	6.82	54.93	7.38
＞25°	1161.21	28.57	1147.30	27.52	1177.56	27.14	1193.18	26.00	53.13	3.79	61.90	4.75	35.53	3.21	20.02	2.69

坡度段	建设用地								水域							
	1973年		1986年		2000年		2013年		1973年		1986年		2000年		2013年	
	面积（km²）	占比（%）	面积（km²）	占比（%）	面积（km²）	占比（%）	面积（km²）	占比（%）	面积（km²）	占比（%）	面积（km²）	占比（%）	面积（km²）	占比（%）	面积（km²）	占比（%）
0°～3°	21.38	36.79	29.84	37.50	45.84	38.49	80.34	39.21	29.88	28.96	30.55	29.05	31.79	30.99	26.11	27.00
3°～8°	25.51	43.90	35.37	44.45	53.93	45.28	89.28	43.57	40.88	39.62	41.67	39.63	41.00	39.97	37.82	39.10
8°～15°	7.35	12.64	9.57	12.03	13.86	11.64	23.91	11.67	18.51	17.94	18.52	17.61	17.54	17.10	18.09	18.70
15°～25°	2.73	4.70	3.46	4.34	4.19	3.52	8.42	4.11	8.76	8.49	8.97	8.53	7.84	7.64	8.99	9.30
＞25°	1.15	1.97	1.34	1.68	1.28	1.07	2.95	1.44	5.15	4.99	5.45	5.18	4.41	4.30	5.71	5.90

坡度段	草地								未利用地							
	1973年		1986年		2000年		2013年		1973年		1986年		2000年		2013年	
	面积（km²）	占比（%）	面积（km²）	占比（%）	面积（km²）	占比（%）	面积（km²）	占比（%）	面积（km²）	占比（%）	面积（km²）	占比（%）	面积（km²）	占比（%）	面积（km²）	占比（%）
0°～3°	27.75	13.72	12.78	7.50	15.57	10.06	19.75	11.04	2.13	26.48	2.64	24.86	5.13	32.60	5.17	21.61
3°～8°	53.82	26.61	33.91	19.90	31.84	20.57	42.71	23.87	2.88	35.81	4.29	40.42	6.70	42.58	7.58	31.66
8°～15°	50.30	24.87	44.65	26.20	37.59	24.28	49.17	27.48	1.52	18.80	2.08	19.60	2.42	15.37	4.58	19.15
15°～25°	43.56	21.54	47.71	28.00	39.86	25.75	44.32	24.77	0.92	11.46	1.06	10.04	1.05	6.71	4.01	16.75
＞25°	26.82	13.26	31.35	18.40	29.94	19.34	22.98	12.84	0.60	7.45	0.54	5.08	0.43	2.74	2.59	10.83

3. 不同高程带土地利用变化分析

从不同土地利用类型在各高程带的分布来看（见表 4-3），漓江流域林地主要集中分布在海拔 200 ～ 500m 的区域，1973 年、1986 年、2000 年、2013 年占比分别为 54.23%、53.59%、55.84%、56.94%，面积持续增加，研究期内净增 408.91 km^2。500 ～ 800m 高程带内林地亦有较大面积的分布，占比均超过 20%，面积虽有波动，但变化不大。800 ～ 1200m 和大于 1200m 高程带林地先减少后增加，但变幅很小，说明该区域林地生态系统相对稳定。0 ～ 200m 高程带内林地面积不大，但增加迅速，由 1973 年的 99.58 km^2 增加到 2013 的 215.69 km^2，增加了 116.60%。耕地主要分布在海拔小于 500m 的区域，1973 年、1986 年、2000 年、2013 年两个高程带（0 ～ 200m、200 ～ 500m）合计占比分别为 98.48%、97.31%、97.58%、98.40%，均超过 95%。耕地在 200 ～ 500m 高程带内面积最大，但研究期内面积持续快速缩小，由 1973 年的 932.54 km^2 下降到 2013 年的 459.23 km^2，净减少 473.31 km^2，尤其在 2000—2013 年下降最为显著。0 ～ 200m 高程带内耕地占比亦较高，但面积净减少 174.88 km^2，其中 1973—1986 年下降最为明显。建设用地集中分布在海拔 500m 以下的区域，研究期内合计占比分别为 99.25%、99.22%、99.07%、99.36%，均接近 100%，大于 500m 的区域仅零星分布，说明漓江流域的建设活动主要集中于低海拔地区。0 ～ 200m 和 200 ～ 500m 高程带内建设用地均快速增加，0 ～ 200m 高程带增速最快，40 年间增加 3.3 倍，200 ～ 500m 高程带增量最大，研究期内净增加 89.37 km^2。500 ～ 800m 高程带内建设用地少量增加，大于 1200m 高程带内在 2000 年和 2013 年出现建设用地的零星分布，主要由高海拔地区旅游设施的建设所引起。水域集中分布于小于 500m 的区域，研究期内合计占比分别为 99.66%、99.72%、99.69%、99.45%，大于 1200m 的区域未见分布，其他区域零星分布，各高程带内水域面积均波动下降。草地集中分布于 200 ～ 500m 的区域内，占比均在 70% 以上，呈先减少后增加的趋势，以 2000—2013 年增加最为显著，主要由于土地撂荒引起。未利用地集中分布于 0 ～ 500m 的海拔范围内，并呈持续增加的趋势，其他区域波动中略有增加。

表 4-3　1973—2013 年漓江流域不同高程带土地利用统计表

高程带（m）	林地								耕地							
	1973年		1986年		2000年		2013年		1973年		1986年		2000年		2013年	
	面积（km^2）	占比（%）	面积（km^2）	占比（%）	面积（km^2）	占比（%）	面积（km^2）	占比（%）	面积（km^2）	占比（%）	面积（km^2）	占比（%）	面积（km^2）	占比（%）	面积（km^2）	占比（%）
0～200	99.58	2.45	195.52	4.69	157.50	3.63	215.69	4.70	448.04	31.96	339.48	26.05	354.2	32.00	273.16	36.70
200～500	2204.15	54.23	2234.15	53.59	2422.81	55.84	2613.06	56.94	932.54	66.52	928.67	71.26	725.89	65.58	459.23	61.70
500～800	1070.57	26.34	1053.92	25.28	1067.35	24.60	1065.14	23.21	15.42	1.10	27.63	2.12	19.7	1.78	10.20	1.37
800～1200	512.93	12.62	510.70	12.25	515.02	11.87	516.74	11.26	4.35	0.31	4.56	0.35	4.54	0.41	1.49	0.20
＞1200	177.21	4.36	174.68	4.19	176.16	4.06	178.52	3.89	1.54	0.11	2.87	0.22	2.55	0.23	0.22	0.03
高程带（m）	建设用地								水域							
	1973年		1986年		2000年		2013年		1973年		1986年		2000年		2013年	
	面积（km^2）	占比（%）	面积（km^2）	占比（%）	面积（km^2）	占比（%）	面积（km^2）	占比（%）	面积（km^2）	占比（%）	面积（km^2）	占比（%）	面积（km^2）	占比（%）	面积（km^2）	占比（%）
0～200	17.12	29.46	24.01	30.17	35.95	30.18	73.66	35.95	39.84	38.61	40.94	38.93	43.79	42.69	32.41	33.51
200～500	40.56	69.79	54.95	69.05	82.05	68.89	129.93	63.41	62.99	61.05	63.93	60.79	58.47	57.00	63.78	65.94
500～800	0.37	0.64	0.52	0.65	1.02	0.86	1.23	0.60	0.34	0.33	0.28	0.27	0.32	0.31	0.51	0.53
800～1200	0.07	0.11	0.10	0.13	0.06	0.05	0.06	0.03	0.01	0.01	0.01	0.01	0.00	0.00	0.02	0.02
＞1200	0.00	0.00	0.00	0.00	0.02	0.02	0.02	0.01	0.00	0.00	0.00	0.00	0.00	0.00	0.00	0.00
高程带（m）	草地								未利用地							
	1973年		1986年		2000年		2013年		1973年		1986年		2000年		2013年	
	面积（km^2）	占比（%）	面积（km^2）	占比（%）	面积（km^2）	占比（%）	面积（km^2）	占比（%）	面积（km^2）	占比（%）	面积（km^2）	占比（%）	面积（km^2）	占比（%）	面积（km^2）	占比（%）
0～200	9.65	4.77	12.39	7.27	17.71	11.44	15.03	8.40	1.52	18.89	3.18	30.00	4.59	29.21	5.74	24.00
200～500	169.36	83.74	127.20	74.65	115.79	74.80	134.56	75.20	6.25	77.64	6.93	65.29	10.83	68.86	15.39	64.29
500～800	14.22	7.03	18.57	10.90	13.58	8.77	21.83	12.20	0.25	3.07	0.34	3.20	0.27	1.73	1.91	7.99
800～1200	7.10	3.51	9.14	5.36	5.32	3.44	5.78	3.23	0.01	0.09	0.09	0.86	0.03	0.16	0.65	2.73
＞1200	1.92	0.95	3.10	1.82	2.40	1.55	1.73	0.97	0.02	0.31	0.07	0.65	0.01	0.04	0.24	0.99

4. 不同时段土地利用变化动态分析

研究期内漓江流域各土地利用类型均发生不同程度的变化。林地、建设用地和未利用地持续增加，耕地持续大幅度减少，水域呈先增加后减少的趋势，草地呈先减少后增加的趋势。研究期内林地、耕地和建设用地变化量较大。

从不同研究时段来看（见表 4-4），林地各时段内均有显著增加，三个时段年际变化量次序为：1973—1986 年＜ 1986—2000 年＜ 2000—2013 年，越到后期增加越快，这与研究区内林果种植、退耕还林等带来林地增加的趋势是一致的。耕地在各时段内均有显著下降，越到后期下降越快，这与流域内的建设活动以及种植结构调整随时间的推移不断强化，致使大量耕地被占用有关。建设用地在不同时段呈增加的趋势，后一阶段增加量明显高于前一阶段，2000—2013 年增加 85.80 km^2，是 1973—1986 年增加量的 4 倍，说明流域内城镇扩展不断加快，尤其后期最为显著。水域在 1973—1986 年小幅度增加后迅速下降，尤其 2000—2013 年下降最为明显，主要由于城镇扩张造成水域被大面积吞噬。草地在 1973—1986 年和 1986—2000 年均有不同程度的减少，2000—2013 年增加迅速，主要由于前期草地被开垦为耕地和林地，而后期部分土地被撂荒为草地。未利用地在不同时段均有增加，随着时间的推移增速变快，2000—2013 年增量最大。

表 4-4　1973—2013 年漓江流域各土地利用类型变化量　（单位：km^2）

土地利用类型	1973—1986年	1986—2000年	2000—2013年	1973—2013年
林地	104.53	169.87	250.31	524.71
耕地	−98.68	−196.33	−362.58	−657.59
建设用地	21.46	39.52	85.80	146.78
水域	1.98	−2.58	−5.86	−6.46
草地	−31.85	−15.6	24.13	−23.32
未利用地	2.56	5.12	8.20	15.88

年均变化量反映了研究区内各土地利用类型的变化速度。漓江流域各土地利用类型面积年均变化特征与时段变化特征类似（见表 4-5）。整个研究期内，耕地面积年均减少量最大，为 16.44 km^2；水域面积年均减少量最小，为 0.16 km^2；林地面积年均增加量最大，为 13.12 km^2；未利用地面积年均增加量最小为 0.40 km^2。林地和建设用地面积年均变化量持续增大，2000—2013 年分别年均增加 19.25 km^2 和 6.60 km^2，明显高于整个研究期的年均增加量 13.12 km^2 和 3.67 km^2。

耕地面积变化量持续增加，2000—2013 年年均减少量为 27.89 km^2，明显高于另外两个时段以及整个研究期的变化量。水域面积年均变化量表现出缓慢增加的趋势，1973—1986 年和 1986—2000 年变化量较小，仅为增加 0.15 km^2 和减少 0.18 km^2，后期速度明显加快，整体而言变化较小，年均减小 0.16 km^2。草地面积年均变化量表现出先下降后上升的趋势，前期（1973—1986 年）下降迅速，中期（1986—2000 年）降幅变窄，后期（2000—2013 年）增幅变大，各时段年均变化量均大于整个研究期的 0.58 km^2，表明草地稳定性差，转化频繁。未利用地各时段年均变化量呈增加趋势，2000—2013 年年均变化量高于整个研究期内的变化量。

表 4-5　1973—2013 年漓江流域土地利用类型年均变化量　（单位：km^2）

土地利用类型	1973—1986年	1986—2000年	2000—2013年	1973—2013年
林地	8.04	12.13	19.25	13.12
耕地	-7.59	-14.02	-27.89	-16.44
建设用地	1.65	2.82	6.60	3.67
水域	0.15	-0.18	-0.45	-0.16
草地	-2.45	-1.11	1.85	-0.58
未利用地	0.20	0.37	0.63	0.40

从土地利用类型整体动态度所反映的各土地类型的内部变化来看（见表 4-6），40 年间漓江流域的土地利用整体动态度呈先缓慢下降后上升的波动变化，2000—2013 年整体动态度达到最高值，为 0.61%，景观变化剧烈，土地流转频繁，这与研究区内的城市化进程具有较好的一致性。1986—2000 年较 1973—1986 年整体动态度小幅度下降，主要是因为 1973—1986 年农业种植活动带来的土地类型转化要多于 1986—2000 年。

从不同土地利用类型的动态度来看（见表 4-6），建设用地的变化速度远高于同时段其他土地利用类型的变化速度，1973—1986 年、1986—2000 年、2000—2013 年的动态度分别为 2.84%、3.54%、5.54%，随着时间的推移，变化速度逐渐加快，整个研究期内建设用地的动态度为 6.31%，高于其他任意研究时段的变化速度，也高于其他土地利用类型的变化速度。除建设用地外，未利用地的变化速度也较高，研究期内变化速度为 4.97%，三个时段的变化速度分别为 2.48%、3.49%、4.01%，亦呈现变化速度逐渐上升的趋势。不同时段林地和耕地的变化速度均呈现持续增加的趋势，2000—2013 年动态度达到最大，分别为 0.44% 和

–2.52%，高于整个研究期的变化速度。虽然林地的面积变化量很大，但由于其比重很高，变化速度反而较小，仅为0.32%。不同时段水域的动态度均较小，整个研究期仅为 –0.16%，2000—2013 年的动态度稍大，为 –0.44%，高于研究期均值，说明漓江流域的水域面积相对稳定。草地的变化速度呈先减少后增加的趋势，1973—1986 年和 2000—2013 年的变化速度相当，变化方向相反，整个研究期内变化速度为 –0.29%，低于其他各个时段，说明草地的转化非常频繁。

表 4-6　1973—2013 年漓江流域各时期土地利用类型的动态度　（单位：%）

土地利用类型	1973—1986年	1986—2000年	2000—2013年	1973—2013年
林地	0.20	0.29	0.44	0.32
耕地	−0.54	−1.08	−2.52	−1.17
建设用地	2.84	3.54	5.54	6.31
水域	0.15	−0.17	−0.44	−0.16
草地	−1.21	−0.65	1.20	−0.29
未利用地	2.48	3.49	4.01	4.97
整体动态度	0.53	0.48	0.61	0.29

4.3.2　漓江流域土地利用景观格局变化分析

1. 流域景观格局变化特征

通过 ARCGIS 10.0 将土地利用数据转化为 GRID 格式，利用 Fragstats 3.3 计算 1973—2013 年漓江流域景观水平的格局指标，由表 4-7 可以看出，40 年间格局指标变化明显。各景观格局指标中斑块数目、平均斑块面积通常用来表示景观破碎化程度和整体粒度特征。1973—2013 年研究区斑块数目先增加后减少，总体上有较大的增加（见图 4-2），从 1973 年的 21204 个快速增加到 2000 年的 31456 个，达到峰值，此后逐渐下降为 2013 年的 26832 个，40 年间净增加 5628 个。平均斑块面积先减少后增加，从 1973 年的 27.53 hm^2 减小到 2000 年的 18.56 hm^2，达到最低值，此后逐渐增加到 2013 年的 21.76 hm^2，较 1973 年下降 5.77 hm^2，这表明 1973—2000 年研究区景观破碎化程度不断加剧，开始向细粒景观转化。这主要是因为此阶段整个流域城镇建设呈离散点状发展，林果种植产业处于起步阶段，部分耕地被零散地转化为林地，呈耕地、林地镶嵌分布。2000—2013 年，景观破碎化程度不断下降，又开始转向粗粒景观，主要因为此阶段受交通便利性不断增强、产业布局不断集聚发展以及城乡一体化等因素的影响，建设用地趋向于集中连片，同时2002年后受退耕还林政策的实施、乡村旅游的日趋兴旺、水果种植的规模化和区域化等因素影响，林果种植亦趋向于大面积、集中连片发展。

表4-7　1973—2013年漓江流域景观水平的格局指标

年份	NP	AREA_MN	ED	FRAC_AM	AI	COHESION	ENN_AM	MESH	SHDI	SHEI
1973	21204	27.53	37.36	1.29	94.38	99.82	202.86	174245.45	0.84	0.47
1986	27324	21.37	49.13	1.30	92.61	99.78	205.35	97377.23	0.82	0.46
2000	31456	18.56	52.19	1.32	92.15	99.82	186.62	187228.82	0.80	0.45
2013	26832	21.76	47.94	1.31	92.79	99.85	76.59	216875.76	0.77	0.43

注：NP为斑块数（个），AREA_MN为平均斑块面积（hm^2），ED为边界密度（m/hm^2），FRAC_AM为面积加权分维数，AI为聚合度，COHESION为斑块结合度（%），ENN_AM为平均邻近距离（m），MESH为有效粒度，SHDI为香农多样性指数，SHEI香农均匀度指数。

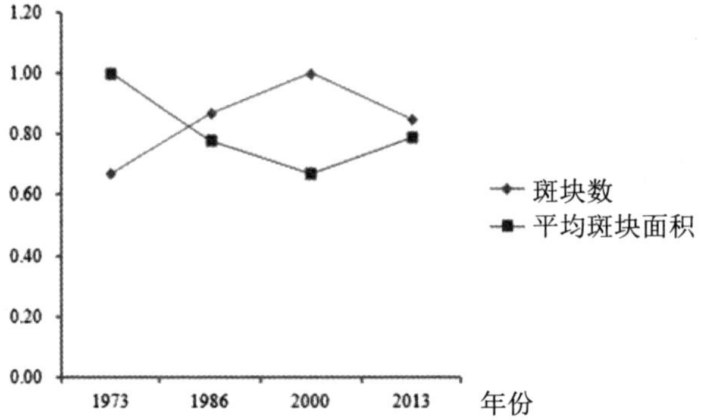

图4-2　1973—2013年漓江流域的斑块面积特征

边界密度、面积加权分维数可以从不同的角度反映研究区内所有斑块的整体复杂性。研究期内边界密度、面积加权分维数呈先增加后减少且总体增加的变化趋势（见图4-3），1973—2000年边界密度由37.36 m/hm^2持续增加到52.19 m/hm^2，面积加权分维数由1.29增加到1.32，2000年后二者呈缓慢下降的趋势，但整体上研究期内分别增加10.58 m/hm^2和0.02（见表4-7）。这表明1973—2000年区域分散化的城镇点状扩展模式和局部种植结构的调整，促使不同类型间斑块的相互作用逐渐加强，提高了斑块整体复杂性。2000 年后人类活动的强度明显增大，表现出显著的人为干扰特征，斑块分布趋向于规则化、集中化，斑块总体复杂性持续下降，不同类型间斑块的相互作用趋弱。

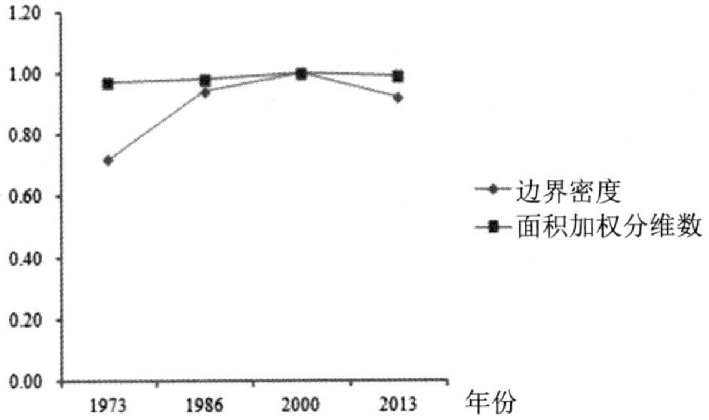

图 4-3　1973—2013 年漓江流域的斑块形状特征

聚合度先减少后增加（见图 4-4），先由 1973 年的 94.38 迅速下降到 1986 年的 92.61，此后小幅度下降，之后又缓慢回升到 2013 年的 92.79，研究期内，整体上有所下降，这表明漓江流域景观的空间连接性先减弱后又有所加强，先是趋向于由许多不同类型的小斑块相互交错配置组成，而后趋向于由相对较少的大斑块组成，这与斑块面积变化的特征相一致。1973—2013 年斑块结合度依次为 99.82%、99.78%、99.82%、99.85%，虽有小幅度波动，但均接近于 1，表明漓江流域内斑块类型分布集中，各景观类型具有较大的空间自然连通性。

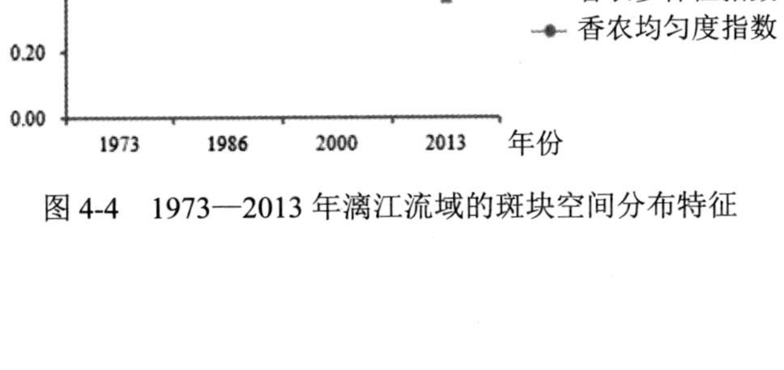

图 4-4　1973—2013 年漓江流域的斑块空间分布特征

1973—2013年漓江流域景观平均邻近距离小幅度上升后，持续快速下降（见图4-4），尤其是2000—2013年平均邻近距离下降最为迅速，由2000年的186.62m下降为2013年的76.59m，降幅高达58.96%。40年间有效粒度先降后升，振幅较大，先由1973年的174245.45快速下降为1986年的97377.23，降幅达44.11%，而后快速升高到2013年的216875.76，约为1973年的1.25倍。1973年、1986年、2000年、2013年漓江流域的香农多样性指数为0.84、0.82、0.80、0.77，香农均匀度指数为0.47、0.46、0.45、0.43（见表4-7），香农多样性指数和均匀度指数较低，且持续减少，说明景观的异质性不断减少，各个景观类型所占面积比例的差异在增加，主要是因为漓江流域占主导地位的林地景观受果业种植、退耕还林、环境保护等因素的驱动占比不断增加，而耕地作为第二大景观类型，不断被林地、建设用地等类型所吞噬。

2. 流域景观类型格局变化特征

类型水平上斑块数、最大斑块指数、面积加权分维数、聚合度等通常用来表示不同土地利用类型内斑块的面积、形状以及空间分布等特征。1973—2013年各土地利用类型格局指标的变化具有明显差异（见表4-8）。

40年间林地作为漓江流域主要的土地利用类型，斑块数先增加后减少，整体有所增加（见图4-5），1973—2000年，斑块数由3633个增加到5869个，达到峰值，随后斑块数快速下降为2013年的4239个，研究期内小幅增加606个。斑块密度与斑块数的变化趋势呈现类似的特点，先增加后减少，整体有所增加，由1973年的0.62个/hm^2增加到2000年的1.01个/hm^2，随后下降为2013年的0.73个/hm^2，研究期内净增加0.11个/hm^2。平均斑块面积先下降后增加，整体略有下降，与斑块数的趋势相反，由1973年的111.88hm^2下降为2000年的73.93 hm^2，而后增加到2013年的108.26 hm^2。

表4-8　1973—2013年漓江流域类型水平的景观格局指标

类型	年份	NP	PD	LPI	ED	AREA_MN	FRAC_AM	ENN_AM	IJI	AI
林地	1973	3633	0.62	53.42	28.19	111.88	1.31	129.67	62.05	96.12
	1986	4772	0.82	54.35	40.65	87.36	1.33	103.39	61.03	95.69
	2000	5869	1.01	55.27	42.90	73.93	1.35	88.25	66.58	95.62
	2013	4239	0.73	56.39	40.14	108.26	1.35	60.49	75.29	96.53

（续表）

类型	年份	NP	PD	LPI	ED	AREA_MN	FRAC_AM	ENN_AM	IJI	AI
耕地	1973	4327	0.74	7.07	24.99	32.40	1.29	186.58	62.19	92.22
	1986	7899	1.35	5.09	33.65	16.50	1.27	152.22	50.66	88.71
	2000	8266	1.42	4.43	33.59	13.39	1.29	144.81	53.17	86.70
	2013	7793	1.33	1.30	27.58	9.55	1.23	85.98	50.70	83.82
建设用地	1973	1887	0.32	0.20	2.66	3.08	1.11	482.81	54.71	80.24
	1986	2396	0.41	0.32	4.49	3.32	1.18	398.70	60.97	75.51
	2000	3136	0.54	0.55	5.95	3.80	1.19	327.73	65.26	78.31
	2013	3428	0.59	1.46	9.09	5.98	1.24	153.91	56.22	80.71
水域	1973	663	0.11	0.66	4.67	15.56	1.29	560.47	65.28	80.38
	1986	875	0.15	0.45	4.78	12.02	1.26	471.16	66.22	80.49
	2000	1031	0.18	0.40	5.08	9.95	1.26	427.88	67.29	78.11
	2013	629	0.11	0.39	4.34	15.38	1.26	329.79	60.93	80.58
草地	1973	10506	1.80	0.02	13.80	1.93	1.09	192.66	46.53	70.16
	1986	10705	1.83	0.02	13.91	1.59	1.11	185.24	42.91	64.32
	2000	12043	2.06	0.01	14.66	1.29	1.13	173.68	42.05	58.62
	2013	10173	1.74	0.01	14.22	1.76	1.11	168.49	42.19	66.75
未利用地	1973	188	0.03	0.01	0.39	4.28	1.11	1331.89	74.28	79.36
	1986	677	0.12	0.00	0.78	1.57	1.09	834.28	70.72	68.55
	2000	1111	0.19	0.01	1.20	1.42	1.10	539.28	82.23	67.02
	2013	570	0.10	0.01	1.13	4.20	1.12	742.26	83.97	79.86

注：NP为斑块数（个），PD为斑块密度（个/hm^2），LPI为最大斑块指数（%），ED为边界密度（m/hm^2），AREA_MN为平均斑块面积（hm^2），FRAC_AM为面积加权分维数，ENN_AM为平均邻近距离（m），IJI 为散布与并列指数，AI为聚合度。

上述趋势反映出1973—2000年，由于受城镇扩张、种植结构调整等因素的影响，人类活动对森林景观的干扰持续增加，漓江流域林地的破碎度不断加剧。2000年后退耕还林政策的有效实施，以及各区域大面积、集中连片林果基地的建设，促使林地趋向于成片、集中分布，破碎化程度不断降低。研究期内，最大斑块指数持续缓慢增加，变化不显著，由1973年的53.42%增加到2013年的56.39%，净增加2.97%，主要由于流域内猫儿山国家自然保护区、漓江国家级风景名胜区、青狮潭水源林保护区等连片大面积分布并保护得当，大面积森林斑块受人类活动的干扰较小，状况良好，随着退耕还林政策的实施以及山麓地区林果的种植，最大斑块面积持续增加。边界密度先增加后减少，整体有所增加，由1973年的28.19 m/hm^2增加到2000年的42.90 m/hm^2，随后下降为2013年的40.14 m/hm^2，研究期内净增加11.95 m/hm^2。面积加权分维数持续上升，由1973

年的 1.31 增加到 2013 年的 1.35。这反映出流域内随着森林保育和建设措施的实施，森林景观的自然特征不断增强，人类干扰的特征相对减弱。1973—2013 年林地斑块平均邻近距离持续快速下降（见图 4-6），由 1973 年的 129.67 m 减小为 2013 年的 60.49 m，下降 53.35%，散布与并列指数波动上升，聚合度在研究期内均较高并小幅增加，说明研究区随着退耕还林、封山育林等活动的开展，森林斑块间的距离减少，聚集程度增加，斑块连接程度不断增强，这将有助于森林生物多样性保护功能的提升。

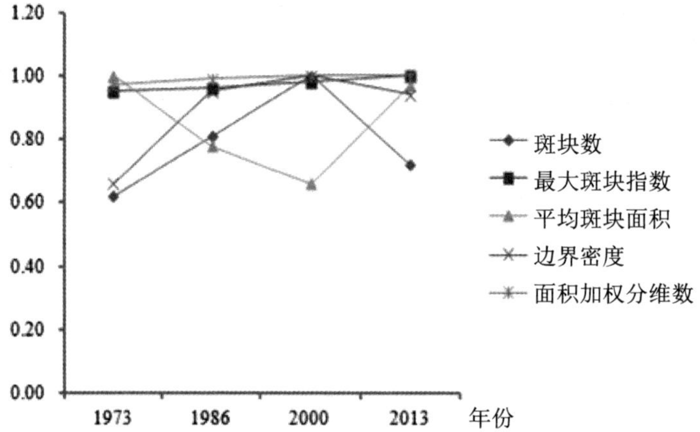

图 4-5　1973—2013 年漓江流域林地的斑块面积及形状特征

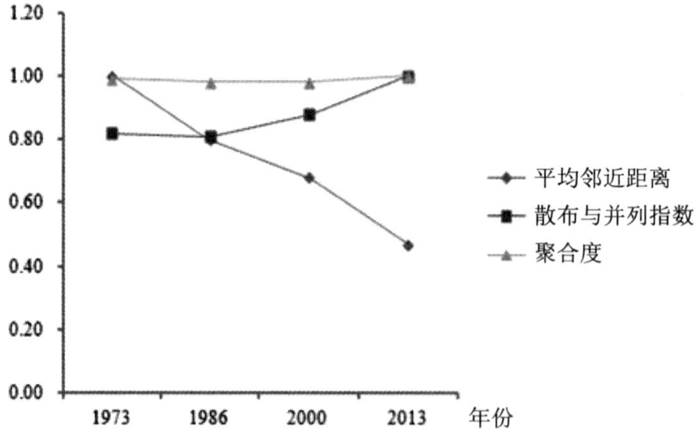

图 4-6　1973—2013 年漓江流域林地的斑块空间分布特征

耕地作为第二大土地利用类型，研究期内斑块数呈先增加后减少且整体增加的趋势（见图 4-7），先由 1973 年的 4327 个快速增加到 2000 年的 8266 个，而后缓慢下降为 2013 年的 7793 个，相比 1973 年增加 80.10%。最大斑块指数持续快速减小，由 1973 年的 7.07% 减小到 2013 年的 1.30%，下降 81.61%，尤其是 2000 年后下降最为迅速。平均斑块面积亦呈快速下降之势，由 1973 年的 32.40hm^2 下降到 2013 年的 9.55 hm^2，下降 70.52%（见表 4-8）。这表明 1973—2013 年耕地的破碎化程度不断加剧，集中连片的大面积耕地持续向细粒景观转化，主要由于研究期内受城镇化建设持续加快以及部分村落无序扩展、农业种植结构调整等因素的影响，耕地面积大幅下降，加之道路交通等基础设施建设让耕地变得更加支离破碎。边界密度先由 1973 年的 24.99 m/hm^2 快速增加到 1986 年的 33.65 m/hm^2，而后下降为 2013 年的 27.58 m/hm^2。面积加权分维数波动下降，由 1973 年的 1.29 下降到 2013 年的 1.23。这表明农田景观受人类活动的干扰不断增加，斑块边缘趋向规则化，逐渐转向分散经营。耕地的平均邻近距离持续快速下降（见图 4-8），由 1973 年的 186.58 m 下降为 2013 年的 85.98 m，散布与并列指数波动下降，聚合度持续下降，但仍维持较高水平，表明研究期内耕地倾向于区域内均衡分布，农田的聚集程度虽有所下降，但仍呈较高的聚集状态，反映出农业生产活动仍维持一定的空间连续性。

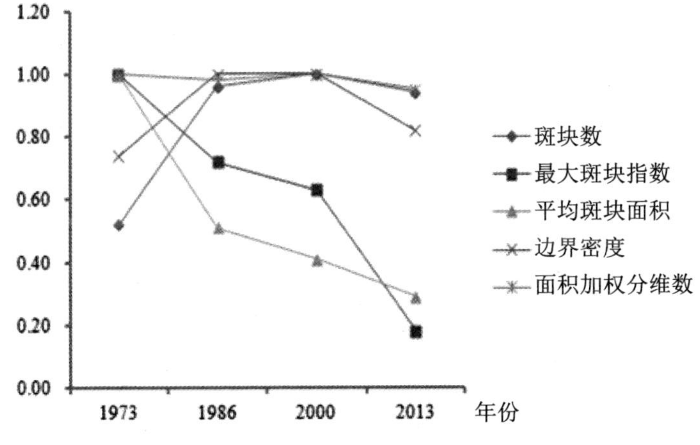

图 4-7 1973—2013 年漓江流域耕地的斑块面积及形状特征

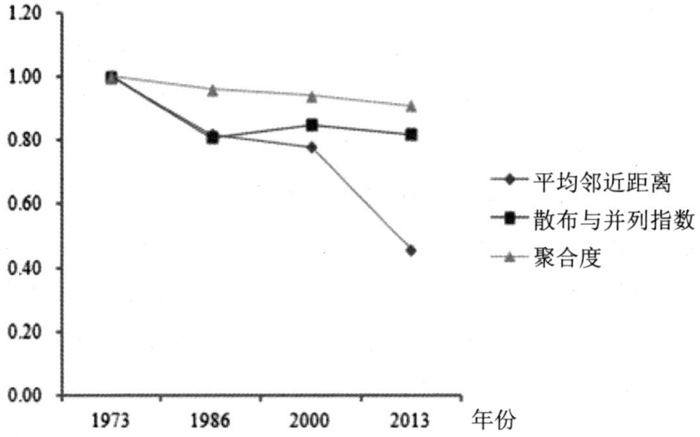

图 4-8　1973—2013 年漓江流域耕地的斑块空间分布特征

建设用地的斑块数在 1973—2013 年持续较快增长（见图 4-9），由 1973 年的 1887 个增长到 2013 年的 3428 个，净增加 1541 个，增长 81.66%，其中 1986—2000 年斑块数增长最为明显，这表明建设用地的景观破碎化程度不断增加，一定程度上反映了城镇化活动的加强，也显示出此阶段的建设活动以区域性的点状分散发展为主。2000—2013 年斑块数增长趋缓，说明此阶段城镇建设活动开始趋向于集中连片发展，但乡村区域的建设扩展仍较为迅速。斑块密度与斑块数的变化保持一致，由 1973 年的 0.32 个 /hm^2 增加到 2013 年的 0.59 个 /hm^2。最大斑块指数由 1973 年的 0.20% 增加到 2013 年的 1.46%，增长 6.3 倍，尤其在 2000—2013 年变化最为显著，增长 0.91%。平均斑块面积由 1973 年的 3.08 hm^2 缓慢增加到 2000 年的 3.80 hm^2，之后增速明显加快，2013 年达到 5.98 hm^2，与 1973 年相比增加近 1 倍（见表 4-8），这与最大斑块指数的变化趋势类似。表明漓江流域早期城镇化以分散发展为主，多点展开，桂林主城区扩展较为缓慢，2000 年后中心城区（桂林主城区）集中连片发展。通过对比各期土地利用分类图发现，中心城区是建设用地最大的斑块，集中连片分布，该区域的持续快速扩张导致最大斑块指数不断增加，反映出城市化活动向城市中心聚集。边界密度由 1973 年的 2.66 m/hm^2 迅速增加到 2013 年的 9.09 m/hm^2，2000 年后增加最为显著。面积加权分维数由 1973 年的 1.11 持续增加到 2013 年的 1.24。这反映出受城镇开发活动的影响，景观复杂性增加，人为干扰活动对周围土地利用类型的影响增加。平均邻近距离由 1973 年的 482.81m 迅速减少到 2013 年的 153.91m，减少了 328.90m，下降近 70%，聚合度先降后升，总体略有增加（见图 4-10），表明研究前期城镇建设以点状发展为主，聚集程度变弱，后期伴随着交通等基础设施的完善，城市建设组团化发展，建设用地趋向集中连片。

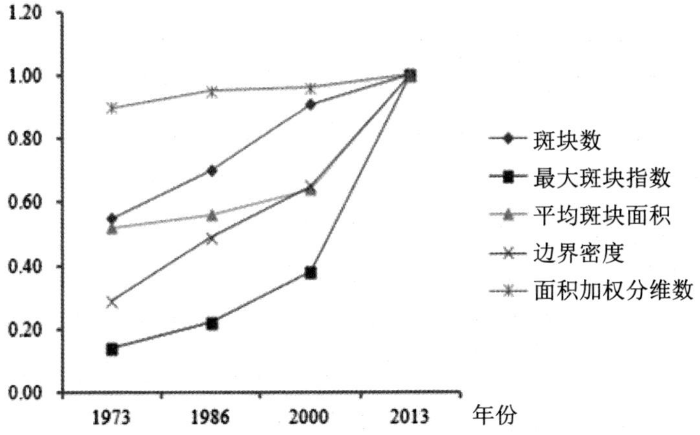

图 4-9　1973—2013 年漓江流域建设用地的斑块面积及形状特征

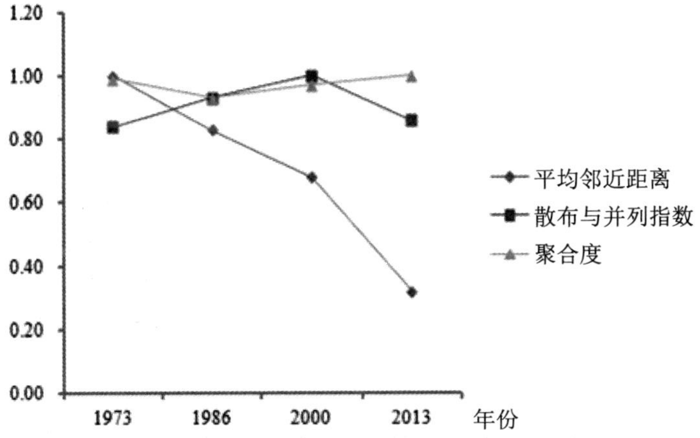

图 4-10　1973—2013 年漓江流域建设用地的斑块空间分布特征

1973—2013 年，水域的斑块数先由 1973 年的 663 个持续增加到 2000 年的 1031 个，随后快速减少到 2013 年的 629 个。与斑块数变化趋势相同，斑块密度先增后减。平均斑块面积呈先减后增的变化趋势，由 1973 年的 15.56 hm^2 下降到 2000 年的 9.95 hm^2，而后增加到 2013 年的 15.38 hm^2，整体略有减少。最大斑块指数持续下降，由 1973 年的 0.66% 下降到 2013 年的 0.39%，2000 年后下降速度明显变缓（见表 4-8）。上述数据表明研究前期在鱼塘养殖等人类活动的干扰下，水域的破碎化程度不断增加，大斑块面积下降明显，此阶段水域斑块数和面积增加主要由鱼塘等小面积斑块的增加引起；后期由于对河流、湖泊、水库等的保护，大斑块面积缩减的态势得到遏制，下降缓慢。水域面积和斑块数的减少，主要是由于城镇建设等开发活动导致大量小水面消失。边界密度先增加后减少（见图 4-11），整体上小幅减少 0.33 m/hm^2。面积加权分维数由 1973 年的 1.29 下降到 2013 年的 1.26。表明水体景观受人为活动影响明显，形状趋于规则化，自然特征退化。平均邻近距离由 1973 年的 560.47m 下降到 2013 年的 329.79m，下降 41.16%（见图 4-12），两江四湖环城水系工程的建设，使水域景观的邻近距离变小，连通性增强，有利于鱼类和其他物种的保护。整体来看，研究区水域的聚集度较高，虽有波动但变化程度不大，水域景观以集中分布为主。

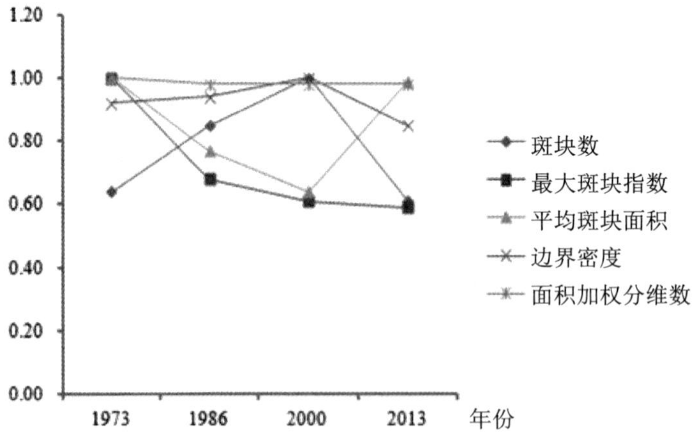

图 4-11　1973—2013 年漓江流域水域的斑块面积及形状特征

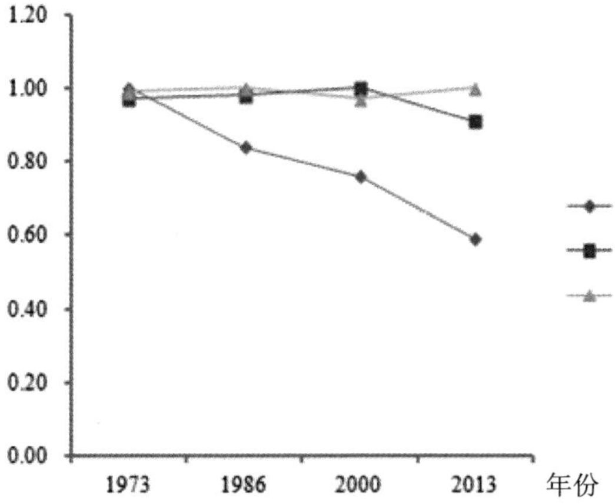

图 4-12　1973—2013 年漓江流域水域的斑块空间分布特征

草地的斑块数呈先增加后减少的趋势（见图 4-13），由 1973 年的 10506 个增加到 2000 年的 12043 个，随后下降到 2013 年的 10173 个。平均斑块面积由 1973 年的 1.93 hm^2 下降到 2000 年的 1.29 hm^2，后又增加到 2013 年的 1.76 hm^2。整个研究期内最大斑块指数很小，仅为 0.01% 或 0.02%（见表 4-8）。与此同时，1976—2000 年草地面积持续下降，2000—2013 年草地面积增加。这一趋势表明 1973—2000 年受人类活动的干扰，草地斑块面积变化剧烈，破碎化程度不断加剧，主要由于此阶段内部分草地不断被开垦为耕地或林地，造成草地镶嵌状分布。2000 年后受农民外出务工以及种粮收益低等因素影响，部分耕作条件差的大片农田被撂荒变为草地，使得草地斑块成片分布，破碎化程度减弱。边界密度由 1973 年的 13.80m/hm^2 增加到 2013 年的 14.22m/hm^2，面积加权分维数由 1.09 增加到 1.11，二者整体上均略有增加，表明研究期内斑块的复杂性增加，人为干扰减少。平均邻近距离变化不大，散布与并列指数和聚合度均较小并呈下降趋势（见图 4-14），这说明草地景观的空间关系在研究期内变化不明显，斑块分布较为均衡。

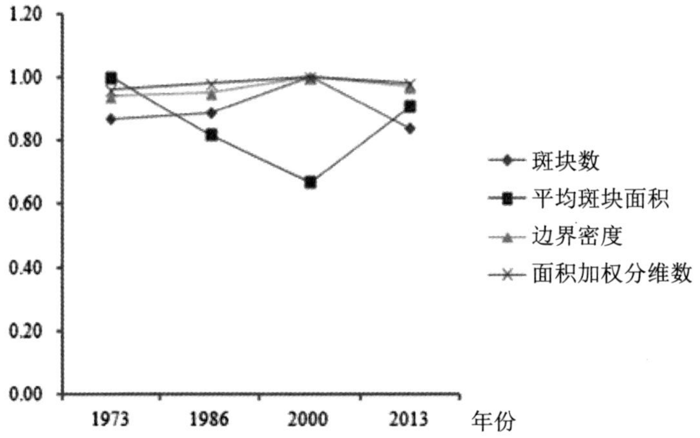

图 4-13　1973—2013 年漓江流域草地的斑块面积及形状特征

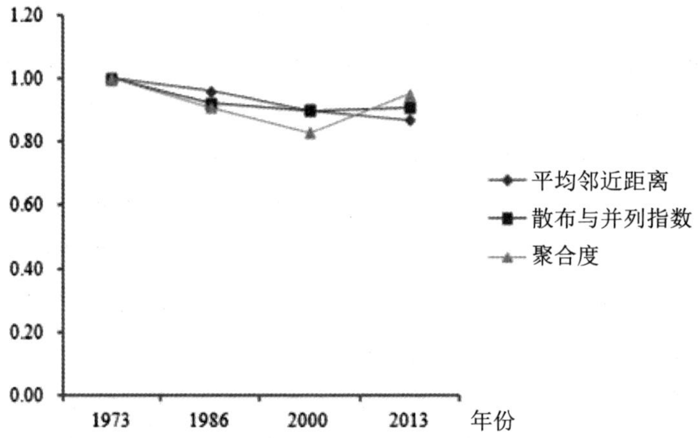

图 4-14　1973—2013 年漓江流域草地的斑块空间分布特征

1973—2013 年，未利用地的斑块数变化剧烈（见图 4-15），由 1973 年的 188 个快速增加到 2000 年的 1111 个，而后又迅速下降为 2013 年的 570 个。斑块密度与斑块数表现出类似的特征。平均斑块面积由 1973 年的 4.28 hm^2 迅速下降为 2000 年的 1.42 hm^2，随后又快速增加到 2013 年的 4.20 hm^2。整个研究期内斑块数、平均斑块面积变化十分剧烈，主要是由于大部分未利用地的形成归因于人类活动和水文条件的变化。边界密度和面积加权分维数整体均呈增加的趋势，表明未利用地的复杂性表现出一定的波动状态，而近年来形状趋于复杂。未利用地的平均邻近距离虽有波动但整体下降，聚合度变化不显著（见图4-16），表明未利用地趋向于集中分布。

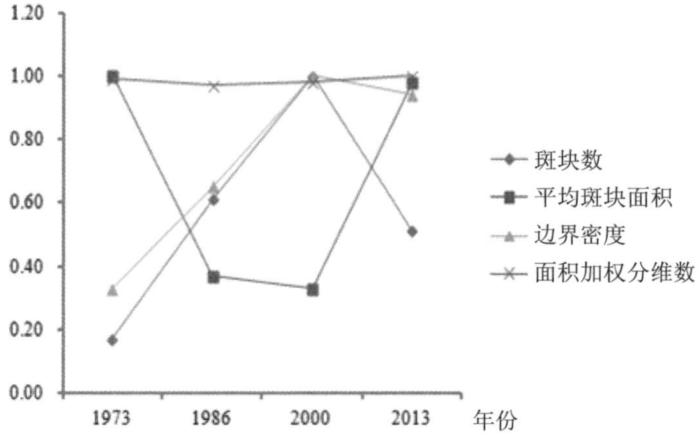

图 4-15　1973—2013 年漓江流域未利用地的斑块面积及形状特征

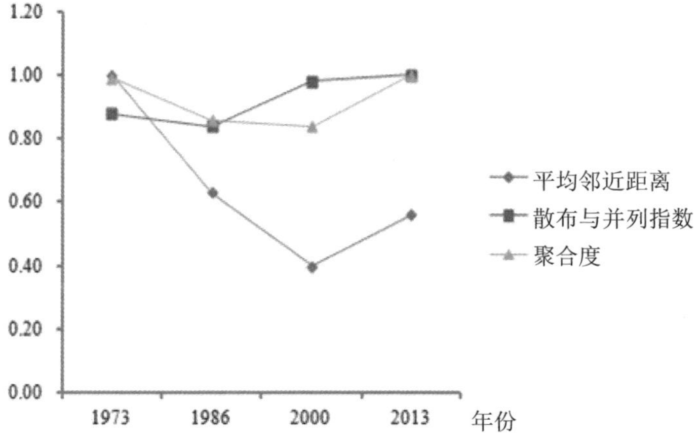

图 4-16　1973—2013 年漓江流域未利用地的斑块空间分布特征

4.3.3 漓江流域土地利用转移特征分析

1. 1973—1986 年土地利用转移特征

由图 4-17 和表 4-9 可以看出，1973—1986 年漓江流域各土地利用类型之间均出现了不同程度的相互转化。在所有土地利用类型中，草地的变化最为剧烈，其中：41.55% 的草地被开发为林地，主要归因于研究区水果种植和森林绿化的开展，25.23% 的草地被开发为耕地，说明草地转化受农业开发活动的影响较大；另有少量草地被水域、建设用地和未利用地所占用。未利用地也发生了明显变化，由于总面积小，向各土地利用类型转移的绝对面积也较小，主要流向林地、耕地和水域 3 个类型，转化率依次为 24.22%、17.39%、16.40%，另有 9.69% 和 0.13% 的面积转变为草地和建设用地，表明未利用地的转移主要受生态脆弱区植被治理恢复以及农业开发等因素的驱动。相较而言，耕地的转化亦较为剧烈，其中：21.29% 的耕地被开发为林地，面积高达 298.50 km^2，主要是因为经济林和水果种植带来的农业产业结构调整；18.99 km^2 的耕地被城市建设所侵占，比例为 1.35%；受大坡度、高海拔、土壤瘠薄等耕作条件差的农田撂荒的影响，1.13% 的耕地退化为草地；另有少量转变为水域和未利用地。此阶段 5.06% 和 2.58% 的建设用地转化为林地和耕地，面积分别为 2.94 km^2 和 1.50 km^2，对比土地利用类型图发现，转化主要发生在村落周边，由村落的更替引起。水域中分别有 6.26%、3.11%、1.39% 的面积转化为林地、耕地和建设用地，表明水域损失的主要驱动因素是填水造陆用于农、林业开发和城市扩张。耕地和草地是林地转移的主要去向，面积分别为 189.49 km^2 和 87.87 km^2，说明毁林开荒等农林业种植结构的调整及森林砍伐是导致林地面积损失的主要原因；另有少部分林地转化为建设用地、水域和未利用地。

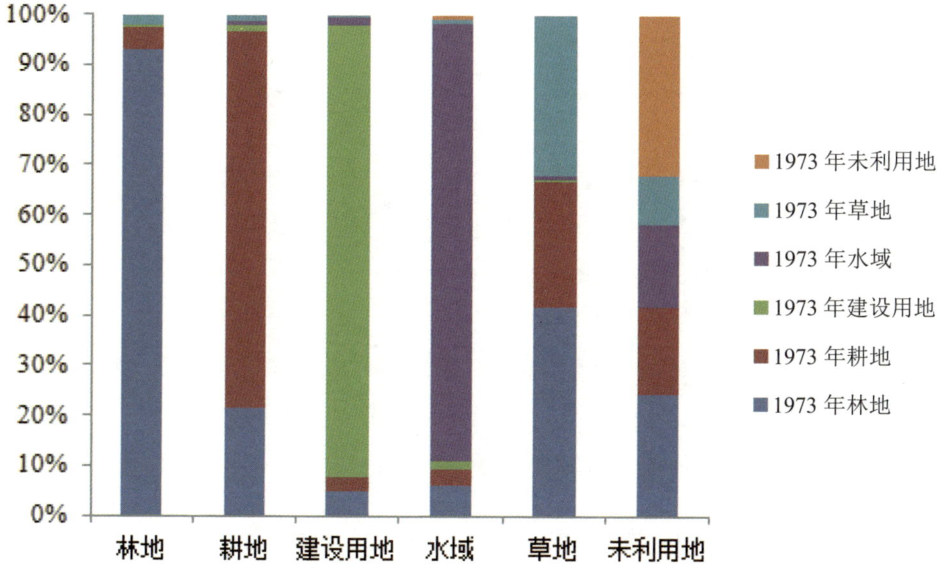

1973 年

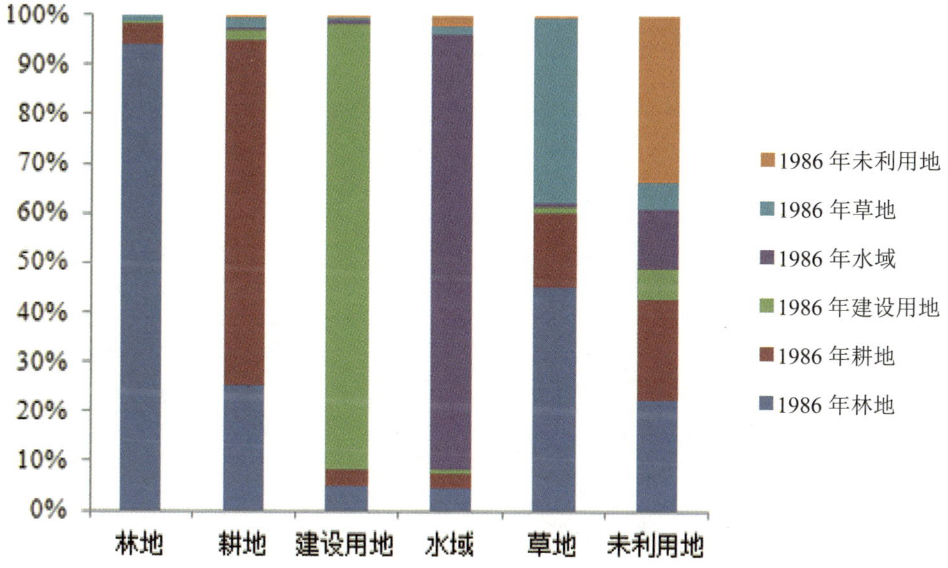

1986 年

图 4-17 各时段土地利用转移比例图

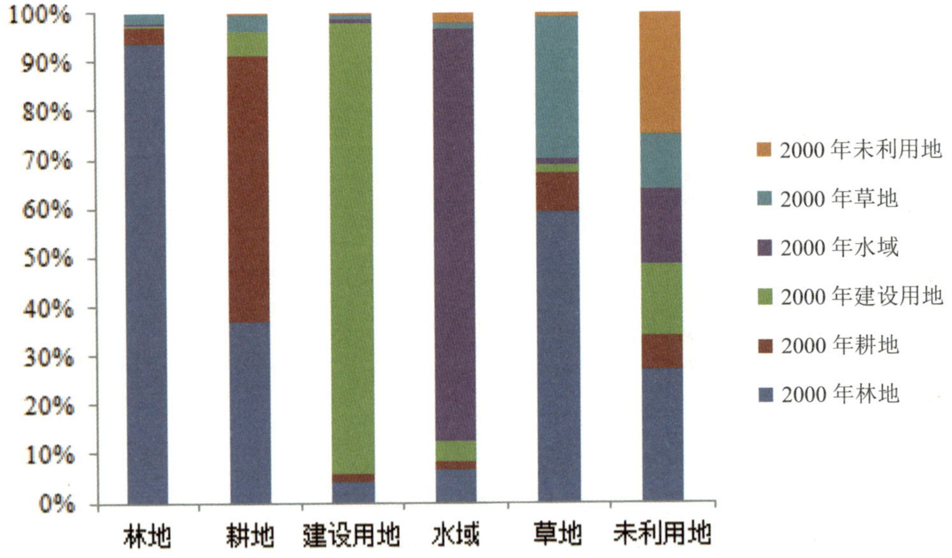

2000 年

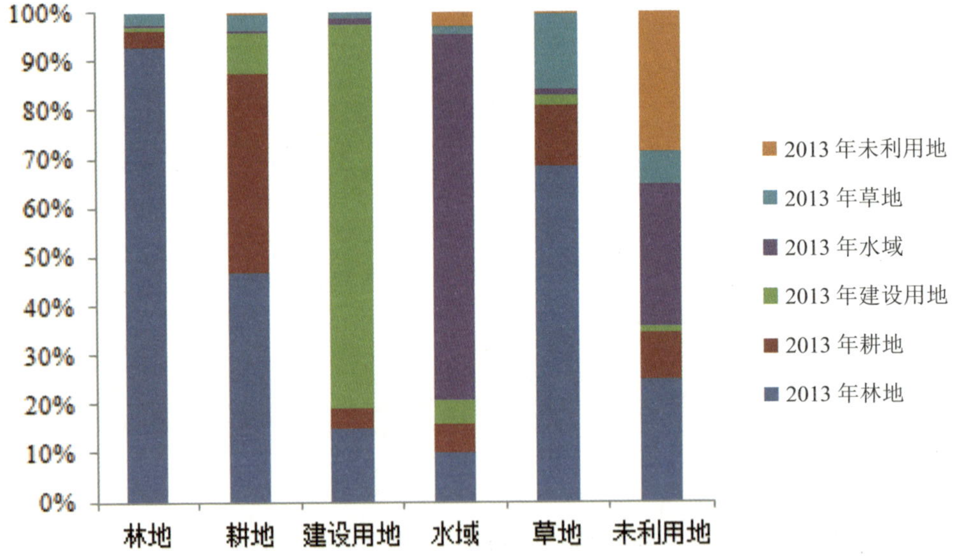

2013 年

图 4-17　各时段土地利用转移比例图（续）

表 4-9　1973—1986 年漓江流域土地利用类型转移矩阵

土地利用类型		1986年					
		林地	耕地	建设用地	水域	草地	未利用地
1973年	林地（km^2）	3775.09	189.49	5.91	4.06	87.87	2.03
	转化率（%）	—	4.66	0.15	0.10	2.16	0.05
	耕地（km^2）	298.50	1056.56	18.99	7.37	15.78	4.67
	转化率（%）	21.29	—	1.35	0.53	1.13	0.33
	建设用地（km^2）	2.94	1.50	52.46	0.80	0.29	0.12
	转化率（%）	5.06	2.58	—	1.38	0.50	0.21
	水域（km^2）	6.46	3.21	1.43	90.20	1.04	0.85
	转化率（%）	6.26	3.11	1.39	—	1.01	0.82
	草地（km^2）	84.04	51.04	0.78	1.41	64.64	0.35
	转化率（%）	41.55	25.23	0.39	0.70	—	0.17
	未利用地（km^2）	1.95	1.40	0.01	1.32	0.78	2.59
	转化率（%）	24.22	17.39	0.13	16.40	9.69	—

2. 1986—2000 年土地利用转移特征

1986—2000 年，各土地利用类型的转移比例（见表 4-10、图 4-17）仍然较大，除林地外其他 5 个土地利用类型转移比例均超过 10%，其中未利用地和草地最为显著，此外耕地也有较大的比例转化为其他土地利用类型。未利用地主要转化为林地、耕地和水域，转化率分别为 22.24%、20.45% 和 11.97%，合计转化率超过 50%，说明此阶段未利用地转化频繁，稳定性差，农林业开发活动和气候带来的水位变化是促使未利用地转化的主要因素；另有 6.22% 的未利用地转变为建设用地。对比土地利用类型图发现，转化主要发生在城镇区域。从草地来看，有 45.34% 的草地恢复为林地，14.58% 的草地被开发为耕地，被建设用地、水域和未利用地侵占的量均较小，合计不超过 3%，说明此阶段草地转移主要受植被恢复、林果种植以及毁草种粮等因素的影响。耕地向外转移的比例较上一阶段明显增加，30.63% 的耕地转化为非农用地，其中：主要转移方向为林地，转化率为 25.33%，面积高达 330.13 km^2，主要因为受经济因素驱动，林果种植的面积不断扩大；有 28.38 km^2 和 30.58 km^2 的耕地转化为建设用地和草地，说明城镇建设、土地撂荒也是此阶段耕地减少的重要原因；另外有少量耕地转化为水域和未利用地。建设用地相对比较稳定，有 5.10% 和 3.24% 的面积转化为林地和耕地，主要因为废弃和损毁老旧房屋的宅基地被再次开发利用。水域面积减少的部分主要流向林地和耕地，有 4.68% 和 2.96% 的水域转化为林地和耕地，面积分别为 4.92 km^2 和 3.11 km^2；2.17% 和 1.63% 的水域转化为未利用地和草地，对比土地利用类型图可知，转移主要发生在水域周边；另有 0.73% 的水域转化为城市建设用地。

表 4-10　1986—2000 年漓江流域土地利用类型转移矩阵

土地利用类型		2000年					
		林地	耕地	建设用地	水域	草地	未利用地
1986年	林地（km^2）	3920.12	170.17	15.35	2.34	57.85	3.15
	转化率（%）	—	4.08	0.37	0.06	1.39	0.08
	耕地（km^2）	330.13	904.01	28.38	4.46	30.58	5.65
	转化率（%）	25.33	—	2.18	0.34	2.35	0.43
	建设用地（km^2）	4.06	2.58	71.52	0.48	0.54	0.39
	转化率（%）	5.10	3.24	—	0.60	0.68	0.49
	水域（km^2）	4.92	3.11	0.77	92.36	1.72	2.28
	转化率（%）	4.68	2.96	0.73	—	1.63	2.17
	草地（km^2）	77.26	24.84	2.41	1.66	63.53	0.70
	转化率（%）	45.34	14.58	1.41	0.97	—	0.41
	未利用地（km^2）	2.36	2.17	0.66	1.27	0.59	3.56
	转化率（%）	22.24	20.45	6.22	11.97	5.56	—

3. 2000—2013 年土地利用转移特征

2000—2013 年，各土地利用类型的转移比例进一步增加（见表 4-11、图 4-17），其中未利用地的变化最剧烈，主要转移去向为林地、水域和建设用地，说明林果种植、水位变化和城市建设是转移的主要原因。草地也发生了明显变化，主要流向林地、耕地两个类型，转化率分别为 59.33% 和 7.97%，面积分别为 91.85 km^2 和 12.34 km^2，说明植被恢复和农林业开发活动是草地转移的主要影响因素。耕地是转移面积最大的土地利用类型，37.06% 的耕地恢复为林地，面积高达 410.19 km^2，主要是由于大坡度、高海拔地区退耕还林的持续实施、种植结构调整以及乡村旅游的蓬勃发展。受城市扩张的影响，4.72% 的耕地转化为建设用地，面积高达 52.30 km^2；农村青壮年人口外出务工和种田收益低带来的耕地撂荒使 3.15% 的耕地退化为草地；另有 0.57% 和 0.33% 的耕地转变为未利用地和水域。有 4.22% 和 1.74% 的建设用地转变为林地和耕地，主要由交通不便、高海拔、大坡度地区村落的自然更新引起。研究时段内，受城市扩张、填水造林、降水减少等因素影响，水域损失明显，尤其是大量小水域被城市建设所侵占，分别有 6.70%、4.23%、2.17% 的水域转化为林地、建设用地和未利用地。耕地、草地和建设用地是林地转移的主要去向，转化比例分别为 2.94%、2.18% 和 0.79%，主要归因于农业种植结构调整、森林砍伐以及城市扩张等因素。

表 4-11　2000—2013 年漓江流域土地利用类型转移矩阵

土地利用类型		2013年					
		林地	耕地	建设用地	水域	草地	未利用地
2000年	林地（km^2）	4070.96	127.53	34.25	1.88	94.64	9.57
	转化率（%）	—	2.94	0.79	0.04	2.18	0.22
	耕地（km^2）	410.19	599.53	52.30	3.65	34.90	6.31
	转化率（%）	37.06	—	4.72	0.33	3.15	0.57
	建设用地（km^2）	5.03	2.07	109.28	0.95	1.27	0.50
	转化率（%）	4.22	1.74	—	0.80	1.07	0.42
	水域（km^2）	6.87	1.74	4.34	86.28	1.12	2.23
	转化率（%）	6.70	1.7	4.23	—	1.09	2.17
	草地（km^2）	91.85	12.34	2.45	1.54	45.22	1.40
	转化率（%）	59.33	7.97	1.58	0.99	—	0.90
	未利用地（km^2）	4.26	1.09	2.27	2.42	1.77	3.93
	转化率（%）	27.06	6.93	14.42	15.37	11.25	—

4. 40 年间土地利用转移特征

从整个研究期（1973—2013 年）来看，各土地利用类型都发生了显著变化（见表 4-12、图 4-17），其中草地变化最剧烈，高达 84.62% 的草地转化为其他土地利用类型，其中：68.27% 的面积转变为林地，说明草地系统稳定性差，转化频繁，主要受森林绿化、林果种植、封山育林等因素的驱动；12.75% 的草地被开发为耕地；草地转化为建设用地、水域和未利用地的比例均较小。未利用地的变化亦较为剧烈，主要流向水域和林地两个土地利用类型，转化率分别为 29.19% 和 24.97%，另有 9.44% 和 6.46% 的面积转变为耕地和草地，这表明植被恢复、农林业开发活动以及河道变化是未利用地转移的主要因素。林地、耕地和建设用地是水域转移的主要去向，转化比例分别为 9.89%、6.09% 和 4.81%，表明农林业开发活动和城市扩张是水域损失的主要原因；另外受气候、水文等因素影响，少量水域变为草地和未利用地。耕地转移的面积最大，47.03% 的耕地转化为林地，面积高达 659.31 km^2，8.22% 的耕地被城市扩张吞噬，面积达 115.29 km^2，3.09% 的面积退化为草地，另有少量转化为水域和未利用地，林果种植是耕地转化的主要因素，城镇扩张对耕地的损失亦有重要影响。值得注意的是，40 年间 8.68 km^2 的建设用地转变为林地，2.45 km^2 的建设用地转变为耕地，主要发生在村落周边，因为部分偏远地区的村落空心化严重，规模不断缩小甚至消失。林地转移的主要去向为耕地和草地，转化率分别为 3.47% 和 2.49%，面积分别为 141.08 km^2 和 101.39 km^2，农业活动造成的森林退化和林地砍伐是林地转移的重要因素；另有 35.15 km^2 的林地被城市建设所侵占，主要发生在城乡接合部。

表 4-12　1973—2013 年漓江流域土地利用类型转移矩阵

土地利用类型		2013年					
		林地	耕地	建设用地	水域	草地	未利用地
1973年	林地（km^2）	3770.87	141.08	35.15	7.47	101.39	8.49
	转化率（%）	——	3.47	0.86	0.18	2.49	0.21
	耕地（km^2）	659.31	567.93	115.29	7.08	43.37	8.90
	转化率（%）	47.03	—	8.22	0.51	3.09	0.64
	建设用地（km^2）	8.68	2.45	45.38	0.79	0.72	0.09
	转化率（%）	14.94	4.22	—	1.36	1.24	0.15
	水域（km^2）	10.21	6.28	4.96	76.98	1.80	2.95
	转化率（%）	9.89	6.09	4.81	—	1.74	2.86
	草地（km^2）	138.07	25.79	4.04	2.04	31.12	1.19
	转化率（%）	68.27	12.75	2.00	1.01	—	0.59
	未利用地（km^2）	2.01	0.76	0.09	2.35	0.52	2.32
	转化率（%）	24.97	9.44	1.12	29.19	6.46	—

4.3.4　漓江流域土地利用变化驱动力分析

土地利用变化是自然因素和人为因素共同作用的结果。自然因素常常是在较大的时空尺度上发生作用。由于研究区时空尺度较小，所以现阶段人为因素的驱动作用处于主导地位。

1. 1973—1986 年土地利用变化驱动力

从图 4-18 可以看出，1973—1986 年各土地利用类型转移的主要去向为林地、耕地，分别有 393.89 km^2 和 246.64 km^2 的其他类型用地被转化为林地和耕地（见表 4-9），其中包含大量林地和耕地的互相转化，另有大量草地被开发为林地和耕地。从各土地利用类型来看，面积损失较大的是耕地、林地和草地，此阶段耕地损失的部分主要流向林地，而林地损失的部分主要流向耕地，相互转化频繁。

有部分耕地和林地被转化为建设用地，主要发生在桂林市郊，草地损失的部分主要流向林地和耕地，而水域损失的部分主要流向林地和耕地。结合此阶段社会经济各项指标可知（见图 4-19、图 4-20），第一产业一直占有较高的比重，1973 年和 1986 年分别为 42.51% 和 39.59%，第二产业比重小幅下降，第三产业比重上升，但三个产业的比重次序相对稳定，研究区内 GDP 和城市人口增长相对较缓，说明此阶段研究区内的主要活动为农业生产，各类型间的转移主要受农林种植结构调整、填水造陆以及毁草用于农林开发等因素驱动。

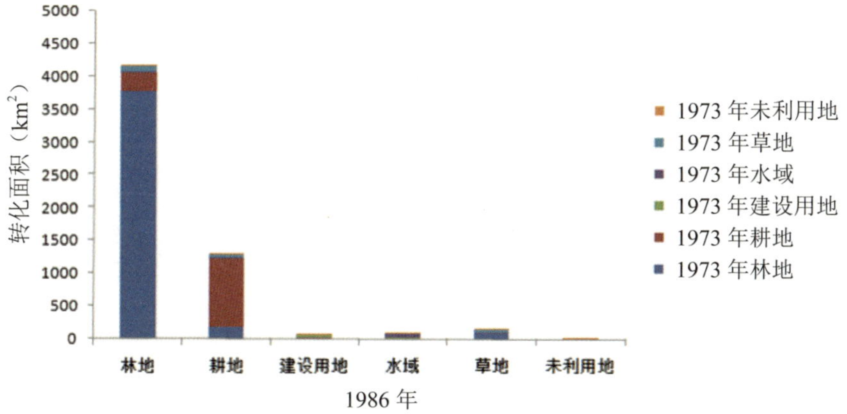

图 4-18　1973—1986 年漓江流域各土地利用类型转入面积特征

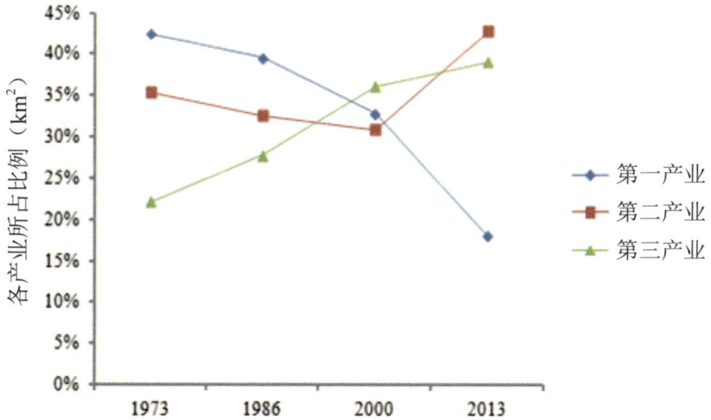

图 4-19　1973—2013 年漓江流域三大产业占比变化

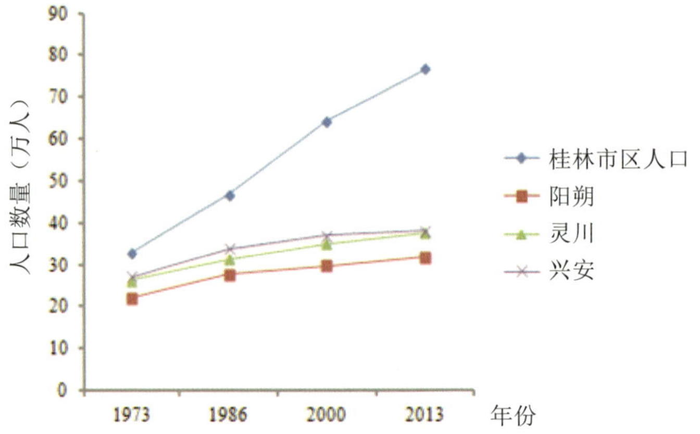

图 4-20　1973—2013 年漓江流域人口变化图

2. 1986—2000 年土地利用变化驱动力

从图 4-21 可以看出，此阶段土地利用变化剧烈程度明显增加，林地、耕地、建设用地和草地是土地利用的主要转入类型，土地利用转化损失较大的类型为耕地和林地，林地和建设用地面积净增加，较 1973—1986 年，二者净增量显著增大，研究期内存在较大量的林地和耕地互转。耕地是面积净损失最大的类型，与 1973—1986 年相比较，耕地净损失量增加（见表 4-10）。从各土地利用类型来看，面积损失较大的是耕地、林地，与 1973—1986 年类似，林地和耕地间转化频繁，但是有大量的耕地和林地转化为建设用地，主要发生在桂林市区及各县的城乡接合部。对比此阶段的社会经济数据（图 4-19、图 4-20）发现，研究区内产业结构调整较大，第一产业比重快速下降，但在 2000 年占比仍较高，为 32.89%，受旅游蓬勃发展的影响，第三产业比重快速上升，第二产业比重降幅趋缓，城市人口增加迅速，城市化进程不断加快，城市规模不断扩展，耕地和林地两个土地利用类型受影响较大，分别呈现下降和上升的态势。综合而言，城镇化进程加速、产业结构调整、果业种植等是该时段内土地利用变化的主要驱动力。

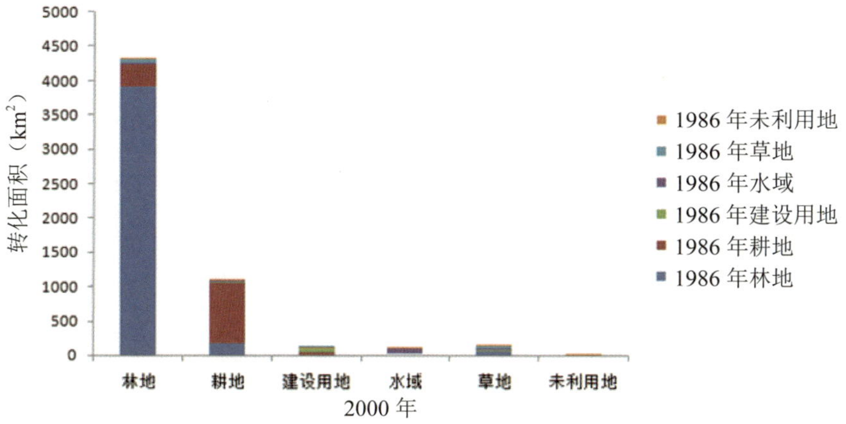

图 4-21 1986—2000 年漓江流域各土地利用类型转入面积特征

3. 2000—2013 年土地利用变化驱动力

整体来看（见图 4-22），2000—2013 年土地利用变化更加剧烈，林地、耕地和建设用地是土地利用的主要转入类型，而耕地则是这一时期土地利用面积损失的主要类型。从净变化量来看，耕地大量减少，水域小幅度减少，建设用地和林地两个类型大幅度增加，草地小幅度增加，耕地减少量较 1986—2000 年明显增加，建设用地和林地的增加量较 1986—2000 年亦明显增加（见表 4-11）。从各土地利用类型来看，城乡接合部较小斑块的耕地主要流向建设用地和林地，转化剧烈且频繁，耕地和建设用地是林地转化的主要去向，水域损失的区域集中在快速城市化区域，主要流向建设用地和林地。漓江流域自 2002 年 3 月实施的退耕还林政策、特色农业和乡村旅游业快速发展带来的水果种植面积增加，促使耕地、草地、水域等土地利用类型不断向林地转变。由此阶段的社会经济数据可以看出（见图 4-19、图 4-20），三大产业的比例发生明显变化，第一产业比重持续快速降低，2013 年已降为 18%，第二产业增长最为迅速，占比最大，第三产业持续增加，城市人口持续稳定增长，工业化和城镇化持续推进，旅游业快速发展，直接导致商业服务、交通设施、居民住宅等各类建设用地面积的快速增加，大量林地、耕地、水域被吞噬。这表明此阶段土地利用变化的主要驱动力是城镇快速扩张、工业化、旅游业快速发展以及农业种植结构调整。

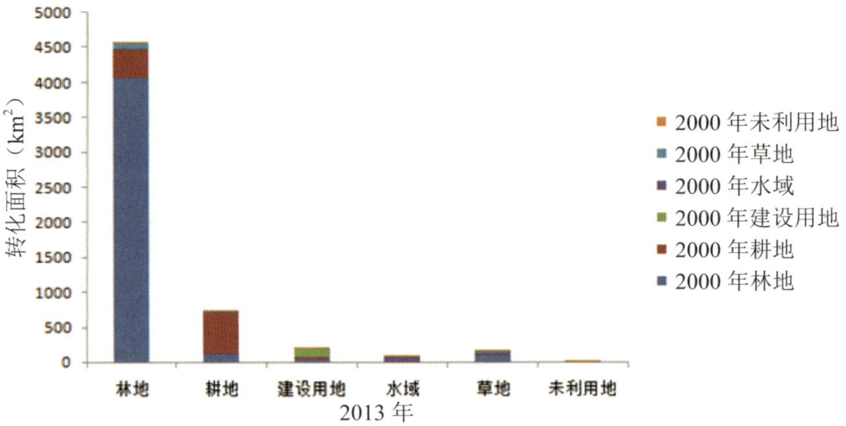

图 4-22　2000—2013 年漓江流域各土地利用类型转入面积特征

4.4　小结与讨论

4.4.1　小结

（1）1973—2013 年，林地一直是漓江流域的主要土地利用类型，占总面积的比例均在 69% 以上，且不断增加；耕地持续减少，面积下降近 50%；建设用地快速增加，净增加 146.78 km^2；水域呈先增后减的趋势；草地则先减后增；未利用地持续增加，但绝对面积少，在整体变化中反映不明显。

（2）从不同土地利用类型的坡度分布来看，林地主要分布在坡度大于 8° 的区域内，且生态系统较为稳定；耕地主要分布在坡度小于 8° 的区域，面积持续减少，高坡度区域（大于 25°）面积较小，整体适宜性较好；建设用地亦集中分布在 8° 以下的区域，面积持续增加；水域和未利用地主要分布在 15° 以下的区域；草地分布的范围较大，各坡度段均有较大比例的分布。从不同土地利用类型的高程分布来看，林地主要集中分布在海拔 200 ～ 500m 和 500 ～ 800m 的区域；耕地和建设用地集中分布在海拔 500m 以下的区域，其他区域零星分布；水域集中分布在低于 500m 的区域，各高程带内水域面积均波动下降；草地集中分布于 200 ～ 500m 的区域内，呈先减少后增加的趋势；未利用地集中分布于海拔 0 ～ 500m 的区域，各高度带均有不同程度的增加。

（3）40 年间漓江流域的土地利用整体动态度呈先缓慢下降后上升的波动变化，2000—2013 年整体动态度达到最高值，景观变化剧烈，土地流转频繁。不同时段林地和耕地的变化率均呈现持续增加的趋势，水域的动态度均较小，建设用地的变化速度最快，远高于其他土地利用类型。

（4）土地利用格局分析表明，1973—2000 年受城镇建设离散点状发展、林果种植分散经营等因素影响，研究区景观破碎化程度不断加剧，斑块复杂性增加，开始转向细粒景观。2000—2013 年受城市集聚发展、林果种植规模化、乡村旅游、退耕还林等因素影响，景观破碎化程度不断下降，斑块分布趋向于规则化，又开始转向粗粒景观。类型水平上，林地和建设用地的破碎化程度先升后降，斑块间距离减少，聚集程度增加；耕地的破碎化程度不断增加，但仍呈较高的聚集状态；水域的聚集度较高，以集中分布为主；草地斑块的空间关系变化不明显，斑块分布较为均衡；未利用地趋向于集中分布。

（5）1973—1986 年各种土地利用类型转移的主要去向为林地、耕地，此阶段研究区的主要活动为农业生产，各类型间的转移主要受农林种植结构调整、填水造陆及毁草用于农林开发等因素驱动。1986—2000 年林地、耕地、建设用地和草地成为土地利用的主要土地转入类型，耕地和林地则是土地利用损失的主要类型。造成这一时期土地利用变化的主要驱动力是城镇化进程加速、产业结构调整、果业种植等因素。2000—2013 年林地、耕地和建设用地是土地利用的主要转入类型，而耕地则是这一时期面积损失的主要土地利用类型。城市快速扩张、工业化、旅游业快速发展、农业种植结构调整及林业生态建设是此阶段土地利用变化的主要驱动力。

4.4.2　讨论

本研究在 3S 技术的支持下，以 1973—2013 年 4 个时相的遥感影像为数据源，结合野外调查，通过景观格局指标、土地利用转移矩阵，依据 DEM 数据，研究漓江流域土地利用变化的时空规律。为了提高分析结果的准确性、有效性，尽量减少不确定性，采取如下几项措施。①根据漓江流域的土地利用情况，综合考虑研究流域生态效应的数据需求，参考国内外众多分类标准，最终确定漓江流域土地利用分类体系，既满足研究需求，又与其他的土地分类系统有很好的衔接，有利于数据在更大的范围扩展运用。②鉴于景观格局指标数量多，很多指标间存在相关性和冗余性及具有明显的尺度效应，本研究综合对比前人研究结果，并考虑研究区的实际尺度，最终选定包含信息丰富、相关度低的景观指标来分析土地利用格局特征。③用遥感影像作为主要信息源，进行土地利用变化研究，其结果的可信度在很大程度上依赖于解译结果的准确性。漓江流域属于多山地区且山体坡度大，山体阴影对土地利用分类的精度影响较大，同时喀斯特地区水域的水位变化大也会影响到水域解译的结果。为减小分类误差，4 期影像均采集于植物生长稳定的 9—10 月，并查询对应月份的降雨量是否存在异常，尽量减少季节变化和水位不稳定带来的数据差异，解译过程中进行正射矫正以降低山体阴影对分类的影响，采用最大似然法监督分类和人工目视解译调整相结合的方法，并通过对土地利用数据、相近时期影像以及 Google Earth 影像进行比对，以及大量野外调查验证等方法，最大限度地提高解译精度。研究中仍然存在一些问题，如用 4 期影像研究 40 年间土地利用的变化，相隔时间较长，可能有一些重要变化过程被忽略或利用有限的景观指标反映复杂的景观过程不够充分等。

第5章　漓江流域土地利用变化与旅游业发展相互关系研究

5.1　引言

20 世纪 30 年代初，麦克默里发表了旅游地理学的开篇之作《游憩活动与土地利用的关系》（McMurry，1930）一文，土地利用变化与旅游业发展的相互关系问题从此受到关注。20 世纪 60—70 年代，国外有关旅游与土地利用关系的研究主要集中于旅游地土地利用变化和旅游基础设施发展，重点关注滨海地区在旅游投资驱动下向高度城市化区域转变、建筑用地大量增加导致的耕地减少等问题（陈志钢，2010）。20 世纪 90 年代以来，旅游业对土地利用变化的影响越来越显著，旅游发展与土地利用关系的研究进入活跃期，不同领域的学者从各个侧面展开相关研究，成果主要集中在以下几个方面。①旅游发展对土地利用类型变化的影响。Smith（1991）以马来西亚、泰国和澳大利亚的滨海度假区为案例，研究了旅游活动影响下度假区快速城市化的问题。Douglas（2001）研究了新西兰基督城旅游电车的发展对相邻土地利用的影响。陈志钢（2010）以典型旅游城市阳朔为研究对象，探讨了土地利用动态变化与旅游发展的互动机理。邓贵平等（2011）以九寨沟自然保护区为对象，研究了旅游发展对土地利用景观类型变化的影响。马晓龙和金远亮（2014）以张家界为研究对象，探究了城市土地利用变化与旅游发展的作用机制。②旅游业发展对当地经济的带动作用以及对土地价格与租金的影响。Rafael（1996）研究发现桑给巴尔受游客大量进入的影响，房价飙升，同时居住城市结构发生改变。陈志钢和保继刚（2012）研究了阳朔县典型旅游城市游憩商业区空间形态演变及影响机制。③旅游活动对当地社区的影响。王新歌等（2017）以大连金石滩旅游度假区为案例，研究了社区居民生计模式变迁与土地利用变化的耦合协调关系。尚前浪等（2018）研究了民族村寨旅游发展对社区和家庭生计变迁的影响。苏静和孙九霞（2017）以岜沙苗寨为例，研究了旅游对民族社区社会关系变迁的影响。伴随着旅游业的蓬勃发展，旅游业已成为部分地区经济的主导产业，旅游活动已成为土地利用变化的重要驱动因素（向芸芸和蒙吉军，2014；张皓玮等，2018），影响着区域各种生态过程，但目前针对土地利用变化与旅游业发展相互关系的研究较少。

漓江流域是中国最早发展旅游的地区之一，旅游产业早已成为当地经济的支柱产业。40 多年来，伴随着旅游城镇化以及旅游活动的快速扩张，土地利用变化显著，局部区域生态环境问题日益凸显。笔者通过查阅《桂林社会经济统计年鉴》《广西统计年鉴》等获取地方旅游发展指标，综合运用相关性分析、转移矩阵、TOPSIS 评价法等，分析 40 年来漓江流域土地利用变化与旅游发展的相关性、土地利用类型转移与旅游发展的关系、土地利用变化的旅游驱动机制，以期为漓江流域土地利用调控优化和旅游可持续发展提供科学参考。

5.2 研究方法

5.2.1 数据来源

采用的数据资料主要包括：通过 1973—2013 年 4 期 Landsat 遥感影像解译获取的土地利用类型数据（详见第 3 章），通过《桂林社会经济统计年鉴（1973—2014）》《广西统计年鉴（1986—2014）》获取的研究期内流域旅游经济数据。

5.2.2 Pearson 相关性分析

运用 SPSS 23.0 统计软件对漓江流域土地利用变化与旅游经济发展的关系进行 Pearson 相关分析，进而分析二者的相关程度。相关性分析中，当 Sig 值≤ 0.01 时，表示极显著相关；当 0.01<Sig 值≤ 0.05 时，表示显著相关；当 Sig 值 >0.05 时，则表示不相关。

5.2.3　土地利用转移矩阵分析

利用 ERDAS 9.2 中的 MATRIX 分析功能，对 1973—1986 年、1986—2000 年、2000—2013 年 3 个时段的土地利用数据进行转移情况分析，统计各土地利用类型转移的趋向和面积，分析不同时段土地利用转移与旅游发展的关系。

5.2.4　TOPSIS 评价法

TOPSIS 评价法即逼近理想解排序法（Technique for Order Preference by Similarity to Ideal Solution），是系统工程中有限方案多属性决策分析的一种常用的科学决策技术（朱辉，2015）。该方法将原始数据矩阵进行归一化并赋予权重，从中找出有限方案中的最优方案和最劣方案（分别用最优向量和最劣向量表示），然后分别计算出评价对象与最优方案和最劣方案间的距离，获得该评价对象与最优方案的相对接近程度，以此作为评价优劣的依据（罗文斌等，2008；张广海和孙文雯，2010；李伟霄和翁翎燕，2014）。其基本步骤如下（朱辉，2015）。

第一步：构建评价矩阵。依据评价目标，划定 n 个评价单元，选取 p 个有代表性的评价指标，构建原始评价矩阵 X。

$$X=\begin{bmatrix} x_{11} & x_{12} & \cdots & x_{1p} \\ x_{21} & x_{22} & \cdots & x_{2p} \\ \vdots & \vdots & \vdots & \vdots \\ x_{n1} & x_{n2} & \cdots & x_{np} \end{bmatrix}_{n\times p}$$

第二步：归一化处理。对原始矩阵进行归一化处理，消除量纲影响，得到标准矩阵 R。

$$R=\begin{bmatrix} r_{11} & r_{12} & \cdots & r_{1p} \\ r_{21} & r_{22} & \cdots & r_{2p} \\ \vdots & \vdots & \vdots & \vdots \\ r_{n1} & r_{n2} & \cdots & r_{np} \end{bmatrix}_{n\times p}$$

其中，$r_{ij}=\frac{x_{ij}}{\sum_{k=1}^{n}x_{kj}}$，$i=1$，2，…，$n$；$j=1$，2，…，$p$。

第三步：构建加权的规范矩阵。本研究中假定每个因素的影响程度相同，取相同的权重 ω_{ij}，得到规范矩阵 Z。

$$Z=\begin{bmatrix} z_{11} & z_{12} & \cdots & z_{1p} \\ z_{21} & z_{22} & \cdots & z_{2p} \\ \vdots & \vdots & \vdots & \vdots \\ z_{n1} & z_{n2} & \cdots & z_{np} \end{bmatrix}_{n\times p}$$

其中，$\omega_{ij}=1/p$，$z_{ij}=r_{ij}\times\omega_{ij}$，$i=1$，2，…，$n$；$j=1$，2，…，$p$。

第四步：确定最优值向量和最劣值向量。由各项指标的最优值和最劣值分别构建最优值向量 Z^{+} 和最劣值向量 Z^{-}。

$Z^{+}=(Z_1^{+}$，Z_2^{+}，…，$Z_p^{+})$；$Z^{-}=(Z_1^{-}$，Z_2^{+}，…，$Z_p^{+})$；

其中，$z_j^{+}=\begin{pmatrix} z_{1j} \\ z_{2j} \\ \vdots \\ z_{nj} \end{pmatrix}_{\max}$，$z_j^{-}=\begin{pmatrix} z_{1j} \\ z_{2j} \\ \vdots \\ z_{nj} \end{pmatrix}_{\min}$，$j=1$，2，…，$p$。

第五步：计算各评价单元与最优值和最劣值之间的距离。

$$D_i^{+}=\sqrt{\sum_{j=1}^{p}\left(z_{ij}-z_j^{+}\right)^2};D_i^{-}=\sqrt{\sum_{j=1}^{p}\left(z_{ij}-z_j^{-}\right)^2}$$

第六步：计算各评价单元与最优值的相对接近程度。

$$C_i=\frac{D_i^{-}}{D_i^{+}+D_i^{-}}，\quad j=1，2，\cdots，n。$$

第七步：比较相对接近程度的大小，以此作为评价依据。

5.3 结果与分析

5.3.1 漓江流域土地利用变化与旅游发展的相关性分析

从第 4 章的漓江流域土地利用变化分析中可以发现，1973—2013 年漓江流域各土地利用类型均发生了不同程度的变化。旅游业是漓江流域的主导产业，与区域土地利用变化紧密相关。旅游总收入和旅游接待人数是反映地方旅游经济发展情况的关键指标。为进一步探究漓江流域土地利用变化与旅游经济发展的相关程度，运用 SPSS 23.0 统计软件，采用 Pearson 相关性分析功能，将旅游总收入和旅游接待人数与漓江流域土地利用数据进行相关性分析，具体结果如表 5-1、表 5-2 所示。相关性分析中，当 Sig 值≤ 0.01 时，表示极显著相关；当 0.01<Sig 值≤ 0.05 时，表示显著相关；当 Sig 值 >0.05 时，则表示不相关。

表 5-1　漓江流域旅游接待人数与土地利用变化相关性分析

	林地	耕地	建设用地	水域	草地	未利用地
pearson相关系数	0.963*	−0.981*	0.987*	−0.952*	−0.163	0.973*
sig.	0.037	0.019	0.013	0.048	0.837	0.027
相关性	显著相关	显著相关	显著相关	显著相关	不相关	显著相关

表 5-2　漓江流域旅游总收入与土地利用变化相关性分析

	林地	耕地	建设用地	水域	草地	未利用地
pearson相关系数	0.921	−0.950	0.960*	−0.970*	−0.018	0.937
sig.	0.079	0.050	0.040	0.030	0.982	0.063
相关性	不相关	不相关	显著相关	显著相关	不相关	不相关

1973—2013 年漓江流域旅游接待人数与不同土地利用类型面积的相关性分析（见表 5-1）表明，林地、耕地、建设用地、水域、未利用地与旅游接待人数的相关系数均较大，其绝对值接近于 1，且显著性水平小于 0.05，说明漓江流域土地利用变化与旅游经济发展的关系密切，旅游发展是土地利用变化的重要驱动因素。旅游接待人数与建设用地、林地、未利用地呈显著正相关，说明伴随着游客数量的增长，用于吃、住、行、游、购、娱等旅游基本元素建设的土地在快速

增加。以自然山林型景区开发建设、林果种植采摘等为依托的乡村旅游，使林地不断增加。为营建良好的旅游景观环境，撂荒土地、采石场废弃地等区域不断被修复。旅游接待人数与耕地、水域呈显著负相关，说明旅游开发过程中因旅游基础服务设施、游乐设施等的建设，以及乡村旅游开发，采摘体验等果业种植，耕地、水域不断被占用转化为建设用地和林地。由表 5-2 可以看出，建设用地、水域与旅游总收入的相关系数较大，其绝对值接近于 1，且显著性水平小于 0.05，表明漓江流域建设用地和水域的面积变化对整体旅游收入有较大影响。漓江流域旅游总收入与建设用地呈显著正相关，表明建设用地的增加对提升区域旅游总收入具有明显的驱动作用。在后续旅游开发中，可以针对旅游建设用地出台相关政策措施，优先保证旅游建设用地的供给，同时避免建设用地的无序扩张。水域与旅游总收入呈显著负相关，表明伴随着旅游总收入的增加，水域面积不断减少，因此在后续旅游开发过程中要注意水域的保护，尤其是自然河道、湿地等，不能受经济因素驱动而侵占自然水域。

5.3.2 漓江流域土地利用变化与旅游发展的关系

漓江流域旅游资源富集，旅游产业起步早，属于区域经济发展的主导产业和支柱产业，对地方经济的带动作用大。不同时段的土地利用变化情况与该时段的旅游发展紧密相连，下面结合漓江流域旅游发展的阶段特征，按 1973—1986 年、1986—2000 年、2000—2013 年 3 个时段来分析土地利用变化与旅游发展的关系。

（1）1973 年 5 月，桂林市经国务院批准正式对外开放，成为我国最早接待外国游客的城市之一。初期主要开展具有政治意义的接待和文化交流活动，旅游业基础薄弱，旅游设施比较简陋，投入产出效益低下，没有形成独立的旅游产业，旅游活动开展主要集中于桂林市区、阳朔县城以及漓江精华段，对地方经济和土地利用方式的影响甚微。由表 5-3 可以看出，受人类活动影响，1973—1986 年漓江流域各土地利用类型间均发生了不同程度的转移。耕地的转移面积最大，高达 298.50 km^2 的耕地转化为林地，主要由林果种植等农业结构调整引起，另外有 18.99 km^2 的耕地转化为建设用地。对照土地利用类型分布图，被侵占的耕地主要分布在城镇、村落周边。林地的转移面积也很大，仅次于耕地，分别有 189.49 km^2 和 87.87 km^2 流向耕地和草地，主要由毁林开荒和林木采伐引起，另外有少量被城乡建设活动所侵占。建设用地保持相对稳定，有 2.94 km^2 和 1.50 km^2 转化为林地和耕地，主要发生在乡村地区，归因于村落的自然更新。水域的转化比例较大，分别有 6.26%、3.11% 和 1.39% 的水域转化为林地、耕地和建设用地，主要由填水造陆（用于农林业生产及城市建设等活动）引起。草地主要向林地和耕地转移，面积合计为 135.08 km^2，由开荒种植林果和农作物引起。未利用地转化为其他土地类型的比例也很高，分别有 24.22%、17.39%、16.40% 和 9.69% 的未利用地转化为林地、耕地、水域和草地，说明未利用地的稳定性差，容易被其他土地利用类型所替代。总体而言，1973—1986 年漓江旅游处于起步探索阶段，旅游活动开展的范围十分有限，游客数量很少，以外宾为主，旅游活动单一，以漓江游览为主，各类旅游配套服务设施建设较少，旅游活动对流域土地利用变化的影响很小，土地利用变化主要受大规模农林业活动的影响。

表 5-3　不同时段漓江流域土地利用类型转移情况　　（单位：km^2）

土地利用类型		时段（年）		
		1973—1986	1986—2000	2000—2013
林地	林地	3775.09	3920.12	4070.96
	耕地	189.49	170.17	127.53
	建设用地	5.91	15.35	34.25
	水域	4.06	2.34	1.88
	草地	87.87	57.85	94.64
	未利用地	2.03	3.15	9.57
耕地	林地	298.50	330.13	410.19
	耕地	1056.56	904.01	599.53
	建设用地	18.99	28.38	52.30
	水域	7.37	4.46	3.65
	草地	15.78	30.58	34.90
	未利用地	4.67	5.65	6.31
建设用地	林地	2.94	4.06	5.03
	耕地	1.50	2.58	2.07
	建设用地	52.46	71.52	109.28
	水域	0.80	0.48	0.95
	草地	0.29	0.54	1.27
	未利用地	0.12	0.39	0.50

（续表）

土地利用类型		时段（年）		
		1973—1986	1986—2000	2000—2013
水域	林地	6.46	4.92	6.87
	耕地	3.21	3.11	1.74
	建设用地	1.43	0.77	4.34
	水域	90.20	92.36	86.28
	草地	1.04	1.72	1.12
	未利用地	0.85	2.28	2.23
草地	林地	84.04	77.26	91.85
	耕地	51.04	24.84	12.34
	建设用地	0.78	2.41	2.45
	水域	1.41	1.66	1.54
	草地	64.64	63.53	45.22
	未利用地	0.35	0.7	1.4
未利用地	林地	1.95	2.36	4.26
	耕地	1.40	2.17	1.09
	建设用地	0.01	0.66	2.27
	水域	1.32	1.27	2.42
	草地	0.78	0.59	1.77
	未利用地	2.59	3.56	3.93

（2）1986—2000 年漓江流域旅游业由以接待为主的计划经济转向市场化旅游产业。旅游产业在桂林市越发受到重视，在旅游资源保护、开发与旅游基础设施建设方面取得显著成效，入境旅游人数稳步增长，实现了“旅游是经济产业”的观念突破，逐步确定了旅游业的产业地位。此时段旅游产业的体量有限，规模的扩大是被动的，市场拓展主要以入境游客为主，但在这一时期内积累了进一步发展所必需的产业要素，为漓江流域旅游产业的大发展奠定了坚实基础。由表 5-3 可以看出，1986—2000 年各土地利用类型间的转化相较 1973—1986 年进一步增强。耕地的转移面积最大，向外转移的比例较上一阶段明显增加，30.63% 的耕地转化为非农用地，其中有 330.13 km^2 转化为林地，主要由林果种植带来的种植结构调整引起，有 28.38 km^2 被城乡建设以及旅游设施建设等所占用，部分农民参与旅游开发活动和外出务工，使 30.58 km^2 的耕地被撂荒。从林地来看，转移的去向主要为耕地和草地，面积分别为 170.17 km^2 和 57.85 km^2，说明农林种植结构调整以及林地采伐较为剧烈，15.35 km^2 的林地转化为建设用地。此阶

段耕地和林地被城乡建设以及旅游开发侵占的面积明显增加。建设用地相对比较稳定，有 4.06 km^2 和 2.58 km^2 的面积转化为林地和耕地，对比土地利用类型分布图可知，其主要发生在乡村地区，归因于老旧房屋废弃后，宅基地被再次开发利用。水域转化的土地利用类型多种多样，分别有 4.68%、2.96%、2.17% 和 1.63% 转化为林地、耕地、未利用地和草地，转化区域主要集中于各土地利用类型与水域的邻接处。草地主要转化为林地和耕地，由开荒进行农林种植引起。未利用地转化频繁，转化为其他土地利用类型的比例合计超过 50%，主要去向为林地和耕地，由农林业开发活动、水位变化以及石漠化地区的自然更新等引起。此时段的旅游活动较上一时段明显加强，旅游开发使建设用地需求增加，部分林地、耕地等转化为建设用地。由于此时段旅游产业规模仍较小，所以对土地利用变化的驱动作用不显著，土地利用变化的驱动因素仍然为大范围的农林业种植活动以及城乡开发建设。

（3）2000 年后，随着建设现代化国际旅游城市目标的确立，桂林旅游进入了高速发展期。两江四湖环城水系、“印象·刘三姐”、乐满地度假世界、愚自乐园、阳朔乡村旅游休闲等一批大体量、高品位、个性化的旅游产品先后诞生，极大地丰富了桂林旅游的内涵，促进了桂林旅游综合化发展。2009 年 12 月，桂林成为中国首个由国务院层面确定建设的旅游综合改革试验区，这进一步助力漓江流域大发展，巩固了漓江流域世界知名旅游目的地的地位。2000—2013 年是漓江流域旅游业爆发式增长的时期，同时伴随着土地利用类型间的剧烈转化（见表 5-3）。耕地的转移面积最大，受金橘等特色水果大面积种植、退耕还林、乡村旅游开发等影响，410.19 km^2 的耕地转化为林地，52.30 km^2 的耕地转化为建设用地。另外，由于农民积极参与旅游经营相关活动，大量耕地被撂荒，转化为草地。草地的转移最为剧烈，高达 59.33% 的草地转化为林地，主要归因于 2002 年开始实施的封山育林、石漠化综合治理等，但破坏活动仍然存在，少量退化为未利用地。林地的主要转移去向为耕地、草地和建设用地，面积分别为 127.53 km^2、94.64 km^2 和 34.25 km^2，主要由种植结构调整、林木砍伐、旅游开发和城乡建设活动引起。水域主要转化为林地、建设用地和未利用地，主要由填水造陆、水文变化以及旅游等开发建设活动引起。采石场植被恢复、石漠化治理等环境治理措施的实施，使未利用地主要向林地转化，其他各土地利用类型也有超过 6% 的转入，表明未利用地稳定性差，转化频繁。整体而言，此时段旅游业已成长为漓江流域的主导产业，对各土地利用类型的转化产生了明显的影响，特别是旅游产业大发展带来的旅游基础设施、服务设施建设用地需求增加以及旅游城镇化，使大量林地和耕地转化为建设用地。对比土地利用类型图发现，林地的转化集中在乡村地区，而耕地的转化集中在乡镇、县城周边。

5.3.3 土地利用变化的旅游驱动机制分析

1. 旅游驱动因素指标体系构建

漓江流域作为世界知名旅游目的地，旅游资源独特丰富，旅游产业发展迅速，旅游活动强度大。旅游业吃、住、行、游、购、娱六要素相关项目建设，在不同程度上影响着区域土地利用变化，是土地利用变化的重要驱动因素。本研究参考前人研究成果（朱辉，2015；苏俊文，2018），结合漓江流域实际，从反映地方旅游发展的核心因素：旅游者、旅游经济、旅行社、住宿餐饮、交通可达5个方面选取指标构建评价体系。本研究共选取指标11个（见表5-4），具体数据根据《桂林市社会经济统计年鉴（1986—2014）》《桂林年鉴（1990—2014）》《广西年鉴（1986—2014）》收集整理而得。

表5-4 漓江流域土地利用变化的旅游驱动力指标体系

序号	指标类型	因子名称
1	旅游者因素（3个）	X1：国内旅游人数（万人次）；X2：入境旅游人数（万人次）；X3：人均逗留天数（天）
2	旅游经济因素（2个）	X4：旅游总收入（万元）；X5：旅游外汇收入（万元）
3	旅行社因素（1个）	X6：出入境旅行社总数（家）
4	住宿餐饮因素（3个）	X7：星级酒店数量（家）；X8：星级酒店住宿营业额（万元）；X9：星级酒店客房总数（间）
5	交通可达因素（2个）	X10：旅客运输量（万人）；X11：旅客周转量（万人千米）

为了进一步研究漓江流域土地利用变化的旅游驱动力情况，下面对旅游驱动力指标体系中各指标的选取情况进行详细论述。

（1）旅游者因素

旅游者是旅游活动开展的核心要素和参与主体，旅游活动中的吃、住、行、游、购、娱无不与旅游者的参与紧密相连。旅游者是地方旅游发展的关键驱动因素，旅游目的地每年接待国内外旅游者的数量越多，旅游者的停留时间越长，产生的旅游收入就越高，进而推动地方旅游业和国民经济更快发展。漓江流域作为世界知名旅游目的地，1986—2013年国内外游客数量快速增加，对相关旅游服务设施、游乐休憩设施的需求亦不断增加，大量景区景点被开发建设，住宿餐饮等旅游服务设施、旅游交通等基础设施被大量投资建设，原有的大量农田被开发为乡村旅游区，所有这些旅游开发活动在带来旅游产业快速成长的同时，也驱动土地利用的显著变化。本研究选取国内旅游人数、入境旅游人数、人均逗留天数作为反映旅游者因素的关键指标。

（2）旅游经济因素

旅游收入是反映旅游经济的关键指标，在一定程度上反映了地方旅游经济的发展水平，旅游总收入和外汇收入越高，说明地方旅游产业越发达。旅游业综合性强、关联度高、拉动作用突出，是典型的“带动产业”。旅游经济不仅直接拉动了民航、铁路、公路、商业、食宿等传统产业的发展，也对国际金融、仓储物流、信息咨询、文化创意、影视娱乐、会展博览等新型和现代服务业的发展发挥着重要的促进作用，旅游及相关产业的快速发展必然会驱动原有土地利用类型向其他类型转化。本研究选取旅游总收入和旅游外汇收入作为反映旅游经济因素的关键指标。

（3）旅行社因素

旅行社在整个旅游活动中扮演着重要角色，为参与旅游活动的各个要素以及旅游者提供了一个共享平台。旅行社既可以为旅游者开展旅游活动的各环节提供服务，减少不必要的麻烦，又可以有效沟通旅游者与旅游景区、旅游饭店、旅游交通等，同时也可以将旅游者的需求变化反馈给旅游活动相关者。旅行社数量在一定程度上反映了地方旅游经济的活跃程度，反映了地方旅游产业的发展水平。旅行社数量越多，旅游产业越活跃，土地利用类型转化的可能性越高。

（4）住宿餐饮因素

在旅游活动中，住宿和餐饮直接影响游客的游览体验，也是旅游活动必不可少的组成部分。旅游产业大发展必然带动当地饭店、宾馆以及各类餐饮场所的建设，使其他土地利用类型，如林地、农田等向旅游建设用地转化。本研究选取星级酒店数量、星级酒店住宿营业额、星级酒店客房总数作为反映住宿餐饮因素的关键指标。

（5）交通可达因素

旅游交通可达性对地方旅游经济发展至关重要，直接影响旅游目的地的客源市场开发、游客的出游意愿以及游客的满意度。旅游者开展旅游活动涉及旅游交通的方方面面，会推动高铁站、汽车站、机场、旅游停车场等交通集散场所的建设，以及高速公路、高铁、通景公路等道路基础设施的建设，所有这些都会带来旅游建设用地的增加，从而驱动土地利用类型的转化。本研究选取旅客运输量、旅客周转量作为反映交通可达因素的关键指标。

2. 旅游驱动因素发展概况

漓江流域是我国最早发展旅游业的地区之一，旅游资源富集，常年接待海内外旅游者的主要景点有 200 余处，其中包括 5A 级景区 3 处、4A 级景区 20 处，旅游业已成为区域经济的主导产业，漓江流域内各县区旅游总收入约占桂林旅游总收入的 80%。考虑到漓江流域上游部分地区流域边界与县域行政边界不一致、较早时期的旅游统计数据不完善等因素，本研究采用桂林市旅游数据来分析漓江流域旅游驱动因素的发展概况，并进行后期驱动力分析。

（1）旅游者因素

1973 年桂林成为我国最早一批对外开放的旅游城市，初始阶段的桂林旅游主要以外事接待为主，1973—1977 年接待入境旅游者不足 4 万人。1986 年桂林被列为“七五”期间全国 7 个旅游重点建设城市之一，自此桂林旅游发展进入快车道。1980—1990 年共接待入境旅游者 338.68 万人次，其中 1990 年入境旅游者达到阶段高点，即 48.49 万人次。1986—2000 年国内旅游人数和入境旅游人数呈现先增加后减少再快速增加的波动变化趋势，国内旅游人次增加 439.95 万，国外旅游人次增加 56.33 万，游客平均逗留时间由 1986 年的 2.1 天下降为 2000 年的 1.6 天。2000—2013 年桂林旅游产业迎来大发展，国内旅游人次和入境旅游人次均呈现大幅增加（见图 5-1），分别由 2000 年的 868.35 万人次和 95.02 万人次增加为 2013 年的 3390.53 万人次和 193.63 万人次，其中国内旅游人次增加最为显著，净增加 2522.18 万人次，增加近 3 倍，平均逗留时间由 2000 年的 1.6 天下降为 2005 年的 1.4 天，后又增加为 2013 年的 2.1 天，表明此时段桂林旅游正从自然观光为主向观光、休闲度假综合型转变。2000—2013 年入境旅游者的数量虽不断增加，但在旅游总人次中的占比快速下降，由 2000 年的 9.9% 下降为 2013 年的 5.4%。

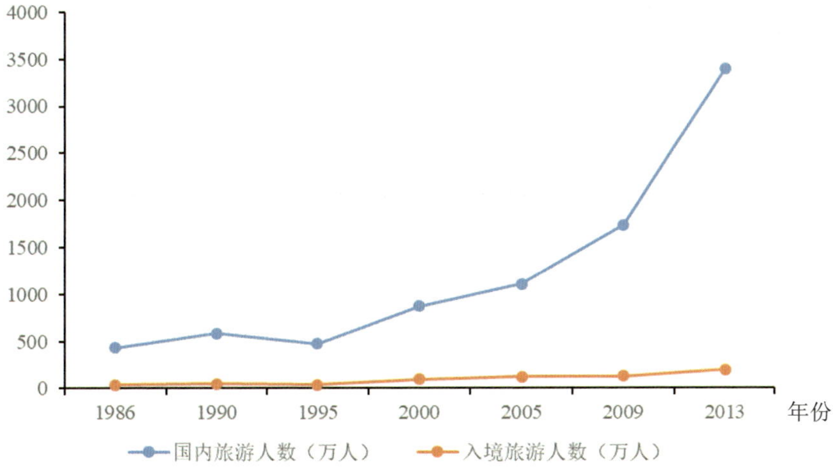

图 5-1 1986—2013 年国内游客和入境游客数量

（2）旅游经济因素

1973 年桂林对外开放时，旅游车仅 10 余辆，游览漓江用的木船只有几艘，旅游从业员工不足 200 人，而且旅游环境差，景点建设落后，城市基础设施不足，旅游总收入很低，主要以外汇收入为主。中共十一届三中全会以来，桂林的国际旅游业得到了长足发展，取得了较好的经济效益和社会效益。1986—2013 年桂林旅游总收入和旅游外汇收入均有较大幅度的增加，分别由 1986 年的 1.59 亿元和 1.14 亿元增加为 2013 年的 348.48 亿元和 53.85 亿元，分别增加 218 倍和 46 倍（见图 5-2）。具体到不同时段，二者的变化又有所不同：1986—1995 年桂林旅游总收入和旅游外汇收入整体上有所增加，但相对缓慢，旅游外汇收入占比较高，均在 50% 以上；1995—2005 年桂林旅游总收入增长加快，但外汇收入增长缓慢，占比不断下降，尤其是 2000 年后最为显著；2005 年后旅游总收入呈现爆发式增长，主要来自国内旅游收入的快速增加，外汇收入虽有增加但占比进一步下降。

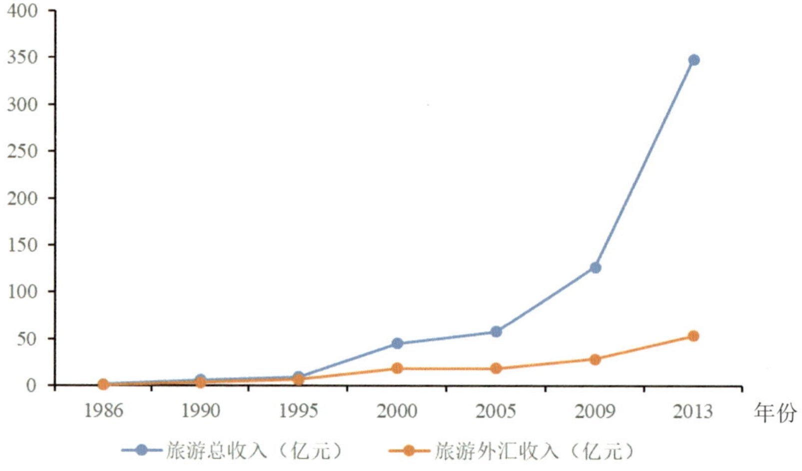

图 5-2　1986—2013 年旅游总收入和旅游外汇收入

（3）旅行社因素

1986—2013 年间，桂林市旅行社保持较快的增长。1986 年桂林市出入境旅行社总数为 16 家，2013 年为 175 家，净增加 159 家，增加近 10 倍，年均增长率为 36.8%，其中 2000 年后增幅最为显著，净增加 92 家。1995 年之前，旅行社主要招揽和接待入境旅游者，如桂林市海外旅游总公司、桂林中国国际旅行社、广西中国青年旅行社等；1995 年后，伴随着国内旅游大发展，桂林出现了大量国内旅行社，主要经营招揽、组团、接待国内旅客的旅游业务。

（4）住宿餐饮因素

1973 年桂林对外开放时，全市仅有榕湖饭店一家涉外饭店，有床位 248 张。旅游旺季时，许多入境旅游者只能在旅游饭店的会议室、走廊“打地铺”。1978 年以来，在改革开放总方针的指引下，桂林市通过各种渠道，先后引进外资 2 亿多美元，重点用于旅游宾馆的建设。1988 年下半年起，按国家旅游局的要求，对各旅游饭店进行星级评定，共评出星级饭店 17 家，其中四星级 1 家，三星级

8家、二星级6家、一星级2家。到2013年，桂林拥有星级酒店66家，其中五星级酒店5家，客房12348间，总营业收入273839万元，基本满足游客不同层次的住宿需求。

（5）交通可达因素

由于旅游交通方面统计数据的局限，研究中选取了旅客运输量和旅客周转量来从侧面反映旅游交通因素的驱动机制情况。1986—2013年，桂林市旅客运输量由2511万人增加到19247万人，增加了16736万人，年增长率为24.7%；桂林市旅客周转量由83143万人每千米增加到1218026万人每千米，净增加13.6倍。这表明从1986年至2013年，桂林旅游交通设施建设成效显著，游客到达桂林景区、景点的交通可达性得到了快速改善。

3. 数据处理过程

本研究参考相关文献（朱辉，2015；吴俊文，2018），依据TOPSIS评价法的分析步骤，将1986—2013年桂林市土地利用变化的旅游驱动因素划分为7个单元（1986年、1990年、1995年、2000年、2005年、2009年、2013年），对所选取的11个指标进行综合评价。

（1）根据旅游相关统计数据构建原始矩阵X。

$$X = \begin{matrix} N_{1986} \\ N_{1990} \\ N_{1995} \\ N_{2000} \\ N_{2005} \\ N_{2009} \\ N_{2013} \end{matrix} \begin{bmatrix} 428.4 & 38.69 & \cdots\cdots & \cdots\cdots & 83143 \\ 580 & 48.49 & \cdots\cdots & \cdots\cdots & 84370 \\ 470.37 & 35.59 & \cdots\cdots & \cdots\cdots & 106922 \\ 868.35 & 95.02 & \cdots\cdots & \cdots\cdots & 283354 \\ 1104.99 & 123.03 & \cdots\cdots & \cdots\cdots & 357905 \\ 1731.05 & 129.03 & \cdots\cdots & \cdots\cdots & 831162 \\ 3390.52 & 193.63 & \cdots\cdots & \cdots\cdots & 1218026 \end{bmatrix}_{7\times 11}$$

（2）为消除不同指标的量纲影响，对各指标进行归一化处理，得到标准化矩阵R。

$$R = \begin{matrix} N_{1986} \\ N_{1990} \\ N_{1995} \\ N_{2000} \\ N_{2005} \\ N_{2009} \\ N_{2013} \end{matrix} \begin{bmatrix} 0.049967 & 0.058236 & \ldots\ldots & \ldots\ldots & 0.028043 \\ 0.067649 & 0.072986 & \ldots\ldots & \ldots\ldots & 0.028456 \\ 0.054862 & 0.05357 & \ldots\ldots & \ldots\ldots & 0.036063 \\ 0.101281 & 0.143032 & \ldots\ldots & \ldots\ldots & 0.09557 \\ 0.128882 & 0.186523 & \ldots\ldots & \ldots\ldots & 0.120715 \\ 0.201903 & 0.194214 & \ldots\ldots & \ldots\ldots & 0.280336 \\ 0.395457 & 0.291449 & \ldots\ldots & \ldots\ldots & 0.410818 \end{bmatrix}_{7\times 11}$$

（3）构建加权的规范矩阵，每个评价指标取相同的权重，为1/11，用标准化的数据乘以1/11，最终得到规范矩阵Z。

$$Z = \begin{matrix} N_{1986} \\ N_{1990} \\ N_{1995} \\ N_{2000} \\ N_{2005} \\ N_{2009} \\ N_{2013} \end{matrix} \begin{bmatrix} 0.004542 & 0.005294 & \ldots\ldots & \ldots\ldots & 0.002549 \\ 0.00615 & 0.006635 & \ldots\ldots & \ldots\ldots & 0.002587 \\ 0.004987 & 0.00487 & \ldots\ldots & \ldots\ldots & 0.003278 \\ 0.009207 & 0.013002 & \ldots\ldots & \ldots\ldots & 0.008688 \\ 0.011717 & 0.014957 & \ldots\ldots & \ldots\ldots & 0.010974 \\ 0.018355 & 0.017656 & \ldots\ldots & \ldots\ldots & 0.025485 \\ 0.035951 & 0.026495 & \ldots\ldots & \ldots\ldots & 0.037347 \end{bmatrix}_{7\times 11}$$

（4）确定各指标的最优值向量Z^+和最劣值向量Z^-。

$$Z^+ = (0.035951，0.0026495，\cdots，0.037347)_{1\times 11}$$

$$Z^- = (0.004542，0.00487，\cdots，0.002549)_{1\times 11}$$

（5）通过计算各评价指标与最优值的距离$\boldsymbol{D}_i^+$和与最劣值的距离$\boldsymbol{D}_i^-$，计算各评价指标与最优值之间的相对接近程度C_i，即旅游驱动力强度评价值，具体计算公式如下

$$\boldsymbol{D}_i^+ = \sqrt{\sum_{j=1}^{17}\left(Z_{ij} - Z_j^+\right)^2} \quad ; \quad \boldsymbol{D}_i^- = \sqrt{\sum_{j=1}^{11}\left(Z_{ij} - Z_j^-\right)^2}$$

$$C_i = \boldsymbol{D}_i^- / (\boldsymbol{D}_i^+ + \boldsymbol{D}_i^-)，i = 1，2，3，\cdots，7；j = 1，2，3，\cdots，17$$

通过TOPSIS评价，最终获得1986—2013年漓江流域土地利用变化的旅游驱动力强度评价值（见表5-5）。

表 5-5　1986—2013 年漓江流域土地利用变化的旅游驱动力强度评价值

评价单元	1986年	1990年	1995年	2000年	2005年	2009年	2013年
C_i	0.050444	0.065351	0.110249	0.218249	0.302508	0.493519	0.980999
排名	7	6	5	4	3	2	1

将 0 ～ 1 之间的距离从最劣值到最优值划分为 5 个等级，进而得到漓江流域 1986—2013 年土地利用变化的旅游驱动力强度等级，具体结果见表 5-6。

表 5-6　漓江流域 1986—2013 年土地利用变化的旅游驱动力强度分级

评价单元	1986年	1990年	1995年	2000年	2005年	2009年	2013年
C_i取值范围	0～0.2	0～0.2	0～0.2	0.2～0.4	0.2～0.4	0.4～0.6	0.8～1.0
等级	一级	一级	一级	二级	二级	三级	五级
作用强度	非常弱	非常弱	非常弱	较弱	较弱	一般	非常强
C_i值	0.050444	0.065351	0.110249	0.218249	0.302508	0.493519	0.980999

为了进一步研究各类旅游因素的旅游驱动力强度情况，运用 TOPSIS 综合评价法计算大类子因素的驱动力强度值，并按照前述标准进行强度分级，具体结果见表 5-7。

表 5-7　1986—2013 年漓江流域各旅游因素强度评价值等级及排名

时间因素		1986年	1990年	1995年	2000年	2005年	2009年	2013年
旅游者因素	C_i值	0.126525	0.127618	0.095861	0.231495	0.339873	0.484554	0.964821
	等级	一级	一级	一级	二级	二级	三级	五级
	排名	1	1	3	2	3	3	5
旅游经济因素	C_i值	0	0.027941	0.061271	0.210145	0.230739	0.415643	1
	等级	一级	一级	一级	二级	二级	三级	五级
	排名	3	4	4	3	4	5	1
旅行社因素	C_i值	0	0.069143	0.232714	0.421177	0.490715	0.672857	1
	等级	一级	一级	二级	三级	三级	四级	五级
	排名	3	3	1	1	1	2	1
住宿餐饮因素	C_i值	0	0.075966	0.167689	0.201058	0.366207	0.442037	0.972091
	等级	一级	一级	一级	二级	二级	三级	五级
	排名	3	2	2	4	2	4	4
交通可达因素	C_i值	0.023249	0.011075	0.015487	0.162634	0.228529	0.681248	1
	等级	一级	一级	一级	一级	二级	四级	五级
	排名	2	5	5	5	5	1	1

4. 旅游驱动机制分析

从旅游驱动力综合作用强度来看（见表5-5、表5-6），1986—2013年漓江流域旅游驱动力综合强度值持续增大，由1986年的0.050444增加到2013年的0.980999，其中2009—2013年增幅最大，净增长0.48748。1986—2000年旅游驱动力强度值虽有所增加，但一直维持在较低的水平，年均增长仅0.011986；2005—2013年旅游驱动力强度值快速增加，年均增长0.084811，尤其是2009年后增速明显加快。1986—1995年旅游驱动力强度持续处于一级，对土地利用变化的影响非常弱；2000—2005年旅游驱动因素对土地利用变化的影响开始变大，但仍处于二级，对土地利用变化的影响较弱；2005年后旅游驱动力强度等级发生快速跃升，由二级直接跃升到2013年的五级，这与该时段内漓江流域旅游景区大规模建设、国家旅游综合改革试验区建设以及国内旅游爆发式增长紧密相连。

从旅游各因素的驱动力强度值来看（见表5-7），1986—2013年漓江流域旅游驱动力评价体系中五大旅游影响因素的强度值总体上均有较大幅度的增加，从1986年的0或接近于0增加为2013年的1或接近于1，说明各旅游影响因素对土地利用变化的驱动作用逐渐加强。旅游者因素的驱动力强度值在1995年略有下降，主要受桂林整体旅游环境影响，入境游客和国内游客较1990年均有较大幅度的减少，2005年后驱动力强度值快速增加。旅游经济因素的驱动力强度值呈现出与旅游者因素相似的变化趋势，前期增加缓慢，后期增速逐渐加快，2000年是重要的转折点，这与整个漓江流域旅游发展的阶段特征相一致。旅行社因素的驱动力强度值呈持续增加的态势，2005年后速度明显加快，这与此时段国内旅游的大发展相关。住宿餐饮因素的驱动力强度值由1986年的0增加为2013年的0.972091，其中1986—2000年增长缓慢，2005年后明显提速，主要因为2005—2013年我国城镇居民人均可支配收入明显增加，由2005年的10493元增加到2013年的26955元，不到10年增加1.6倍，由此带来国内旅游大发展和旅游消费升级。交通可达因素的驱动力强度值持续增加，与住宿餐饮因素具有类似的变化特征，2005年前强度值增加缓慢，此后强度值增加明显加快，表明2005年后，伴随着游客数量的大规模增加，系列主干公路以及通景公路建成通车或改善通行条件，同时相应增加了大量游客承运车辆。

从各旅游因素的驱动力强度等级来看，旅游者、旅游经济、住宿餐饮、交通可达 4 个因素在 2005 年之前均处于二级及以下，旅行社因素处于三级及以下。这表明 2005 年之前各因素的强度等级处于较低水平，对土地利用变化的影响弱；2005—2009 年各因素的强度等级处于三级或四级，对土地利用变化的影响变大；2013 年所有旅游因素的强度等级均达到五级，表明各旅游因素对土地利用变化的影响显著。

从不同年份各旅游因素的驱动力强度值排名来看，各旅游因素在不同年份的排名均有一定程度的变化，其中旅游者因素和旅行社因素在大部分年份处于前三名的位置，表明在所有年份，游客人数以及与游客人数紧密相连的旅行社因素，对土地利用变化具有较大的影响。从单个因素来看，随着时间的推移，旅游者因素的排名波动下降；旅游经济因素在 2009 年前一直维持较低的排名，2013 年快速升为第一；旅行社因素的排名波动上升；住宿餐饮因素的排名波动下降；交通可达因素的前期排名稳定，后期排名快速提升。表明各旅游因素对土地利用变化的影响持续处于变化中，属于共同驱动的整体。

从不同时段各因素评价值排名的平均值来看，1986—2000 年旅游因素驱动力强度评价值排名的平均值由小到大分别为旅游者因素 1.75、旅行社因素 2.00、住宿餐饮因素 2.75、旅游经济因素 3.50、交通可达因素 4.25，表明该时段内旅游者因素、旅行社因素、住宿餐饮因素对土地利用变化的影响较大；2000—2013 年旅游因素驱动力强度评价值排名的平均值由小到大分别为旅行社因素 1.25、交通可达因素 3.00、旅游者因素 3.25、旅游经济因素 3.25、住宿餐饮因素 3.50，表明此时段旅行社因素的影响较大，其他 4 个因素的影响作用接近。从整个时段来看，影响强度由小到大排序为旅行社因素 1.71、旅游者因素 2.57、住宿餐饮因素 3.00、旅游经济因素 3.43、交通可达因素 3.43。

5.4 小结与讨论

5.4.1 小结

（1）漓江流域土地利用变化与旅游经济发展的关系密切，旅游发展是土地利用变化的重要驱动因素。旅游接待人数与建设用地、林地、未利用地呈显著正相关，伴随游客数量的增长，用于吃、住、行、游、购、娱等旅游基本要素建设土地快速增加。旅游接待人数与耕地、水域呈显著负相关，旅游开发活动使耕地、水域不断被占用，转化为建设用地和林地。旅游总收入与建设用地呈显著正相关，建设用地的增加对提升区域旅游总收入具有明显的驱动作用。水域与旅游总收入呈显著负相关，伴随着旅游总收入的增加，水域面积不断减少，后续旅游开发过程中要注意对水域的保护。

（2）不同时段土地利用变化情况与该时段的旅游发展紧密相连。1973—1986 年漓江旅游处于起步探索阶段，旅游活动开展的范围十分有限，游客很少，以外宾为主，旅游活动单一，以漓江游览为主，各类旅游配套服务设施建设较少，旅游活动对流域土地利用变化的影响很小，土地利用变化主要受大规模农林业活动的影响。1986—2000 年漓江流域的旅游活动较上一阶段明显加强，旅游开发使建设用地需求增加，部分林地、耕地等转化为建设用地。由于此时段旅游产业规模仍较小，所以对土地利用变化的驱动作用不显著，土地利用变化的驱动因素仍然为大范围的农林业种植活动以及城乡开发建设。2000—2013 年旅游业已成长为漓江流域的主导产业，对各土地利用类型的转化产生了明显的影响，特别是旅游产业大发展带来的旅游基础设施、服务设施建设用地需求增加以及旅游城镇化，使大量林地和耕地转化为建设用地。对比土地利用类型图发现，林地的转化集中在乡村地区，而耕地的转化集中在乡镇、县城周边。

（3）1986—2013 年漓江流域旅游驱动力综合强度值持续增大。1986—2000 年旅游驱动力强度值虽有所增加，但一直维持在较低的水平；2000—2013 年旅游驱动力强度值快速增加，尤其是 2009 年后增速明显加快；1986—2005 年旅游驱动力强度持续处于一级、二级，对土地利用变化的影响较弱；

2005 年以后，旅游驱动力强度等级发生快速跃升，这与该时段内漓江流域旅游景区大规模建设、国家旅游综合改革试验区建设以及国内旅游爆发式增长紧密相连。

（4）1986—2013 年漓江流域旅游驱动力评价体系中五大旅游影响因素的强度值总体上均有较大幅度的增加，各旅游影响因素对土地利用变化的驱动作用逐渐加强。旅游者因素、旅游经济因素、住宿餐饮因素、交通可达因素 4 个因素的强度等级在 2005 年之前均处于二级及以下，表明 2005 年之前各因素对土地利用变化的影响较弱；2005—2009 年各因素的强度等级处于三级或四级，对土地利用变化的影响变大；2013 年所有旅游因素的强度等级均达到五级，表明各旅游因素对土地利用变化的影响显著。

（5）各旅游因素在不同年份的排名均有一定程度的变化，其中旅游者因素和旅行社因素在大部分年份处于前三名的位置，表明在所有年份，游客人数以及与游客人数紧密相连的旅行社因素，对土地利用变化具有较大的影响。从不同时段各因素评价值排名的平均值来看，1986—2000 年旅游者因素、旅行社因素、住宿餐饮因素对土地利用变化的影响较大；2000—2013 年旅行社因素的影响较大，其他 4 个因素的影响作用接近。

5.4.2　讨论

由于反映旅游驱动因素的指标多而复杂，受现有统计资料完整性等方面的限制，在进行旅游驱动机制的研究中，本研究只选用部分指标来构建土地利用变化的旅游驱动力指标体系，进而分析漓江流域土地利用变化的旅游驱动机制，但这在一定程度上会存在偏颇。在今后的研究中，可增加反映旅游因素的关键指标，并运用新方法，以全面探究漓江流域土地利用变化的旅游驱动机制。

第6章　漓江流域生态系统服务价值时空变化研究

6.1　引言

生态系统服务是指通过生态系统的结构、过程和功能直接或间接得到的生命支持产品和服务（Costanza et al.，1997），可分为人们生活必需的生态系统产品和保证人类生活质量的生态功能两部分（胡金龙等，2013；郑华等，2013），是人类生存和发展的物质基础和基本条件（陈姝等，2009）。人类过往和当今不合理的生产和生活活动，导致许多区域的生态系统服务功能退化，威胁人类的生存和发展（段锦等，2012；Landis et al.，2013），这已成为全球面临的日益突出的重大问题和社会焦点（Ronnback，1999； Gret-Regamey et al.，2008； Phaneuf et al.，2008； Roces-Diaz et al.，2015）。人类活动中采取的各种土地利用策略会直接影响和改变生态系统的结构和过程，从而在改变生态环境因子、景观格局与物质能量循环的同时，也影响着区域生态系统向社会提供产品和服务的能力（王军和顿耀龙，2015），最终体现在生态系统服务价值的变化上，从而深刻影响人类的福祉（傅伯杰和张立伟，2014）。目前，土地利用变化对生态系统服务价值的影响已成为土地利用变化研究的热点问题之一，越发受到研究者的重视（Zhao et al.，2004； Yu et al.，2005），生态系统服务价值变化亦成为衡量土地利用变化生态效应的重要指标（李冰等，2012；王晓东和蒙吉军，2014）。众多学者将土地利用类型与最接近的生态系统类型联系起来，利用 Costanza、谢高地等人提供的生态系统服务价值计算方法（Costanza et al.，1997；谢高地等，2003），结合不同区域的实际情况，调整生态系统服务价值系数，进行土地利用 / 覆被变化下的区域生态系统服务价值变化研究（Sutton and Costanza，2002； Wang et al.，

2006；李文楷等，2008；严恩萍等，2014），并根据研究结果提出土地利用优化方案和发展策略。生态系统服务功能可以作为评判区域生态环境可持续发展水平的一项综合性指标（汤洁等，2015）。土地利用变化通过改变生态系统的结构、过程和功能来影响生态系统提供服务的种类和强度，对于维持生态系统服务功能具有决定性作用（孙洪波等，2009），因此，研究土地利用变化背景下区域生态系统服务价值的数量变化和时空差异具有重要意义。

本章利用 3S 技术，以遥感影像解译的土地利用类型数据为基本信息源，将土地利用类型与生态系统类型相对应，引入格网法构建生态系统服务价值指数，并结合区域 DEM 数据，从多个角度分析漓江流域土地利用变化带来的生态系统服务价值变化和时空分异，研究结果可为漓江流域的区域生态环境建设、土地资源优化配置和利用提供科学依据。

6.2　研究方法

6.2.1　数据来源

1973—2013 年漓江流域土地利用类型数据来源于第 4 章的计算结果，高程分级图和坡度分级图通过流域数字高程模型（DEM）提取，不同时期流域的主要农作物类型及产量来源于《桂林市社会经济统计年鉴（1973—2013）》。

6.2.2　生态系统服务价值评价方法

1. 生态系统服务价值计算方法

1997 年，Costanza 等人在著名的《自然》杂志上发表了 *The value of the world's ecosystem services and natural capital* 一文，提出了估算生态系统服务价值的原理和方法，并对全球尺度上的生态系统服务价值进行了估算（Costanza et al.，1997），该成果至今被广泛参考和应用。在该研究中，由于基于全球尺度，耕地和湿地等生态系统服务价值的估算存在较大偏差（耕地估值过低而湿地估值明显偏高等）。为了解决上述不足，国内相关学者进行了大量研究，取得了较大进展，其中谢高地等（2003）结合中国实际情况，参考 Costanza 等（1997）的研究成果中的可靠部分，将生态系统服务功能重新归纳为气体调节、娱乐文化等 9 类，并对国内 200 多位生态学者进行调查，得到中国陆地生态系统单位面积生态系统服务价值当量因子表（见表 6-1）。1 个当量因子相当于全国平均 1hm^2 的农田年平均自然粮食产量的经济价值，为当年全国粮食平均价值的 1/7，农田生态系统提供食物生产功能的经济价值的计算模型如下。

$$P_a = 1/7\sum_{i=1}^{n}\frac{m_i P_i q_i}{M} \quad i=(1,\ 2,\ \cdots,\ n) \tag{6-1}$$

式中，P_a 为单位农田生态系统提供食物生产功能的经济价值（元 /hm^2）；i 为作物种类；P_i 为 i 种粮食作物的平均价（元 /kg）；q_i 为 i 种粮食作物的单位面积产量（kg/hm^2）；m_i 为 i 种粮食作物的面积（hm^2）；M 为粮食作物的总面积。

参考前人相关研究（马骏等，2014；刘桂林等，2014），综合考虑漓江流域的实际情况，本书采用谢高地等（2003）的研究成果（见表 6-1），利用 Costanza 等（1997）构建的生态系统服务价值计算公式，计算漓江流域生态系统服务价值，公式如下

$$ESV = \sum (A_k \times VC_k) \tag{6-2}$$

$$ESV_f = \sum (A_k \times VC_{fk}) \tag{6-3}$$

式中，ESV 为生态系统服务总价值；VC_k 为生态系统服务价值系数；A_k 为 k 种土地利用类型的面积；ESV_f 为生态系统单项服务价值；VC_{fk} 为生态系统单项服务价值系数。

表 6-1　中国陆地生态系统单位面积生态系统服务价值当量因子表

功能类型	森林	农田	湿地	水体	草地	荒漠
气体调节	3.50	0.50	1.80	0.00	0.80	0.00
气候调节	2.70	0.89	17.10	0.46	0.90	0.00
水源涵养	3.20	0.60	15.50	20.38	0.80	0.03
土壤形成与保护	3.90	1.46	1.71	0.01	1.95	0.02
废物处理	1.31	1.64	18.18	18.18	1.31	0.01
生物多样性保护	3.26	0.71	2.50	2.49	1.09	0.34
食物生产	0.10	1.00	0.30	0.10	0.30	0.01
原材料	2.60	0.10	0.07	0.01	0.05	0.00
娱乐文化	1.28	0.01	5.55	4.34	0.04	0.01
合计	21.85	6.91	62.71	45.97	7.24	0.42

资料来源：谢高地，鲁春霞，冷允法，等，2003.青藏高原生态资产的价值评估[J].自然资源学报，18（2）：189-195.

2. 漓江流域单位面积生态系统服务价值的确定

本研究依据《桂林市社会经济统计年鉴（1973—2013）》提供的数据，计算出 1973—2013 年漓江流域平均粮食单位面积产量为 4362.01kg/hm^2。漓江流域内的粮食作物以水稻为主，少量种植玉米和大豆，根据漓江流域内早稻、中晚稻以及玉米的产量，按国家发展和改革委员会公布的 2013 年稻谷平均最低收购价以及 2013 年 12 月桂林市玉米市场价，计算出 2013 年漓江流域粮食平均收购价格为 2.66 元 /kg，并将其作为基准不变价格，以消除价格变动的影响，便于不同时期的对比研究，进而计算出漓江流域 1 个生态系统服务价值当量因子的经济价值量为 1657.56 元 / hm^2。参考相关研究（李文楷等，2008；马骏等，2014；刘桂林等 2014；汤洁等，2015），把每种土地利用类型与最接近的生态系统类型联系起来，林地、耕地、水域、草地和未利用地分别对应森林、农田、水体、草地和荒漠，考虑到建设用地在水源涵养和废物处理方面对生态系统具有较为明显的负效应，二者的当量因子根据石垚等（2012）的研究推算而来，分别为 −7.55 和 −2.46，最终确定漓江流域不同土地利用类型的生态系统服务价值系数（见表 6-2）。

表 6-2　漓江流域各土地利用类型生态系统服务价值系数（单位：元 /hm²·a）

土地利用类型	林地	耕地	建设用地	水域	草地	未利用地
对应的生态系统类型	森林	农田	—	水体	草地	荒漠
气体调节	5801.46	828.78	0.00	0.00	1326.05	0.00
气候调节	4475.41	1475.23	0.00	762.48	1491.80	0.00
水源涵养	5304.19	994.54	−12514.58	33781.07	1326.05	49.73
土壤形成与保护	6464.48	2420.04	0.00	16.58	3232.24	33.15
废物处理	2171.40	2718.40	−4077.60	30134.44	2171.40	16.57
生物多样性保护	5403.65	1176.87	0.00	4127.32	1806.74	563.57
食物生产	165.76	1657.56	0.00	165.76	497.27	16.58
原材料	4309.66	165.75	0.00	16.57	82.88	0.00
娱乐文化	2121.68	16.57	0.00	7193.81	66.30	16.58
合计	36217.69	11453.74	−16592.18	76198.03	12000.73	696.18

6.2.3　生态系统服务价值敏感性分析

参考前人研究成果（周德成等，2010；郭荣中等，2014），本研究利用敏感性指数（CS），以确定生态系统服务总价值（ESV）随时间变化对于价值系数（VC）变化的依赖程度（陈美球等，2013）。敏感性指数（CS）反映了价值系数（VC）变动 1% 引起 ESV 变化的情况。如果 CS >1，说明价值系数（VC）每增加或减少 1%，ESV 增加或减少大于 1%，ESV 相对于 VC 是富有弹性的，评价结果可信度较低；如果 CS <1，则说明价值系数（VC）每增加或减少 1%，ESV 增加或减少小于 1%，ESV 缺乏弹性，评价结果可信。CS 越大，说明价值系数的准确性要求越高（吴海珍等，2011）。本研究通过将各土地利用类型的价值系数（VC）分别增加或减少 50% 来计算 CS，以分析 ESV 对 VC 的依赖程度。敏感性指数（CS）计算公式如下（Kreuter et al.，2001）

$$CS=\left|\frac{(ESV_j-ESV_i)/ESV_i}{(VC_{jk}-VC_{ik})/VC_{ik}}\right| \tag{6-4}$$

式中，CS 为敏感性指数；ESV_i 为最初的生态系统服务总价值；ESV_j 为调整后的生态系统服务总价值；VC_{ij} 为最初的价值系数；VC_{jk} 为调整后的价值系数；k 为某种土地利用类型。

6.2.4 基于格网的生态系统服务价值评价方法

现有区域土地生态系统服务价值的研究通常以土地利用类型和行政区域作为基本评价单元，评价难以深入揭示生态系统服务价值的空间差异，而格网法（马骏等，2014；刘桂林等 2014）能够较好地解决这一问题。本研究采用格网法进行生态系统服务价值评价，计算每个格网单元的生态系统服务价值指数（$ESVI$），作为格网中心点的生态系统服务价值水平，计算公式如下

$$ESVI_k = \sum_{i=1}^{n} \frac{A_{ki}}{A_k} E_i \tag{6-5}$$

式中，$ESVI_k$ 为第 k 个格网的生态系统服务价值指数；A_k 为格网单元的总面积；A_{ki} 为第 k 个格网中第 i 类土地利用类型的总面积；E_i 为第 k 类土地利用类型的生态系统服务价值系数；n 为土地利用类型的数量（见表 6-2）。

6.2.5 空间自相关分析法

空间自相关分析分为全局空间自相关分析和局部分析自相关分析，用来检验某一变量是否在空间上相关，以及相关程度如何（Dale and Fortin，2009；谢花林，2011；Dale and Kline，2013）。

全局空间自相关是对属性值在整个区域的空间特征的描述（Dalposso et al.，2013）。全局 Moran's I 是最常用的全局空间自相关统计指标，可从整体上反映区域生态系统服务价值的空间自相关性，其值在 –1 和 1 之间，大于 0 和小于 0 分别表明呈正相关和负相关，等于 0 表示不相关（Overmars et al.，2003）。计算公式如下（Anselin，1995）

$$I = \frac{\sum_{i=1}^{n}\sum_{j=1}^{n} w_{ij}(x_i - \overline{x})(x_j - \overline{x})}{\left(\sum_{i=1}^{n}\sum_{j=1}^{n} w_{ij}\right)\sum_{i=1}^{n}(x_i - \overline{x})^2/n} \quad i \neq j \tag{6-6}$$

式中，n 为空间点总数；x_i 和 x_j 分别为变量 x 在相邻配对空间点的取值；w_{ij} 表示邻接或距离空间权重矩阵；$\overline{x}$ 为变量的平均值。

局部空间自相关可以反映整个区域中，局部小区域某一属性值与周边单元同一属性值的相关程度（Wulder et al.，2007； Fan and Myint，2014）。可以用局部空间自相关指标 $LISA$ 来揭示各个区域单元空间自相关的程度，具体计算公式如下（Anselin，1995）

$$LISA_i = \frac{(x_i - \overline{x})}{\sum_i (x_i - \overline{x})^2 / n} \sum_j w_{ij}(x_j - \overline{x}) \quad i \neq j \tag{6-7}$$

式中，x_i、x_j、w_{ij} 和 $\overline{x}$ 的含义同公式（6-6）。$LISA_i$ 小于 0 表示非相似值的空间聚集，$LISA_i$ 大于 0 表示该区域单元周围高值或低值空间聚集。

6.3 结果与分析

6.3.1 漓江流域生态系统服务价值数量变化

1. 生态系统服务总价值变化

利用生态系统服务价值计算公式（6-2），根据 1973—2013 年 4 个时相各土地利用类型的面积，结合不同土地利用类型的生态系统服务价值系数，分别计算漓江流域 4 期不同土地利用类型的生态系统服务价值（见表 6-3）。1973 年、1986 年、2000 年、2013 年漓江流域生态系统服务总价值分别为 172.60×10^8 元、174.67×10^8 元、177.53×10^8 元、180.87×10^8 元，呈持续增加的态势，至 2013 年，生态系统服务总价值净增加 8.27×10^8 元，相较 1973 年增加 4.79%，年均增加 0.21×10^8 元，总体变化幅度较小。

表 6-3 1973—2013 年漓江流域生态系统服务价值变化

年份	统计类型	林地	耕地	建设用地	水域	草地	未利用地	总计
1973	价值（10^8元）	147.20	16.06	−0.96	7.86	2.43	0.01	172.60
	比重（%）	85.28	9.31	−0.56	4.55	1.41	0.01	100.00
1986	价值（10^8元）	150.99	14.93	−1.32	8.01	2.05	0.01	174.67
	比重（%）	86.44	8.55	−0.76	4.59	1.17	0.01	100.00
2000	价值（10^8元）	157.14	12.68	−1.98	7.82	1.86	0.01	177.53
	比重（%）	88.51	7.14	−1.11	4.4	1.05	0.01	100.00
2013	价值（10^8元）	166.21	8.52	−3.40	7.37	2.15	0.02	180.87
	比重（%）	91.89	4.71	−1.88	4.08	1.19	0.01	100.00
1973—1986	净变量（10^8元）	3.79	−1.13	−0.36	0.15	−0.38	0.00	2.07
	变化率（%）	2.57	−7.04	37.5	1.91	−15.64	0.00	1.20
1986—2000	净变量（10^8元）	6.15	−2.25	−0.66	−0.19	−0.19	0.00	2.86
	变化率（%）	4.07	−15.07	50.00	−2.37	−9.27	0.00	1.64
2000—2013	净变量（10^8元）	9.07	−4.16	−1.42	−0.45	0.29	0.01	3.34
	变化率（%）	5.77	-32.81	71.72	−5.75	15.59	100	1.88
1973—2013	净变量（10^8元）	19.01	−7.54	−2.44	−0.49	−0.28	0.01	8.27
	变化率（%）	12.91	-46.95	254.17	−6.23	−11.52	100.00	4.79

从整个研究期各土地利用类型生态系统服务价值的构成来看，各土地利用类型生态系统服务价值所占比重虽有所变化，但构成结构基本稳定，不同土地利用类型生态系统服务价值的排序为：建设用地＜未利用地＜草地＜水域＜耕地＜林地。40 年间林地的生态系统服务价值所占比重均超过 85%，2013 年高达 91.89%，远大于其他土地利用类型的生态系统服务价值，说明林地作为流域内的优势景观（占比大于 69%），贡献了生态系统服务价值的绝大部分。耕地虽面积大、分布较广，但由于较低的生态系统服务价值系数，其价值占比始终处于第二的位置。其他土地利用类型的价值占比合计不超过 6%，对整体服务价值的影响较小。

从不同阶段生态系统服务价值的变化来看，1973—1986 年漓江流域生态系统服务价值净增加 2.07×10^8 元，增长 1.20%。林地和水域的生态系统服务价值均有所增加，其他土地利用类型均有所减少。林地生态系统服务价值的增量最大，达 3.79×10^8 元；耕地的减少量最多，为 1.13×10^8 元；草地下降的比率最大，为 15.64%。此阶段生态的服务价值的变化主要受耕地向林地转化的影响。1986—2000 年漓江流域生态系统服务价值净增加 2.86×10^8 元，增长 1.64%。与上一阶段类似，林地生态系统服务价值的增量最大，净增加 6.15×10^8 元，增长 4.07%；耕地减少量和下降比率均最大，分别为 2.25×10^8 元和 15.07%。此阶段生态系统服务价值的变化主要是由于流域内果业种植的快速发展使得耕地向林地转化。2000—2013 年研究区生态系统服务价值净增加 3.34×10^8 元，增长 1.88%。林地和耕地分别是生态系统服务价值增加和减少最显著的土地利用类型，分别增加 9.07×10^8 元和减少 4.16×10^8 元，相较前两阶段增加和减少的速度明显加快。同时此阶段内建设用地和水域的生态系统服务价值有较为明显的下降，分别下降 1.42×10^8 元和 0.45×10^8 元。服务价值的增加主要是因为该时段内漓江流域实施的退耕还林政策、不断趋向规模化的水果种植以及蓬勃发展的乡村旅游业等，使具有较高生态系统服务价值的林地大面积增加。服务价值的减少主要是因为城镇化进程加快和种植结构调整等带来建设用地增加，以及耕地和水域面积的减少。

从整个研究阶段来看，总体生态系统服务价值的增加主要由林地面积增加引起，同时由于建设用地快速增加和耕地、水域、草地面积减少，导致生态系统服务价值减少，二者相抵使整个研究区生态系统服务价值小幅度增加。上述变化说明研究区内相关的政策措施对于增加生态系统服务价值是有益的，但需要重点关注局部地区生态系统服务价值的快速流失。

2. 生态系统服务价值变化的坡度差异

根据不同坡度段土地利用类型的分布面积，计算各坡度段生态系统服务价值量以及变化。由表 6-4 可以看出，1973—2013 年，漓江流域各坡度段的单位面积生态系统服务价值均呈现随坡度增大而增加的分布特点，3° ～ 8° 和 8° ～ 15° 坡度段增加显著，15° ～ 25° 及大于 25° 坡度段增加趋缓，这与不同坡度段的土地利用类型分布相一致，漓江流域的建设用地和耕地主要分布在坡度平缓地区，坡度较大的区域分布有大量林地，生态系统相对稳定。

从不同时段单位面积生态系统服务价值来看，0° ～ 3° 坡度段单位面积价值量呈先增加后减少再增加的波动变化，总体增加 3384.44 元 /hm^2，这与该坡度段内人类干扰活动剧烈，土地转换频繁紧密相关。3° ～ 8° 坡度段单位面积价值量持续增加，由 1973 年的 24051.59 元 /hm^2 增加到 2013 年的 26435.08 元 /hm^2，净增加 2383.49 元 /hm^2。8° ～ 15°、15° ～ 25° 及大于 25° 坡度段单位面积价值量小幅度下降后均快速上升，总体分别增加 1090.12 元 /hm^2、592.53 元 /hm^2、601.09 元 /hm^2。1973—1986 大于 8° 区域单位面积价值量下降主要由毁林、毁草开荒造成林地减少所致，1986—2013 年随着林果种植业的发展以及退耕还林政策的实施，林地面积迅速增加。

从生态系统服务价值总量构成来看，4 个时期中，15° ～ 25° 坡度段均具有最高的生态系统服务价值量，分别为 51.50×10^8 元、51.05×10^8 元、52.27×10^8 元、52.40×10^8 元，呈先减少后增加的趋势，总体增加 0.9×10^8 元。其次大于 25° 和 8° ～ 15° 坡度段也具有较高的生态系统服务价值，亦呈先减少后增加的趋势，总体分别增加 0.75×10^8 元和 1.24×10^8 元。3° ～ 8° 坡度段生态系统服务价值持续增加，由 1973 年的 27.75×10^8 元增加到 2013 年的 30.50×10^8 元，净增加 2.75×10^8 元。0° ～ 3° 坡度段生态系统服务价值总量最小，但整体增量较大，为 2.64×10^8 元。

表 6-4　1973—2013 年漓江流域各坡度段生态服务价值量

坡度段	单位面积价值量（元/hm^2）				总价值量（10^{8}元）			
	1973年	1986年	2000年	2013年	1973年	1986年	2000年	2013年
0° ～3°	18781.09	21037.38	20216.91	22165.53	14.65	16.41	15.77	17.29
3° ～8°	24051.59	25082.99	25464.35	26435.08	27.75	28.94	29.38	30.50
8° ～15°	31059.61	30980.49	31982.70	32149.73	35.33	35.24	36.38	36.57
15° ～25°	33906.12	33609.85	34413.06	34498.65	51.50	51.05	52.27	52.40
>25°	34751.11	34486.63	35047.65	35352.20	43.36	43.03	43.73	44.11

从各时段生态系统服务价值变化来看（见表 6-5），1973—1986 年，0° ～ 3° 和 3° ～ 8° 坡度段生态系统服务价值显著增加，分别增加 1.76×10^8 元和 1.19×10^8 元，8° ～ 15°、15° ～ 25° 和大于 25° 坡度段有不同程度的减少，归因于低坡度地区的林果种植和高坡度地区的森林破坏。1986—2000 年，0° ～ 3° 坡度段生态系统服务价值减少，其他坡度段均有不同程度的增加，以 8° ～ 15° 和 15° ～ 25° 的增加最为显著，分别增加 1.14×10^8 元和 1.22×10^8 元。2000—

2013 年，所有坡度段内生态系统服务价值均有不同程度的增加，以 0°～3° 和 3°～8° 坡度段增加最为显著，分别增加 1.52×10^8 元和 1.12×10^8 元，主要由于此阶段低坡度地区大力发展林果产业、高坡度地区持续实施退耕还林、封山育林等。

表 6-5　1973—2013 年漓江流域各坡度段生态系统服务价值变化

坡度段 Slope	单位面积价值变化量（元/hm²）				总价值量变化（10^8元/年）			
	1973—1986年	1986—2000年	2000—2013年	1973—2013年	1973—1986年	1986—2000年	2000—2013年	1973—2013年
0°～3°	2256.29	-820.47	1948.62	3384.44	1.76	-0.64	1.52	2.64
3°～8°	1031.4	381.36	970.73	2383.49	1.19	0.44	1.12	2.75
8°～15°	-79.12	1002.21	167.03	1090.12	-0.09	1.14	0.19	1.24
15°～25°	-296.27	803.21	85.59	592.53	-0.45	1.22	0.13	0.9
＞25°	-264.48	561.02	304.55	601.09	-0.33	0.7	0.38	0.75

3. 生态系统服务价值变化的高程差异

根据不同高程带土地利用类型的分布面积，计算各高程带生态系统服务价值量以及变化。由表 6-6 可以看出，1973—2013 年，漓江流域各高程带的单位面积生态系统服务价值均呈现随高程增加而增大的分布特点，200～500m 和 500～800m 高程带增加显著，800～1200m 及大于 1200m 高程带增加趋缓。研究期内高海拔地区具有较高的单位面积生态系统服务价值，这与不同高程带内的土地利用类型分布相一致，漓江流域的建设用地和耕地主要分布在低海拔区，海拔较高的区域主要分布有林地和草地。

表 6-6　1973—2013 年漓江流域各高程带生态系统服务价值量

高程带（m）	单位面积价值量（元/hm²）				总价值量（10^8元）			
	1973年	1986年	2000年	2013年	1973年	1986年	2000年	2013年
0～200	18850.46	22471.18	20652.70	20084.43	11.61	13.84	12.72	12.37
200～500	28301.83	28410.16	29437.77	30515.15	96.67	97.04	100.55	104.23
500～800	35553.38	35171.86	35471.62	35408.04	39.14	38.72	39.05	38.98
800～1200	35667.31	35571.99	35781.69	35838.88	18.71	18.66	18.77	18.80
＞1200	35710.34	35378.66	35599.78	35876.17	6.46	6.40	6.44	6.49

从不同时段单位面积生态系统服务价值来看（见表 6-6），0 ～ 200m 高程带单位面积价值量呈先增加后减少的趋势，总体增加 1233.97 元 /hm^2，高程带内前期单位面积价值的增加主要由种植结构调整和林地增加引起，后期受城市建设活动的影响持续下降。200 ～ 500m 高程带单位面积价值量持续增加，由 1973 年的 28301.83 元 /hm^2 增加到 2013 年的 30515.15 元 /hm^2，净增加 2213.32 元 /hm^2。500 ～ 800m 高程带单位面积价值量呈先下降后上升再下降的波动变化，但总体变化不大，小幅下降 145.34 元 /hm^2。800 ～ 1200m 和大于 1200m 高程带单位面积价值先下降后增加，分别小幅增加 171.57 元 /hm^2 和 165.83 元 /hm^2，变化不显著。前期（1973—1986 年）大于 500m 的区域单位面积价值下降主要归因于局部高海拔地区毁林、毁草种粮而造成林地、草地小幅减少，后期随着高海拔地区发展林果种植业以及退耕还林，林地面积增加，单位面积生态系统服务价值增加。从生态系统服务价值总量构成来看，4 个时期中，200 ～ 500m 高程带均具有最高的生态系统服务价值量，分别为 96.67×10^8 元、97.04×10^8 元、100.55×10^8 元、104.23×10^8 元，呈持续增加的趋势，总体增加 7.56×10^8 元，主要由于研究区超过一半的面积分布在此高程带。其次 500 ～ 800m 高程带也具有较高的生态系统服务价值，呈先减少后增加再减少的波动变化，总体小幅减少 0.16×10^8 元。0 ～ 200m 高程带先增加后减少，总体增加，后期的下降主要是由区域内的城市建设活动引起。800 ～ 1200m 和大于 1200m 高程带呈先减少后增加的波动变化，总体上变化不大，小幅增加 0.09×10^8 元和 0.03×10^8 元，主要由于该高程范围内森林生长状况良好，生态系统相对稳定。

从各时段生态系统服务价值变化来看（见表 6-7），1973—1986 年，0～200m 高程带生态系统服务价值显著增加，净增加 2.23×10^8，200～500m 高程带小幅增加，其他高海拔地区均有不同程度的减少，主要由低海拔地区的林果种植和高海拔地区的森林破坏引起。1986—2000 年，0～200m 高程带生态系统服务价值减少，其他高程带均有不同程度的增加，以 200～500m 高程带的增加最为显著，净增加 3.51×10^8 元。2000—2013 年，0～200m 和 500～800m 高程带生态系统服务价值减少，其他高程带内均有不同程度的增加，200～500m 高程带的增加最为显著，净增加 3.68×10^8 元，主要由高程带内大力发展林果产业引起。

表 6-7　1973—2013 年漓江流域各高程带生态系统服务价值变化

高程带（m）	单位面积价值变化量（元/hm^2）				总价值量变化（10^8元）			
	1973—1986年	1986—2000年	2000—2013年	1973—2013年	1973—1986年	1986—2000年	2000—2013年	1973—2013年
0～200	3620.72	-1818.48	-568.27	1233.97	2.23	-1.12	-0.35	0.76
200～500	108.33	1027.61	1077.38	2213.32	0.37	3.51	3.68	7.56
500～800	-381.52	299.76	-63.58	-145.34	-0.42	0.33	-0.07	-0.16
800～1200	-95.32	209.7	57.19	171.57	-0.05	0.11	0.03	0.09
＞1200	-331.68	221.12	276.39	165.83	-0.06	0.04	0.05	0.03

4. 生态系统单项服务功能价值变化

从生态系统服务价值的功能构成来看（见图 6-1、表 6-8），1973—2000 年各单项服务价值的贡献率变化不大，等级次序未发生变化，由低到高依次为：食物生产 < 娱乐文化 < 废物处理 < 原材料 < 气候调节 < 生物多样性保护 < 气体调节 < 水源涵养 < 土壤形成与保护。2013 年部分单项服务价值的贡献率等级发生变化，等级下降最明显的为水源涵养功能，由第 2 位下降到第 4 位，主要由具有水源涵养负效应的建设用地快速增加所致。研究期内土壤形成与保护功能的贡献率一直居于首位，价值量均大于 30×10^8 元，占比均大于 17%，水源涵养和气体调节功能的贡献率除 2013 年外在其他年份均处于第 2、第 3 位，1973—2013 年上述 3 项服务功能的合计贡献率分别为 47.11%、47.15%、47.21%、47.30%，均接近于总体服务价值的一半，主要因为林地作为漓江流域内占绝对优势的景观，具有较高的土壤形成与保护、水源涵养和气体调节功能。娱乐文化和食物生产功能的贡献率等级分处第 8、第 9 位，研究期内贡献率均分别小于 6% 和 2%，二者合计贡献率不足 8%，说明漓江流域生态系统的调节、支持等服务性功能远大于生产和文化性功能。从各单项服务价值的变化趋势来看（见图 6-1），单项价值持续增加的主要有气体调节、气候调节、土壤形成与保护、生物多样性保护、原材料和娱乐文化功能。单项功能中气体调节功能增加最多，净增加 2.47×10^8 元，研究后期（2000—2013 年）增速明显加快；原材料功能增幅最大，达 12.10%；水源涵养功能价值先增加（1973—2000 年）后减少（2000—2013 年），整体略

有增加，主要因为2000—2013年对水源涵养具有明显负效应的建设用地快速扩张；废物处理和食物生产功能持续下降，分别减少1.50×10^8元和1.02×10^8元，食物生产的降幅最大，达32.70%，主要因为具有废物处理负效应的建设用地持续快速扩张，以及具有较高食物生产价值系数的耕地持续转化为其他用地类型，面积大幅减少。

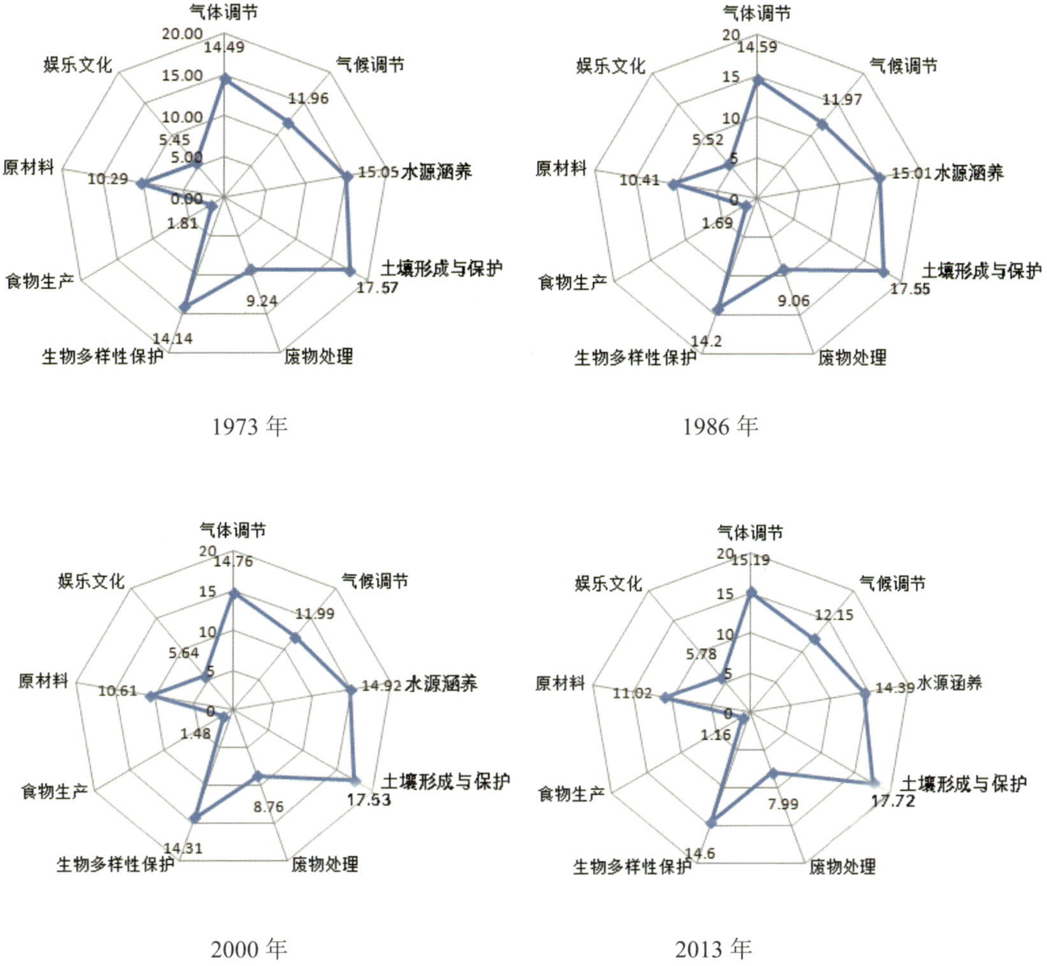

图6-1　1973—2013年漓江流域各单项生态系统服务功能价值构成

表 6-8　1973—2013 年漓江流域不同生态系统服务功能价值变化

生态系统服务功能	1973年			1986年			2000年			2013年			1973—2013年		
	ESV（10^8元）	贡献率（%）	等级	ESV（10^8元）	贡献率（%）	等级	ESV（10^8元）	贡献率（%）	等级	ESV（10^8元）	贡献率（%）	等级	变化量（10^8元）	变化率（%）	趋势
气体调节	25.01	14.49	3	25.49	14.59	3	26.29	14.81	3	27.48	15.19	2	2.47	9.88	↑
气候调节	20.64	11.96	5	20.92	11.97	5	21.36	12.03	5	21.97	12.15	5	1.33	6.44	↑
水源涵养	25.98	15.05	2	26.19	15.01	2	26.30	14.82	2	26.03	14.39	4	0.05	0.19	↑
土壤形成与保护	30.32	17.57	1	30.66	17.55	1	31.22	17.58	1	32.05	17.72	1	1.73	5.71	↑
废物处理	15.95	9.24	7	15.81	9.06	7	15.37	8.66	7	14.45	7.99	7	-1.50	-9.40	↓
生物多样性保护	24.41	14.14	4	24.81	14.20	4	25.46	14.34	4	26.41	14.60	3	2.00	8.19	↑
食物生产	3.12	1.81	9	2.95	1.69	9	2.65	1.49	9	2.10	1.16	9	-1.02	-32.70	↓
原材料	17.77	10.29	6	18.20	10.41	6	18.90	10.65	6	19.92	11.02	6	2.15	12.10	↑
娱乐文化	9.40	5.45	8	9.64	5.52	8	9.98	5.62	8	10.46	5.78	8	1.06	11.28	↑
合计	172.60	100.00	—	174.67	100.00	—	177.53	100.00	—	180.87	100.00	—	8.27	4.79	↑

5. 生态系统服务价值敏感度分析

根据敏感性指数（CS）的计算公式（6-4），将各土地利用类型的价值系数增加或减少 50%，分别计算漓江流域 1973 年、1986 年、2000 年、2013 年的敏感性指数以及 ESV 变化的百分比（见表 6-9）。由表 6-9 可知，林地的敏感性指数由 1973 年的 0.85 增加到 2013 年的 0.92，2000—2013 年增加较为显著。耕地的敏感性指数由 1973 年的 0.09 持续减小到 2013 年的 0.05。水域、建设用地、草地和未利用地在研究阶段内虽有波动但变化很小，不同土地利用类型的敏感性指数变化与其面积变化呈正相关，表现出类似的变化趋势。研究期内敏感性指数虽有波动，但大小次序未发生变化，由大到小依次为林地、耕地、水域、建设用地、草地、未利用地。1973—2013 年林地的敏感性指数最高，介于 0.85 ～ 0.92，远远大于其他土地利用类型的敏感性指数，主要由于具有较高生态系统服务价值的林地在漓江流域内占主导地位，林地的生态系统服务值系数每 ±1%，整体生态系统服务价值 ±（0.85% ～ 0.92%），说明整体生态系统服务价值评估受林地生态系统服务价值系数取值准确性的影响较大。其他土地利用类型的敏感性指数均未超过 0.1，其价值系数的变动对整体服务价值的影响较小。上述结果表明，在不同年份，不同土地利用类型的生态系统服务价值的敏感性指数均小于 1，除林地外大部分土地利用类型的敏感性指数接近于 0，说明研究中采用的生态系统服务价值系数适合漓江流域的实际情况，整体生态系统服务价值对于所采用的生态系统服务价值系数缺乏弹性，而估算的生态系统服务价值是可信的。

表 6-9　价值系数调整后各土地利用类型的敏感性指数

价值系数变化	1973年		1986年		2000年		2013年	
	变化率（%）	敏感性指数CS	变化率（%）	敏感性指数CS	变化率（%）	敏感性指数CS	变化率（%）	敏感性指数CS
林地CS±50%	42.64	0.85	43.21	0.86	44.26	0.89	45.95	0.92
耕地CS±50%	4.65	0.09	4.27	0.09	3.57	0.07	2.36	0.05
建设用地CS±50%	0.28	0.01	0.38	0.01	0.56	0.01	0.94	0.02
水域CS±50%	2.28	0.05	2.32	0.05	2.20	0.04	2.04	0.04
草地CS±50%	0.7	0.01	0.59	0.01	0.52	0.01	0.59	0.01
未利用地CS±50%	0.003	0.00	0.003	0.00	0.003	0.00	0.006	0.00

6.3.2 漓江流域生态系统服务价值流向分析

由于单位面积的不同土地利用类型具有不同的生态服务价值量且差异明显，各土地利用类型间的转化必然伴随着生态系统服务价值的流动，因此可以利用前述章节中已计算获取的各土地利用类型转化数据来计算不同土地利用类型之间相互转化所引起的生态系统服务价值的损益（宁龙梅等，2006），分析人类活动对于生态系统服务价值的影响。生态系统服务价值损益（PL）计算公式如下

$$PL_{ij} = (VC_j - VC_i) \times A_{ij} \tag{6-8}$$

式中，PL_{ij} 为第 i 类土地利用类型转化为第 j 类后的生态系统服务价值损益；A_{ij} 为第 i 类土地利用类型转化为第 j 类的面积；VC_i 为第 i 类土地利用类型的生态系统服务价值系数；VC_j 第 j 类土地利用类型的生态系统服务价值系数。

将土地利用类型转化引起的生态系统服务价值增减视为流动的，生态系统服务价值的增加和减少分别视为正流向和负流向。根据公式（6-8），计算出漓江流域不同时段土地利用变化的生态系统服务价值流向。

1. 1973—1986 年生态系统服务价值流向分析

由表 6-10 可以看出，1973—1986 年漓江流域生态系统服务价值变化呈增加的趋势，主要由土地利用变化引起，净增加 206.91×10^6 元。林地和水域向其他土地利用类型转化导致生态系统服务价值减少 777.21×10^6 元，其中林地的转化带来的减少量最大，为 704.23×10^6 元。耕地、建设用地、草地及未利用地转化为其他土地利用类型带来 984.12×10^6 元的生态系统服务价值增量，其中耕地的转化带来的增量最大，为 729.50×10^6 元。从单一土地利用类型的生态系统服务价值流向来看，林地生态系统服务价值的正流向主要为水域，负流向主要为耕地、建设用地、草地和未利用地，损失达 720.46×10^6 元，其中转化为耕地的价值负流向最大，为 469.25×10^6 元。耕地生态系统服务价值的正流向主要为林地、水域和草地，总值达 787.78×10^6 元，其中转化为林地的价值正流向最大，为 739.20×10^6 元，负流向主要为建设用地和未利用地，合计损失 58.28×10^6 元。建设用地转化为其他土地利用类型带来的生态系统服务

价值的变化均为正流向，合计为 28.20×10^6 元，其中转化为林地的价值正流向最大。水域转化为其他土地利用类型带来生态系统服务价值的负向流动，合计损失 72.98×10^6 元，其中转化为林地的价值负流向最大，为 25.83×10^6 元。草地生态系统服务价值的正流向主要为林地和水域，总值达 212.57×10^6 元，其中转化为林地的价值正流向最大，为 203.52×10^6 元。未利用地转化为建设用地带来生态系统服务价值的负向流动，其他均为正流向，整体增加 19.27×10^6 元，主要由未利用地转化为水域和林地引起。

表 6-10　1973—1986 年漓江流域生态系统服务价值流向损益（单位：10^6 元）

1973年	1986年						
	林地	耕地	建设用地	水域	草地	未利用地	合计
林地	0.00	−469.25	−31.21	16.23	−212.79	−7.21	−704.23
耕地	739.20	0.00	−53.26	47.72	0.86	−5.02	729.50
建设用地	15.53	4.21	0.00	7.42	0.83	0.21	28.20
水域	−25.83	−20.78	−13.27	0.00	−6.68	−6.42	−72.98
草地	203.52	−2.79	−2.23	9.05	0.00	−0.40	207.15
未利用地	6.93	1.51	−0.02	9.97	0.88	0.00	19.27
合计	939.35	−487.10	−99.99	90.39	−216.90	−18.84	206.91

2. 1986—2000 年生态系统服务价值流向分析

由表 6-11 可以看出，1986—2000 年漓江流域生态系统服务价值净增加 286.70×10^6 元，继续保持增加的趋势，较上一阶段增速明显加快。整体而言，耕地、建设用地、草地以及未利用地的转化带来生态系统服务价值的正向流动，总值为 1006.30×10^6 元。林地和水域的转化带来生态系统服务价值的负向流动，总值为 719.60×10^6 元。在所用土地利用类型的服务价值流动中，价值负流向主要由林地转化为耕地引起，流失量为 421.41×10^6 元，正流向主要由耕地转化为林地引起，增加量为 817.53×10^6 元，说明此阶段生态系统服务价值的流动主要由林地和耕地的相互转化引起。从不同土地利用类型的生态系统服务价值流向来看，林地向耕地和草地转化带来的价值负流向较 1973—1986 年逐渐减少，流向草地的价值负流向减少最为显著，下降约 1/3，而向建设用地转化带来的价值负流向快速增加，由上一阶段的 31.21×10^6 元增加到本阶段的 81.06×10^6 元（见表 6-10）。耕地向林地转化带来的价值正流向逐渐增加，向水域转化带来的价值正流向减少，而向建设用地转化带来的价值负流向明显增加。建设用地的转化均带来生态系统服务价值正流向，较上一阶段价值小幅增加。水域的转化均带来生态系统服务价值负流向，主要以转化为林地和耕地带来的损失为主。草地生态系统服务价值的正流向主要由草地转化为林地引起，价值增加为 187.10×10^6 元。未利用地除转化为建设用地带来生态系统服务价值负流向外，其他均为正流向，以转化为水域和林地带来的价值增加为主，与上一阶段相比变化不大。

表 6-11　1986—2000 年漓江流域生态系统服务价值流向损益（单位：10^6 元）

1986年	2000年						
	林地	耕地	建设用地	水域	草地	未利用地	合计
林地	0.00	-421.41	-81.06	9.36	-140.10	-11.19	-644.40
耕地	817.53	0.00	-79.59	28.88	1.67	-6.08	762.41
建设用地	21.44	7.24	0.00	4.45	1.54	0.67	35.34
水域	-19.67	-20.14	-7.14	0.00	-11.04	-17.21	-75.20
草地	187.10	-1.36	-6.89	10.66	0.00	-0.79	188.72
未利用地	8.38	2.33	-1.14	9.59	0.67	0.00	19.83
合计	1014.78	-433.34	-175.82	62.94	-147.26	-34.60	286.70

3. 2000—2013 年生态服务价值流向分析

由表 6-12 可以看出，2000—2013 年漓江流域土地利用变化带来生态系统服务价值的持续增加，净增加 333.86×10^6 元，较上一阶段增速进一步加快。与前两阶段相同，生态系统服务价值的正向流动主要由耕地、建设用地、草地和未利用地转化为其他土地利用类型引起，总值为 1189.24×10^6 元，其中耕地的价值正流向最大，为 887.86×10^6 元，较上一阶段大幅增加，耕地转化带来的价值增加量持续增大。林地和水域的转化带来生态系统服务价值的负向流动，总值为 855.38×10^6 元，价值损失主要由林地转化引起，较上一阶段亦有较大幅度的增加，表明此阶段土地转化频繁，其价值损益变化大。研究阶段内各土地利用类型的价值流动发生明显变化，林地转化为耕地带来的价值负流向仍然最大，但较上一阶段下降明显，由 421.41×10^6 元下降为 315.81×10^6 元，转化为建设用地带来的价值负流向显著增加，由上一阶段的 81.06×10^6 元增加到本阶段的 180.87×10^6 元。耕地转化为林地带来的服务价值正流向最大，为 1015.79×10^6 元，较上一阶段明显增加，转为建设用地带来的价值负流向为 146.68×10^6 元，较上一阶段亦明显增加。建设用地由于具有最低的生态系统服务价值系数，转化为其他土地利用类型均带来生态系统服务价值正流向，其中转化为林地带来的生态系统服务价值增加最大，为 26.56×10^6 元。水域的转化均带来生态系统服务价值负流向，价值减少量较上一阶段明显增加，转化为建设用地带来的价值减少量最大，为 40.27×10^6 元，转化为其他类型带来的服务价值减少量变化不大。草地整体价值为正流向，以转化为林地带来的生态系统服务价值增加为主，其价值为 222.43×10^6 元。未利用地除转化为建设用地带来生态系统服务价值负流向外，其他均为正流向，以转化为水域和林地带来的生态系统服务价值增加为主，较上一阶段有较大的增加。

表 6-12　2000—2013 年漓江流域生态系统服务价值流向损益（单位：10^6 元）

2000年	2013年						
	林地	耕地	建设用地	水域	草地	未利用地	合计
林地	0.00	-315.81	-180.87	7.52	-229.19	-33.99	-752.34
耕地	1015.79	0.00	-146.68	23.63	1.91	-6.79	887.86
建设用地	26.56	5.81	0.00	8.82	3.63	0.86	45.68
水域	-27.47	-11.27	-40.27	0.00	-7.19	-16.84	-103.04
草地	222.43	-0.68	-7.01	9.89	0.00	-1.58	223.05
未利用地	15.13	1.17	-3.92	18.27	2.00	0.00	32.65
合计	1252.44	-320.78	-378.75	68.13	-228.84	-58.34	333.86

4. 40 年间生态系统服务价值流向分析

40 年间漓江流域土地利用变化带来生态系统服务价值的持续增加，净增加 827.39×10^6 元。林地和水域向其他土地利用类型的转化带来生态系统服务价值的负向流动，总计损失 942.16×10^6 元，其中林地转化带来的损失量最大，为 780.83×10^6 元，水域转化带来的损失量次之，为 161.33×10^6 元（见表

6-13）。生态系统服务价值的正向流动主要由耕地、建设用地、草地和未利用地转化为其他土地利用类型引起，价值增加 1769.55×10^6 元，主要由耕地转化为其他土地利用类型引起，其次为草地转化带来的价值增加。各土地利用类型转化为建设用地，价值均呈负向流动。各土地利用类型转化为水域，价值均呈正向流动。主要由于建设用地和水域分别具有最低和最高的生态系统服务价值系数。从单一土地利用类型来看，林地转化带来的生态系统服务价值损失最大，主要由林地转化为耕地、草地和建设用地引起，价值分别损失 349.37×10^6 元、245.54×10^6 元、185.63×10^6 元。耕地转化带来的生态系统服务价值增加量最大，为 1348.01×10^6 元，主要由耕地转化为林地引起，价值增加 1632.71×10^6 元，同时耕地转化为建设用地使生态系统服务价值损失 323.34×10^6 元。建设用地转化带来生态系统服务价值增加主要由其转化为林地引起。水域的生态系统服务价值损失也较大，负流向主要为建设用地、林地和耕地。草地转化带来生态系统服务价值增加 333.15×10^6 元，正流向主要为林地和水域。未利用地转化带来生态系统服务价值小幅增加，主要由于未利用地转化为水域和林地带来生态系统服务价值增加。

表 6-13　1973—2013 年漓江流域生态系统服务价值流向损益（单位：10^6 元）

1973年	2013年						
	林地	耕地	建设用地	水域	草地	未利用地	合计
林地	0.00	−349.37	−185.63	29.87	−245.54	−30.16	−780.83
耕地	1632.71	0.00	−323.34	45.84	2.37	−9.57	1348.01
建设用地	45.84	6.87	0.00	7.33	2.06	0.16	62.26
水域	−40.82	−40.66	−46.02	0.00	−11.56	−22.27	−161.33
草地	334.36	−1.41	−11.55	13.10	0.00	−1.35	333.15
未利用地	7.14	0.82	−0.16	17.74	0.59	0.00	26.13
合计	1979.23	−383.75	−566.70	113.88	−252.08	−63.19	827.39

6.3.3 基于镇（乡）区的漓江流域生态系统服务价值时空分异

在 ARCGIS 的支持下，将漓江流域 1973 年、1986 年、2000 年和 2013 年 4

期土地利用类型数据和研究区镇（乡）区行政区划图进行叠加，结合不同土地利用类型生态系统服务价值系数，利用 ARCGSI 10.0 中的 Zonal Statistics 功能计算各镇（乡）区不同年份的单位面积生态系统服务价值。由于研究区内各镇（乡）区面积大小不一，少量边缘乡镇并没有全部包含在流域范围内，且一般情况下行政区的生态系统服务价值总量与其面积呈正相关，因此对各镇（乡）区生态系统服务价值总量进行比较意义不大（严恩萍，2014）。本研究主要从单位面积生态系统服务价值（地均 ESV）及变化情况等方面来分析漓江流域 1973—2013 年生态系统服务价值的时空分异。

1. 基于镇（乡）区的生态系统服务价值空间分布

从整个研究区域来看，1973—2013 年漓江流域各镇（乡）区地均 ESV 介于 1.49×10^4 ～ 3.64×10^4 元 / hm^2（见表 6-14），地均 ESV 最低值出现在象山区，为 1.49×10^4 元 /hm^2（2013 年），最高值出现在兰田瑶族乡，为 3.64×10^4 元 / hm^2（2013 年）。为了更清晰地反映漓江流域不同行政区域生态系统服务价值的空间分布情况，参考相关研究（马俊等，2014），采用标准差分级法，根据不同行政区域的地均 ESV，将其划分为低生态系统服务价值区（地均 ESV $\leqslant 1.9\times10^4$ 元 /hm^2）、较低生态系统服务价值区（1.9×10^4 元 /hm^2 < 地均 ESV $\leqslant 2.4\times10^4$ 元 /hm^2）、中生态系统服务价值区（2.4×10^4 元 / hm^2 < 地均 ESV $\leqslant 2.9\times10^4$ 元 / hm^2）、较高生态系统服务价值区（2.9×10^4 元 / hm^2 < 地均 ESV $\leqslant 3.4\times10^4$ 元 / hm^2）、高生态系统服务价值区（地均 ESV > 3.4×10^4 元 / hm^2）。由图 6-2 可以看出，40 年间漓江流域各行政区域生态系统服务价值等级虽有所变化，但生态系统服务价值整体空间格局保持基本稳定，呈现出北部和东部高、中部和南部低的空间分布特点。高生态系统服务价值区主要分布在漓江流域北部的华江、兰田、青狮潭、两水、中峰、界首、溶江等乡镇，此区域内分布有猫儿山国家自然保护区、青狮潭水源林保护区、海洋山水源林保护区等，以及桂北最大的水库——青狮潭水库（桂林市饮用水源地）。低生态系统服务价值区主要分布在漓江流域中部的桂林市区及周边乡镇，不同研究时段的范围有所差别，整体上呈缩小趋势，主要是由于这一区域人类活动干扰比较剧烈，城镇化程度较高。

表 6-14　1973—2013 年漓江流域各镇（乡）区单位面积生态系统服务价值

镇（乡）区	地均ESV（10^4元/ hm^2）				1973—1986年		1986—2000年		2000—2013年		1973—2013年	
	1973年	1986年	2000年	2013年	净变量（10^4元/hm^2）	变化率（%）	净变量（10^4元/hm^2）	变化率（%）	净变量（10^4元/hm^2）	变化率（%）	净变量（10^4元/hm^2）	变化率（%）
象山区	1.56	1.89	1.74	1.49	0.33	21.15	−0.15	−7.94	−0.25	−14.37	−0.07	−4.49
叠彩区	1.67	1.91	1.79	2.09	0.24	14.37	−0.12	−6.28	0.30	16.76	0.42	25.15
六塘镇	1.81	1.93	2.24	2.22	0.12	6.63	0.31	16.06	−0.02	−0.89	0.41	22.65
七星区	1.95	2.27	2.00	1.75	0.32	16.41	−0.27	−11.89	−0.25	−12.50	−0.20	−10.26
灵川镇	1.98	2.22	2.38	2.63	0.24	12.12	0.16	7.21	0.25	10.50	0.65	32.83
会仙镇	2.10	2.35	2.74	2.40	0.25	11.90	0.39	16.60	−0.34	−12.41	0.30	14.29
葡萄镇	2.19	2.22	2.45	2.52	0.03	1.37	0.23	10.36	0.07	2.86	0.33	15.07
雁山区	2.20	2.19	2.44	2.42	−0.01	−0.45	0.25	11.42	−0.02	−0.82	0.22	10.00
秀峰区	2.40	2.39	2.57	2.29	−0.01	−0.42	0.18	7.53	−0.28	−10.89	−0.11	−4.58
临桂镇	2.42	2.70	2.84	3.12	0.28	11.57	0.14	5.19	0.28	9.86	0.70	28.93
大圩镇	2.45	2.50	2.74	2.95	0.05	2.04	0.24	9.60	0.21	7.66	0.50	20.41
定江镇	2.50	2.71	2.78	2.98	0.21	8.40	0.07	2.58	0.20	7.19	0.48	19.20
白沙镇	2.52	2.59	2.55	2.89	0.07	2.78	−0.04	−1.54	0.34	13.33	0.37	14.68
高田镇	2.62	3.02	2.74	2.92	0.40	15.27	−0.28	−9.27	0.18	6.57	0.30	11.45
潭下镇	2.65	2.78	2.77	3.23	0.13	4.91	−0.01	−0.36	0.46	16.61	0.58	21.89
平乐镇	2.65	2.62	2.57	2.85	−0.03	−1.13	−0.05	−1.91	0.28	10.89	0.20	7.55
福利镇	2.66	2.72	2.74	2.80	0.06	2.26	0.02	0.74	0.06	2.19	0.14	5.26
普益乡	2.68	2.96	2.87	2.89	0.28	10.45	−0.09	−3.04	0.02	0.70	0.21	7.84
兴安镇	2.83	2.81	2.97	3.00	−0.02	−0.71	0.16	5.69	0.03	1.01	0.17	6.01
南边山乡	2.93	2.94	3.15	2.93	0.01	0.34	0.21	7.14	−0.22	−6.98	0.00	0.00
严关镇	3.02	3.02	3.13	3.18	0.00	0.00	0.11	3.64	0.05	1.60	0.16	5.30
阳朔镇	3.03	3.14	2.98	2.86	0.11	3.63	−0.16	−5.10	−0.12	−4.03	−0.17	−5.61
五通镇	3.04	3.28	3.06	3.41	0.24	7.89	−0.22	−6.71	0.35	11.44	0.37	12.17
潮田乡	3.14	3.03	3.17	3.16	−0.11	−3.50	0.14	4.62	−0.01	−0.32	0.02	0.64
灵田乡	3.17	3.27	3.22	3.44	0.10	3.15	−0.05	−1.53	0.22	6.83	0.27	8.52
金宝乡	3.17	3.20	3.27	3.09	0.03	0.95	0.07	2.19	−0.18	−5.50	−0.08	−2.52
兴坪镇	3.19	3.12	3.14	3.07	−0.07	−2.19	0.02	0.64	−0.07	−2.23	−0.12	−3.76
溶江镇	3.25	3.21	3.27	3.35	−0.04	−1.23	0.06	1.87	0.08	2.45	0.10	3.08
三街镇	3.25	3.24	3.36	3.39	−0.01	−0.31	0.12	3.70	0.03	0.89	0.14	4.31
海洋乡	3.34	3.24	3.29	3.43	−0.10	−2.99	0.05	1.54	0.14	4.26	0.09	2.69
杨堤乡	3.34	3.10	3.16	3.16	−0.24	−7.19	0.06	1.94	0.00	0.00	−0.18	−5.39
中峰乡	3.49	3.43	3.45	3.49	−0.06	−1.72	0.02	0.58	0.04	1.16	0.00	0.00
大境乡	3.53	3.51	3.56	3.53	−0.02	−0.57	0.05	1.42	−0.03	−0.84	0.00	0.00
华江瑶族乡	3.56	3.51	3.55	3.54	−0.05	−1.40	0.04	1.14	−0.01	−0.28	−0.02	−0.56
界首镇	3.59	3.52	3.58	3.55	−0.07	−1.95	0.06	1.70	−0.03	−0.84	−0.04	−1.11
青狮潭镇	3.59	3.60	3.55	3.62	0.01	0.28	−0.05	−1.39	0.07	1.97	0.03	0.84
两水苗族乡	3.61	3.52	3.57	3.62	−0.09	−2.49	0.05	1.42	0.05	1.40	0.01	0.28
兰田瑶族乡	3.62	3.63	3.59	3.64	0.01	0.28	−0.04	−1.10	0.05	1.39	0.02	0.55

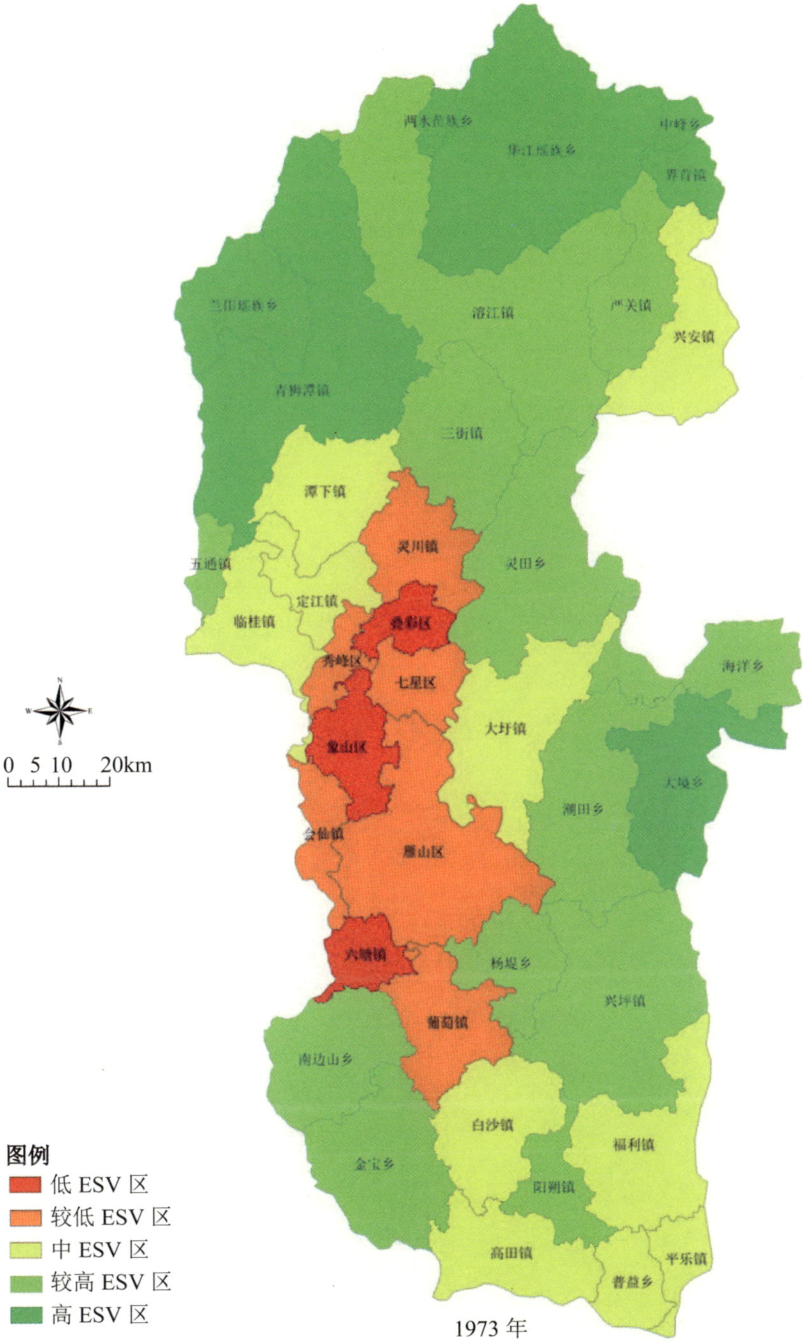

1973 年

图 6-2　基于镇（乡）区的漓江流域 ESV 等级分布图

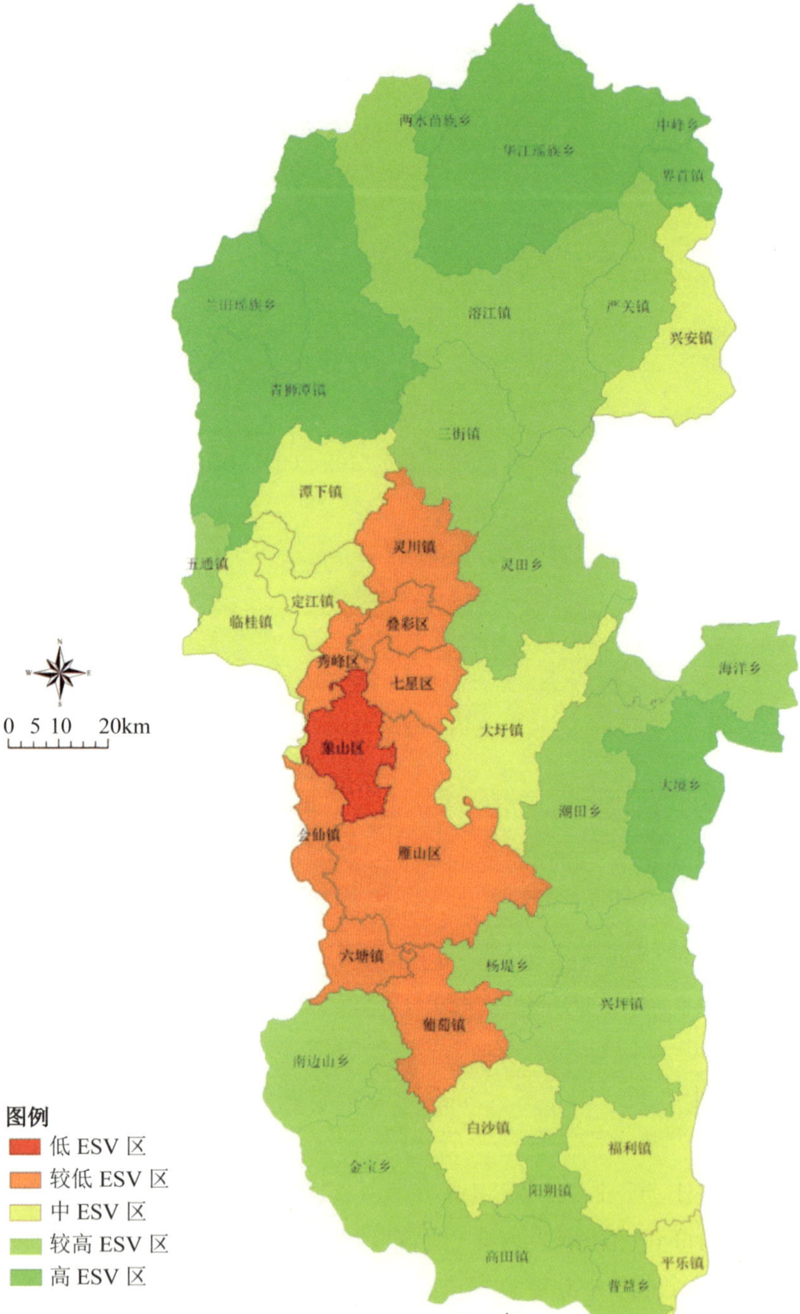

1986 年

图 6-2　基于镇（乡）区的漓江流域 ESV 等级分布图（续）

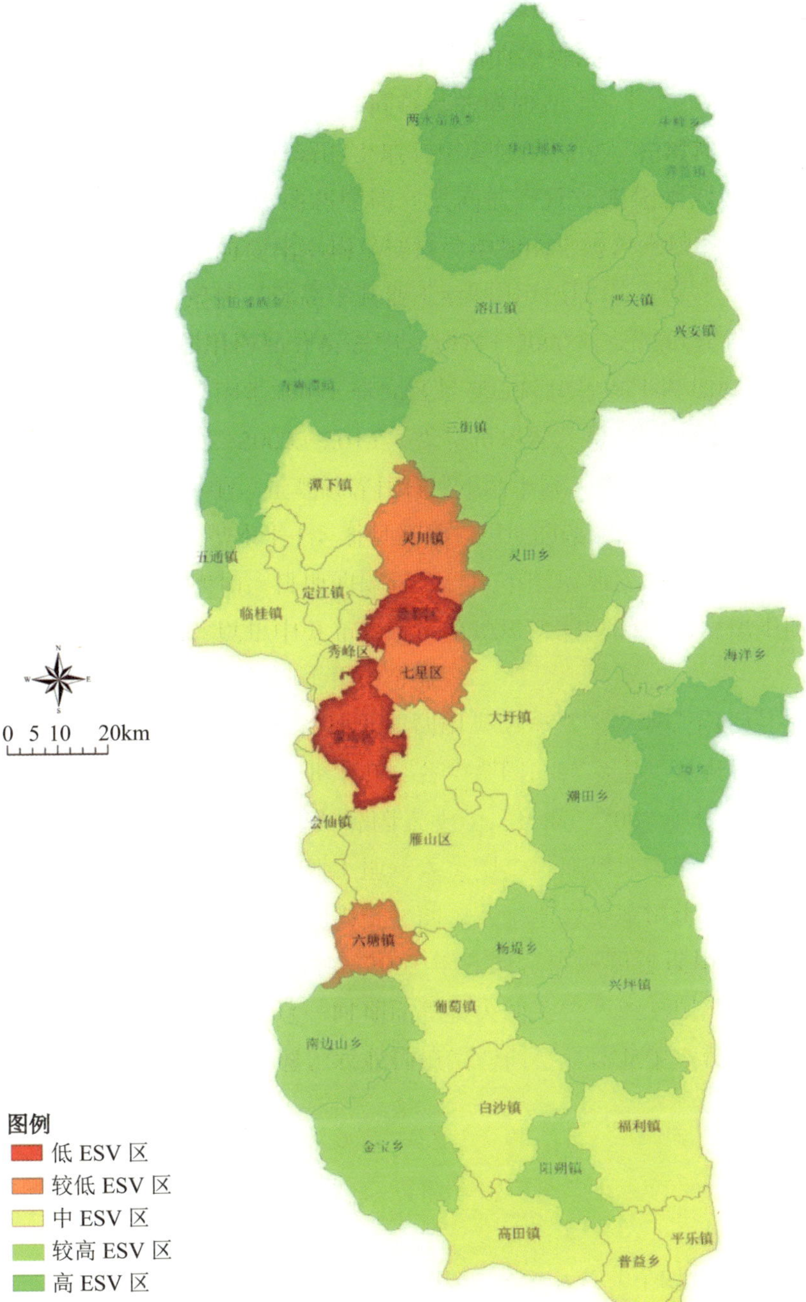

2000 年

图 6-2　基于镇（乡）区的漓江流域 ESV 等级分布图（续）

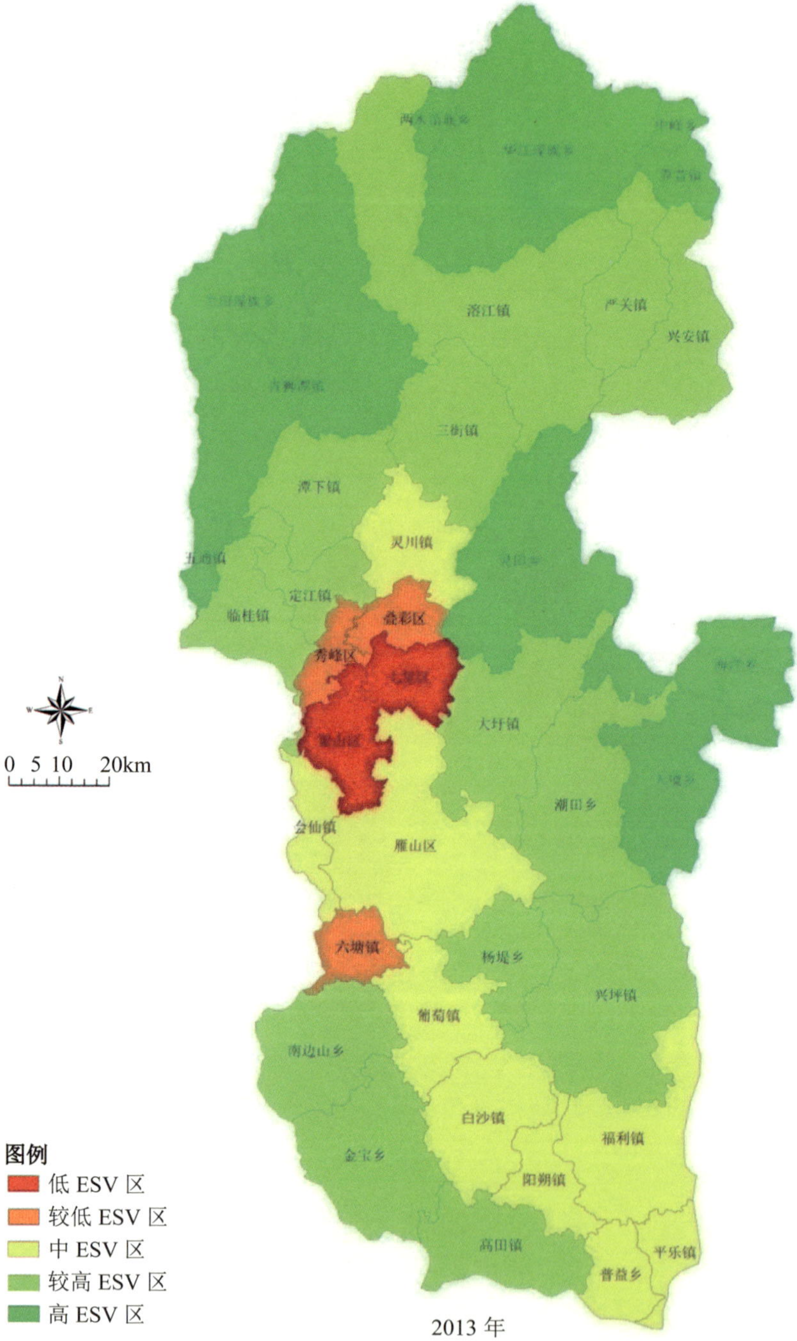

2013 年

图 6-2　基于镇（乡）区的漓江流域 ESV 等级分布图（续）

从不同年份各镇（乡）区的生态系统服务价值分布来看（见表 6-14、表 6-15），1973 年地均 ESV 最低的是象山区，为 1.56×10^4 元 / hm^2，最高的是兰田瑶族乡，为 3.62×10^4 元 / hm^2。高 ESV 区占比为 22.52%，主要分布在华江、兰田、青狮潭、大境等 7 个乡镇。较高 ESV 区面积最大，占比为 39.14%，集中分布在溶江、严关、海洋、潮田、阳朔等 12 个乡镇。高 ESV 区及较高 ESV 区面积占比合计超过 60%，主要因为此类区域分布有大量林地、水域，人口密度较小，对环境的干扰小。中 ESV 区主要分布在漓江流域中部和南部的大圩、白沙、高田等 10 个乡镇。较低 ESV 区分布在灵川、七星、雁山、葡萄等 6 个镇区。低 ESV 区分布在象山、叠彩和六塘 3 个镇区，总面积 198.75 km^2，所占比重最小，为 3.40%。低 ESV 区和较低 ESV 区集中连片分布着大量农田以及建设用地，人类活动干扰力度大。1986 年的高 ESV 区与 1973 年相同，包含 7 个乡镇，总面积 1314.50 km^2；较高 ESV 区镇（乡）区数量增加到 14 个，面积最大，占比达到 42.67%；中 ESV 区的分布与 1973 年相近，镇（乡）区数量为 8 个；低 ESV 区仅包含象山区一个行政单元，面积最小，占比仅为 1.54%；较低 ESV 区环绕低 ESV 区分布，包含雁山等 8 个镇（乡）区。2000 年，高 ESV 区分布与前两期相同，包含 7 个乡镇；较高 ESV 区镇（乡）区数量为 13 个，面积最大，占比达到 41.88%；低 ESV 区和较低 ESV 区镇（乡）区合计数量为 5 个，二者面积占比合计不足 7%。2013 年，高 ESV 区除分布在北部山区外，东部也出现了集中连片分布，镇（乡）区数量增加到 10 个，较高 ESV 区镇（乡）区数量达到 14 个，面积最大，占比 45.09%，二者合计高达 75.09%。整个研究期内漓江流域大部分镇（乡）区（大于 18 个）处于高 ESV 区和较高 ESV 区，二者面积占比合计均大于 60%，而低 ESV 区一直占最低的比例，研究期内未超过 5%。

表 6-15 基于镇（乡）区单元的不同等级生态系统服务价值面积统计

年份	统计类型	低ESV区	较低ESV区	中ESV区	较高ESV区	高ESV区
1973	面积（km^2）	198.75	720.35	1319.35	2284.98	1314.50
	比重（%）	3.40	12.34	22.60	39.14	22.52
	镇（乡）区个数	3	6	10	12	7
1986	面积（km^2）	89.85	829.25	1113.42	2490.91	1314.50
	比重（%）	1.54	14.20	19.07	42.67	22.52
	镇（乡）区个数	1	8	8	14	7
2000	面积（km^2）	142.16	241.89	1694.46	2444.92	1314.50
	比重（%）	2.43	4.14	29.03	41.88	22.52
	镇（乡）区个数	2	3	13	13	7
2013	面积（km^2）	160.66	151.78	1141.95	2632.22	1751.32
	比重（%）	2.75	2.60	19.56	45.09	30.00
	镇（乡）区个数	2	3	9	14	10

2. 基于镇（乡）区的生态系统服务价值时空变化

利用 ARCGIS 10.0 的栅格计算功能，对 1973—2013 年 4 期 ESV 等级分布图进行算术运算，得到 4 期 ESV 等级变化图（见图 6-3）。

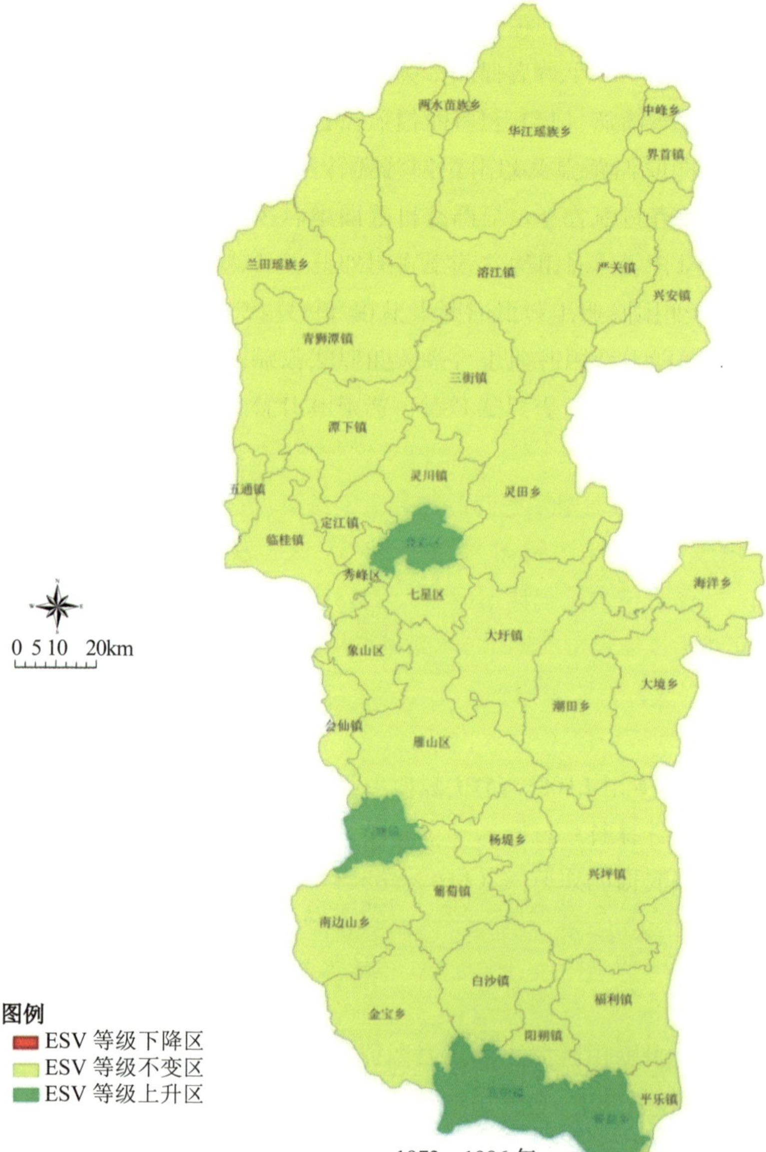

1973—1986 年

图 6-3　基于镇（乡）区的漓江流域 ESV 等级变化图

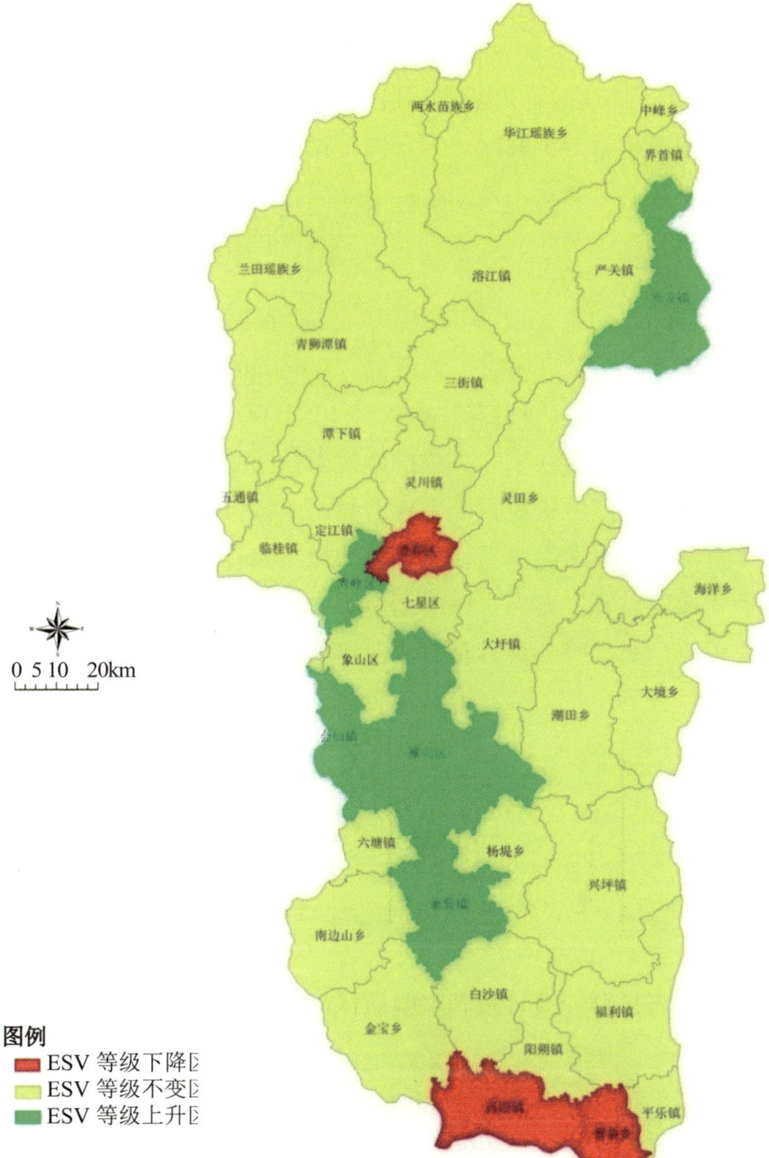

1986—2000 年

图 6-3　基于镇（乡）区的漓江流域 ESV 等级变化图（续）

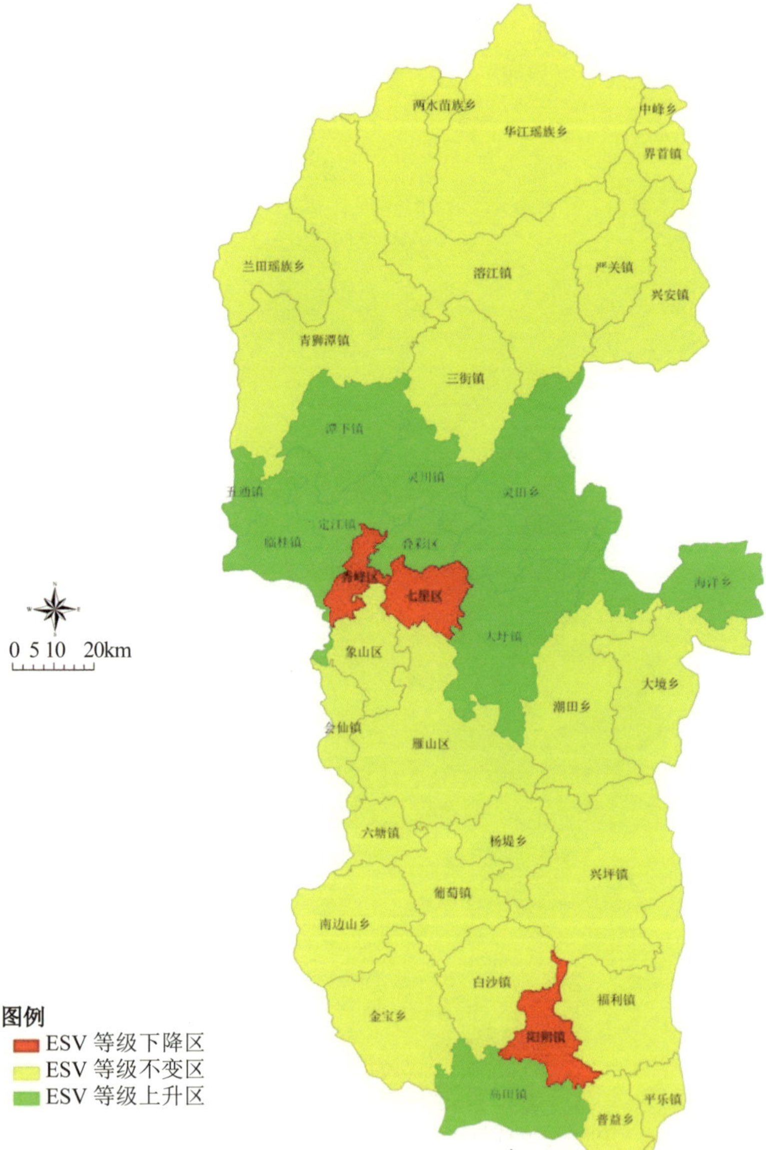

2000—2013 年

图 6-3　基于镇（乡）区的漓江流域 ESV 等级变化图（续）

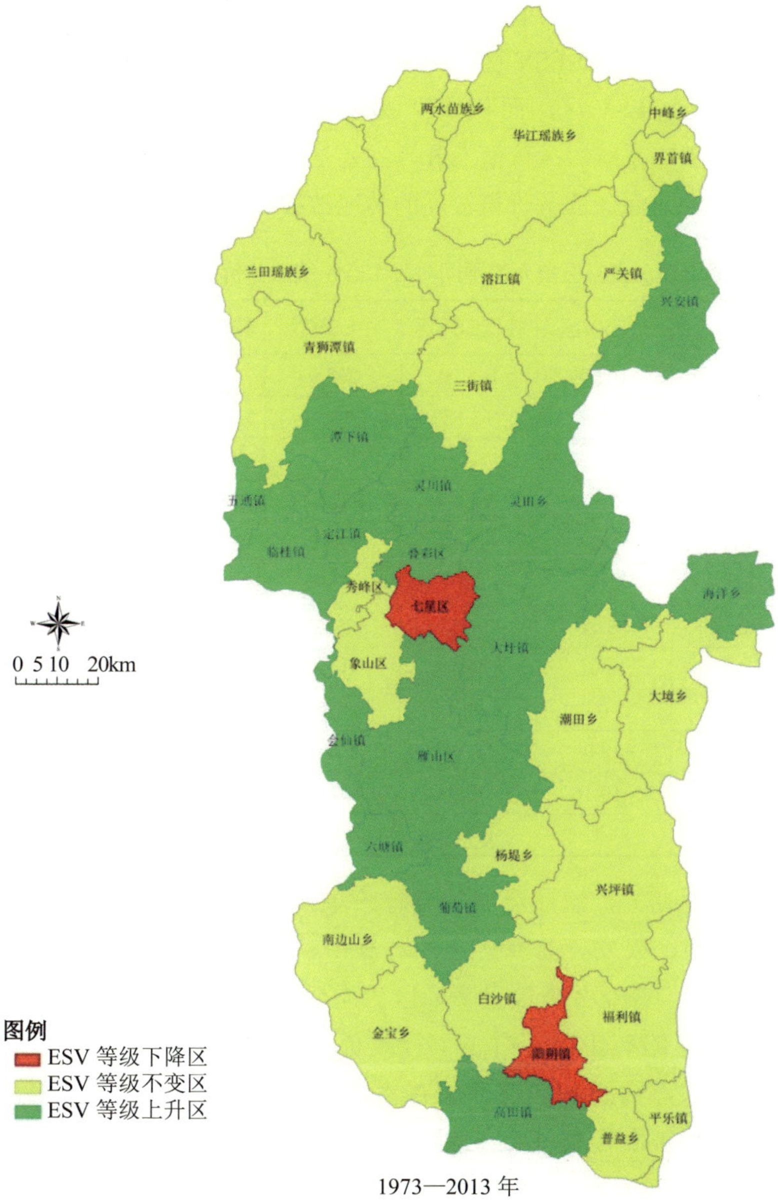

1973—2013 年

图 6-3 基于镇（乡）区的漓江流域 ESV 等级变化图（续）

1973—1986 年（前期），漓江流域大部分镇（乡）区的生态系统服务价值等级保持不变，叠彩、六塘、高田、普益 4 个镇（乡）区生态系统服务价值等级上升，2 个低 ESV 乡镇转入较低 ESV 区，面积减少 108.9 km^2，下降 54.79%，2 个中 ESV 乡镇转入较高 ESV 区，面积减少 205.93 km^2，下降 15.61%（见表 6-16）。此阶段内整体生态系统服务价值上升，主要是因为这 4 个行政单元林果经济的发展促使耕地向生态系统服务价值较高的林地转移。

表 6-16　基于镇（乡）区单元的不同时段生态系统服务价值变化

时段	统计类型	低ESV区	较低ESV区	中ESV区	较高ESV区	高ESV区
1973—1986年	净变量（km^2）	−108.90	108.90	−205.93	205.93	0.00
	变化率（%）	−54.79	15.12	−15.61	9.01	0.00
	单元数变化	−2	2	−2	2	0.00
1986—2000年	净变量（km^2）	52.31	−587.36	581.04	−45.99	0.00
	变化率（%）	58.22	−70.83	52.19	−1.85	0.00
	单元数变化	1	−5	5	−1	0.00
2000—2013年	净变量（km^2）	18.50	−90.11	−552.51	187.30	436.82
	变化率（%）	13.01	−37.25	−32.61	7.66	33.23
	单元数变化	0	0	−4	1	3
1973—2013年	净变量（km^2）	−38.09	−568.57	−177.40	347.24	436.82
	变化率（%）	−19.16	−78.93	−13.45	15.20	33.23
	单元数变化	−1	−3	−1	2	3

1986—2000 年（中期），漓江流域部分行政单元生态系统服务价值等级发生了较大范围的波动，兴安、秀峰、会仙、雁山、葡萄 5 个镇区生态服务等级上升，叠彩、高田、普益 3 个镇（乡）区生态服务等级下降。高 ESV 区维持不变，较高 ESV 区略有下降，有 1 个行政单元转出，下降 45.99 km^2，中 ESV 区面积增加最大，较低 ESV 区下降最多，分别有 5 个镇（乡）区转入和转出，低 ESV 区增加 1 个行政单元。此阶段内城镇扩张造成低 ESV 区面积增加，同时由于种植业结构调整带来耕地和林地的互相转化，造成不同 ESV 等级的升或降。

2000—2013 年（后期），漓江流域中部地区生态系统服务价值等级发生更大范围的波动，潭下、灵川、灵田、叠彩、定江、临桂、五通、大圩、海洋、高田 10 个镇（乡）区生态服务等级上升，秀峰、七星、阳朔 3 个镇区等级下降。高 ESV 区有 3 个乡镇转入，面积增加 436.82 km^2，增幅达 33.23%，较高 ESV 区有 1 个乡镇转入，面积增加 187.30 km^2（见表 6-16），主要由于此阶段退耕还林政策的实施以及金橘、砂糖橘、脐橙、葡萄等水果的规模化种植带来林地面积快速增加。ESV 下降区主要存在于城镇活动集中的区域，如七星区和叠彩区是近年来桂林市的重点建设区域，阳朔的特色旅游小城镇建设成效显著，镇区规模不断扩张。

从整个研究期（1973—2013 年）来看，漓江流域的高 ESV 区前期和中期保持稳定，后期快速增加，3 个乡镇转入，净增加 436.82 km^2，增长 33.23%。较高 ESV 区先下降后增加，最终 2 个乡镇转入，净增加 347.24 km^2，增长 15.20%（见表 6-16）。这主要得益于前期漓江流域积极有效的森林保护措施和后期实施的退耕还林、封山育林、石漠化治理等政策措施。低 ESV 区、较低 ESV 区和中 ESV 区均有不同程度的下降，分别有 1 个、3 个和 1 个行政单元转出。较低 ESV 区下降最为迅速，整体上减少 568.57 km^2，高达 78.93% 的较低 ESV 区转化为其他等级。低 ESV 区经过前期的快速下降后，又缓慢增加，最终小幅下降 38.09 km^2，主要因为城镇建设带来的建设用地面积扩张，不断抵消林地增加带来的生态系统服务价值上升。40 年间 ESV 等级稳定不变的区域集中分布在漓江流域的北部和东南部，大部分区域具有高和较高的生态系统服务价值，此区域分布有大面积自然生态保护区，如北部的猫儿山国家森林公园、青狮潭水源林保护区以及东部的海洋山水源林保护区，土地利用受人类活动干扰小。ESV 等级变化区主要集中在漓江流域的中部地区，此区域地势较为平坦，用地条件良好，人口密度大，土地利用类型转换频繁，干扰活动强。

6.3.4　基于格网单元的漓江流域生态系统服务价值时空分异

1. 基于格网单元的生态系统服务价值时序变化

根据漓江流域斑块面积情况，2km 格网能够较好地表达生态系统服务价值与土地利用类型的相关性且运算量较低。本研究采用等间距系统采样法，以 2km×2km 的正方形格网对生态系统服务价值进行空间化，共有格网 1580 个，计算每个格网的生态系统服务价值指数，作为格网中心点的生态系统服务价值水平。利用 ARCGIS 10.0 计算漓江流域 1580 个格网 1973 年、1986 年、2000 年、2013 年的生态系统服务价值指数。1973 年生态系统服务价值指数介于 0.32×10^4 ～ 7.19×10^4 元 /hm^2，均值为 2.73×10^4 元 /hm^2；1986 年介于 0.32×10^4 ～ 7.27×10^4 元 /hm^2，均值为 2.77×10^4 元 /hm^2；2000 年介于 -0.42×10^4 ～ 7.62×10^4 元 /hm^2，均值为 2.82×10^4 元 /hm^2；2013 年介于 -0.97×10^4 ～ 7.62×10^4 元 /hm^2，均值为 2.86×10^4 元 /hm^2。研究期内漓江流域的生态系统服务价值指数均值由 2.73×10^4 元 /hm^2 持续增加到 2.86×10^4 元 /hm^2，最低值由 0.32×10^4 元 /hm^2 持续减小到 -0.97×10^4 元 /hm^2，最高值由 7.19×10^4 元 /hm^2 持续增加到 7.62×10^4 元 /hm^2，漓江流域生态系统服务价值持续上升，整体上处于较高的生态服务等级水平，局部低生态系统服务价值区域逐步趋向于集中连片分布。本研究参考相关研究（马骏等，2014），根据生态系统服务价值指数的数值序列特征，采用标准差分级法将不同的格网单元划分为低生态系统服务价值区（ESV $\leqslant 1.20\times10^4$ 元 /hm^2）、较低生态系统服务价值区（1.20×10^4 元 /hm^2 < ESV $\leqslant 1.90\times10^4$ 元 /hm^2）、中生态系统服务价值区（1.90×10^4 元 /hm^2 < ESV $\leqslant 2.60\times10^4$ 元 /hm^2）、较高生态系统服务价值区（2.60×10^4 元 /hm^2 < ESV $\leqslant 3.30\times10^4$ 元 /hm^2）、高生态系统服务价值区（ESV > 3.30×10^4 元 /hm^2）5 个等级，生成不同时期生态系统服务价值等级分布图（见图 6-4），统计 4 个时期不同等级生态系统服务价值区的分布面积及比重（见表 6-17）。结果显示，1973—2013 年漓江流域以高 ESV 区和较高 ESV 区为主，二者总面积所占比例均在 68% 以上，并呈逐年增加的趋势，占比由 1973 年的 68.54% 增加到 2013 年的 80.99%，净增加 726.82 km^2。中 ESV 区面积先下降后上升再下降，波动下行，净减少 262.70 km^2。较低 ESV 区面积持续快速下降，由 1973 年的 714.56 km^2 下降到 2013 年的 220.09 km^2，净减少 494.47 km^2，降幅高达 69.20%，主要由漓江河谷地带的耕地不断向林地和建设用地转化，面积持续下降所致。低 ESV 区面积先减少后增加，净增加 30.35 km^2，增幅达 34.20%，尤其是 2000—2013 年，增速明显加快，净增加 42.61 km^2，增幅达 55.71%。1973—1986

年，漓江流域城镇建设相对缓慢，低 ESV 区变化主要受耕地与林地间的相互转化影响；1986—2000 年，城镇建设逐渐活跃，低 ESV 区小幅增加；2000—2013 年，漓江流域的城镇化及旅游景区开发进入快速发展时期，建设用地面积快速增加并呈现集中连片之势，导致低 ESV 区快速增加。

表 6-17 漓江流域不同等级生态系统服务价值区面积统计

年份	统计类型	低ESV区	较低ESV区	中ESV区	较高ESV区	高ESV区
1973	面积（km^2）	88.74	714.56	1033.31	1894.99	2106.33
	比重（%）	1.52	12.24	17.7	32.46	36.08
1986	面积（km^2）	60.71	519.58	943.41	1629.37	2684.86
	比重（%）	1.04	8.90	16.16	27.91	45.99
2000	面积（km^2）	76.48	331.01	979.6	1591.42	2859.42
	比重（%）	1.31	5.67	16.78	27.26	48.98
2013	面积（km^2）	119.09	220.09	770.61	1718.69	3009.45
	比重（%）	2.04	3.77	13.2	29.44	51.55
1973—1986	净变量（km^2）	-28.03	-194.98	-89.90	-265.62	578.53
	变化率（%）	-31.59	-27.29	-8.70	-14.02	27.47
1986—2000	净变量（km^2）	15.77	-188.57	36.19	-37.95	174.56
	变化率（%）	25.98	-36.29	3.84	-2.33	6.50
2000—2013	净变量（km^2）	42.61	-110.92	-208.99	127.27	150.03
	变化率（%）	55.71	-33.51	-21.33	8.00	5.25
1973—2013	净变量（km^2）	30.35	-494.47	-262.70	-176.30	903.12
	变化率（%）	34.20	-69.20	-25.42	-9.30	42.88

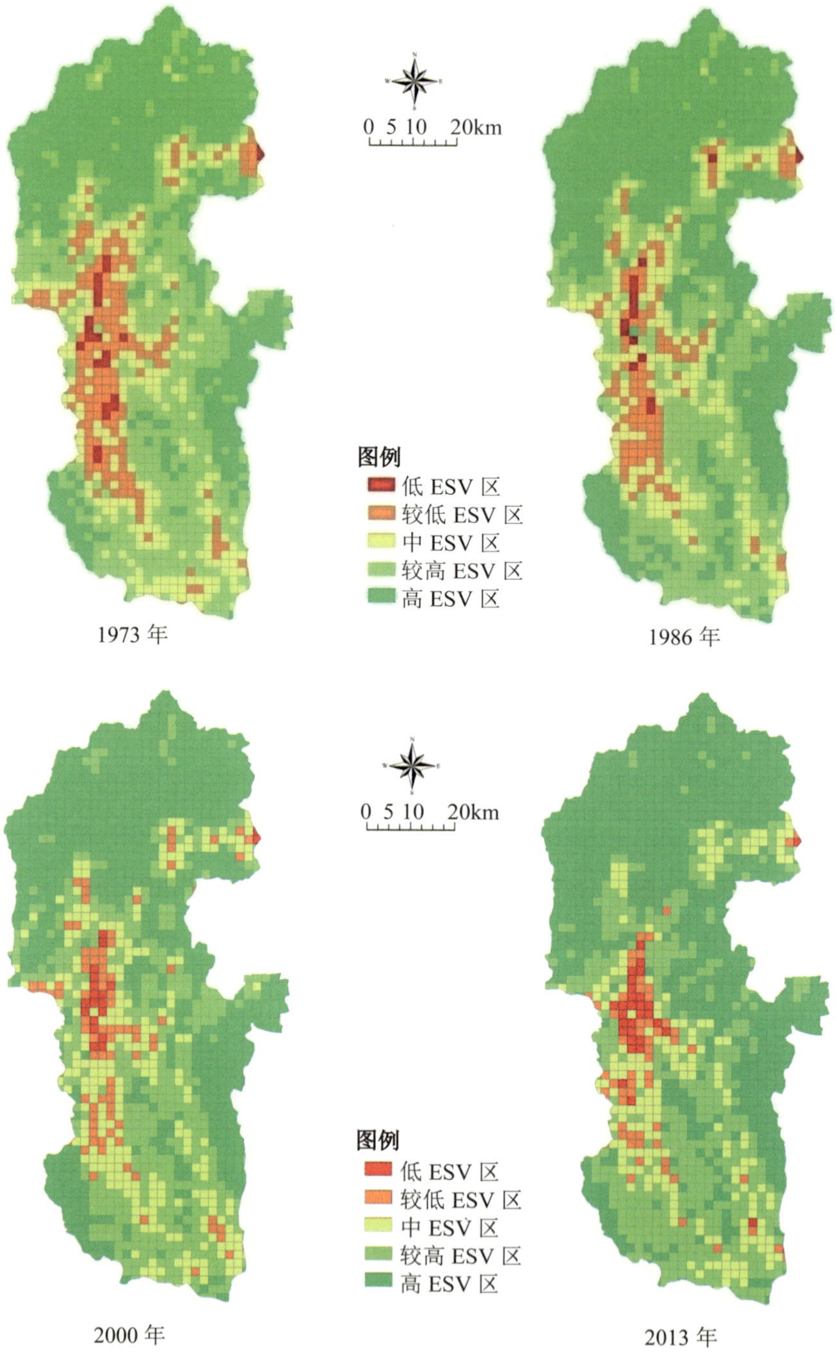

图 6-4　基于格网单元的漓江流域 ESV 等级分布图

2. 基于格网单元的生态系统服务价值空间变化

由图 6-4 可以看出，1973—2013 年漓江流域不同生态系统服务价值等级的分布范围已发生一定程度的变化，空间差异显著，但整体格局保持基本稳定，呈现出中间低、四周高的分布特点。研究期内高生态系统服务价值区主要集中分布在漓江流域的北部和东部，该区域林木生长茂盛，森林生态系统健康度高，分布有大面积的自然生态保护区和水域，如猫儿山国家级自然保护区（漓江源）是世界上原生性亚热带山地常绿落叶阔叶混交林植被保存最为完好的地区之一，灵川县青狮潭水源林保护区和东部的海洋山水源林保护区属于桂林市 10 大水源林保护区，青狮潭水库属于桂北最大的水库等。高生态系统服务价值区的范围持续扩大，北部地区的范围保持稳定，东部地区的增加最为明显。低生态系统服务价值区主要分布在漓江流域的中心地带，即兴安县城—灵川县城—桂林市区—阳朔县城旅游经济带，主要为漓江流域内中心镇区所在地，面积较小，1973—1986 年呈点状、零星离散分布，1986—2013 年特别是 2000 年以后逐渐由点状离散分布趋向于面状集中连片分布，这与研究期内城镇建设由分散的小区域开发转向大规模集中连片开发有关。较低生态系统服务价值区主要分布在漓江河谷的地势平坦区域，范围收缩明显，研究期内共减少 2/3 以上，面积达 494.47 km^2，大部分流向低生态系统服务价值区和中生态系统服务价值区，主要由于该区域集中连片的耕地不断被建设用地和果园、乡村旅游农庄等所占用，造成向低和中生态系统服务价值区双向转移。中生态系统服务价值区主要分布在漓江流域中心区域外缘的城乡交错地带，分布范围持续缩小，面积减小 262.70 km^2。

从不同时段的空间变化来看（见表 6-18、图 6-5），1973—1986 年，73.07% 的区域生态服务等级保持不变，主要分布在漓江流域的北部和中部，22.79% 的区域等级上升，主要分布在流域中部和南部，4.14% 的区域等级下降，主要分布在中南部地区和北部溶江镇，此阶段生态服务等级的变化主要受种植业结构调整的影响。1986—2000 年，75.93% 的区域生态服务等级保持不变，分布区域与上一阶段类似，16.00% 的区域生态服务等级上升，主要分布在漓江流域中部平坦地带，8.07% 的区域生态服务等级下降，主要分布在桂林市区及周边镇、阳朔县，此阶段生态服务等级的变化由上一阶段的种植结构变化驱动变为城镇建设和种植结构调整双重驱动。2000—2013年，75.26%的区域生态服务等级保持不变，分布范围与前两阶段类似，15.99%的区域生态服务等级上升，主要分布在桂林市区北部和漓江流域南部，8.75%的区域生态服务等级下降，主要分布在漓江流域内重点中心镇区，范围广、面积较大，此阶段生态服务等级的变化受城镇建设、旅游开发、种植结构调整以及退耕还林等多重因素驱动。从整个研究期（1973—2013年）来看，61.06%的区域生态服务等级未发生变化，主要分布在北部和东部的自然生态保护区；34.98%的区域生态服务等级上升，主要分布在漓江流域中下游的平坦地区，归因于大面积耕地转化为林地；3.96%的区域生态服务等级下降，主要集中分布在桂林市区以及漓江流域南部中心镇。总体而言，由于自然森林保护措施有力、退耕还林政策的持续实施，以及由经济驱动的果业种植和乡村旅游的发展，漓江流域内生态系统服务价值持续上升，但是局部低生态系统服务价值等级区快速增加且集中连片，此类区域是今后生态系统服务价值改善和调控的重点区域。

表6-18　1973—2013年不同时段等级变化面积统计

统计类型	1973—1986年		1986—2000年		2000—2013年		1973—2013年	
	面积（km^2）	比例（%）	面积（km^2）	比例（%）	面积（km^2）	比例（%）	面积（km^2）	比例（%）
等级下降区	241.88	4.14	471.14	8.07	511	8.75	231.28	3.96
等级不变区	4265.59	73.07	4432.59	75.93	4394	75.26	3564.8	61.06
等级升高区	1330.46	22.79	934.20	16.00	933.2	15.99	2041.9	34.98
合计	5837.93	100.00	5837.93	100.00	5838	100.00	5837.9	100.00

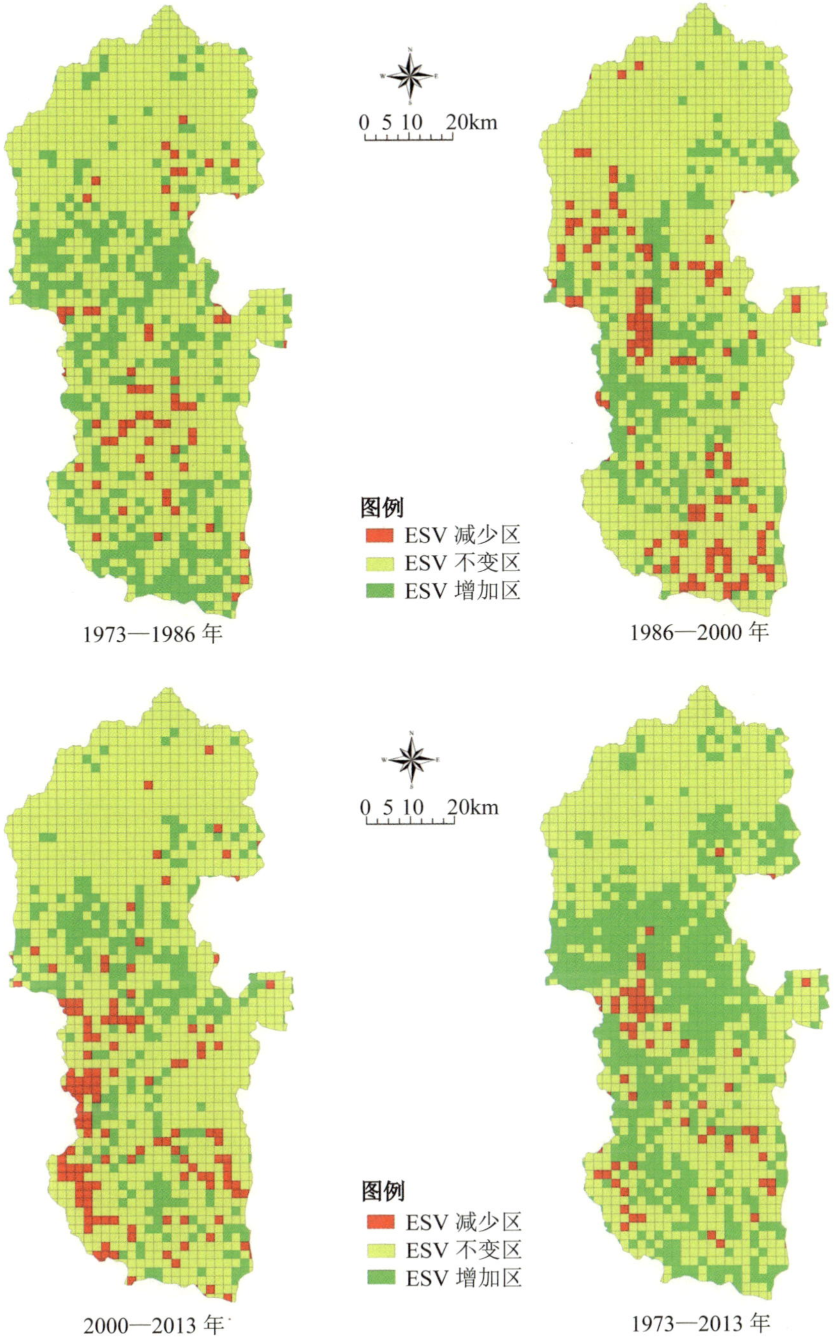

图 6-5　基于格网单元的漓江流域 ESV 等级变化图

3. 生态系统服务价值空间自相关分析

（1）全局空间自相关分析

本研究利用 Geo 9.5 对漓江流域生态系统服务价值指数进行全局空间自相关分析，用以说明研究区生态系统服务价值的空间趋同性。图 6-6 为漓江流域生态系统服务价值指数的 Moran 散点图。1973 年、1986 年、2000 年、2013 年漓江流域生态系统服务价值指数的全局 Moran’s I 估计值分别为 0.7525、0.7264、0.6842、0.7013。4 个时期全局 Moran’s I 估计值均大于 0，显著性水平均小于 0.05，呈先减少后增加的趋势，即由 1973 年的 0.7525 减少到 2000 年的 0.6842，达到最低值，而后增加到 2013 年的 0.7013，整个研究期内小幅下降 0.0512。结果表明，漓江流域生态系统服务价值的空间分布存在明显的空间正自相关性，相邻格网单元在空间上呈现高度相似性和聚集分布。1973—2013 年，漓江流域生态系统服务价值的空间聚集程度呈现先减弱后增强，整体有所下降的趋势，主要由于前期的城镇建设、林果种植以点状为主，各土地利用类型趋向破碎化，后期城镇发展集中连片、林果种植规模化，各土地利用类型的破碎化程度降低。

（2）局部空间自相关分析

局部空间自相关系数（LISA）主要用于测度相邻区域之间生态系统服务价值的空间自相关程度（谢花林，2011）。根据公式（6-7）得出漓江流域 1580 个格网单元 1973 年、1986 年、2000 年、2013 年生态系统服务价值的局部空间自相关结果，如图 6-7 所示。结果表明，1973—2013 年漓江流域生态系统服务价值的高值和低值聚集区呈现基本一致的布局特点，即研究区生态系统服务价值在北部以及中东部边缘地区高，中间平缓地带低。1986—2013 年研究区中间地带的低值聚集区范围收缩明显，主要因为此区域大力发展林果种植产业，部分具有较低生态系统服务价值系数的耕地被具有较高生态系统服务价值系数的林地所取代。漓江流域生态系统服务高值区域明显聚集在研究区北部及中东部的自然山林，包括猫儿山国家自然保护区、青狮潭水源林保护区、海洋山水源林保护区等众多生态保护用地，该区域生态系统服务价值高，植被状况良好，人口密度低，受人类活动干扰少。生态系统服务低值聚集区主要分布在兴安县城—灵川县城—桂林市区—阳朔县城旅游经济带，该区域生态系统服务价值低，主要由于该区域人口密集，城镇扩展迅速，旅游产业发达，人类活动剧烈。

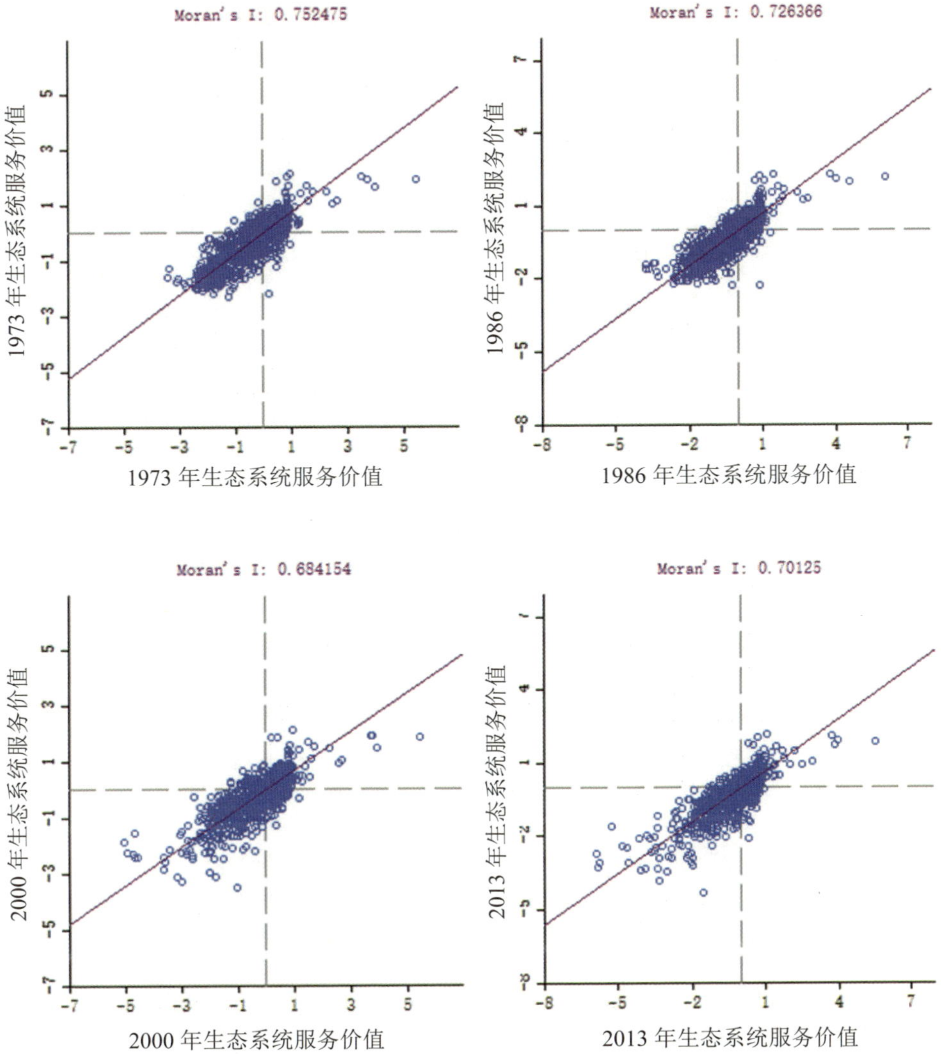

图 6-6　漓江流域生态系统服务价值 Moran 散点图

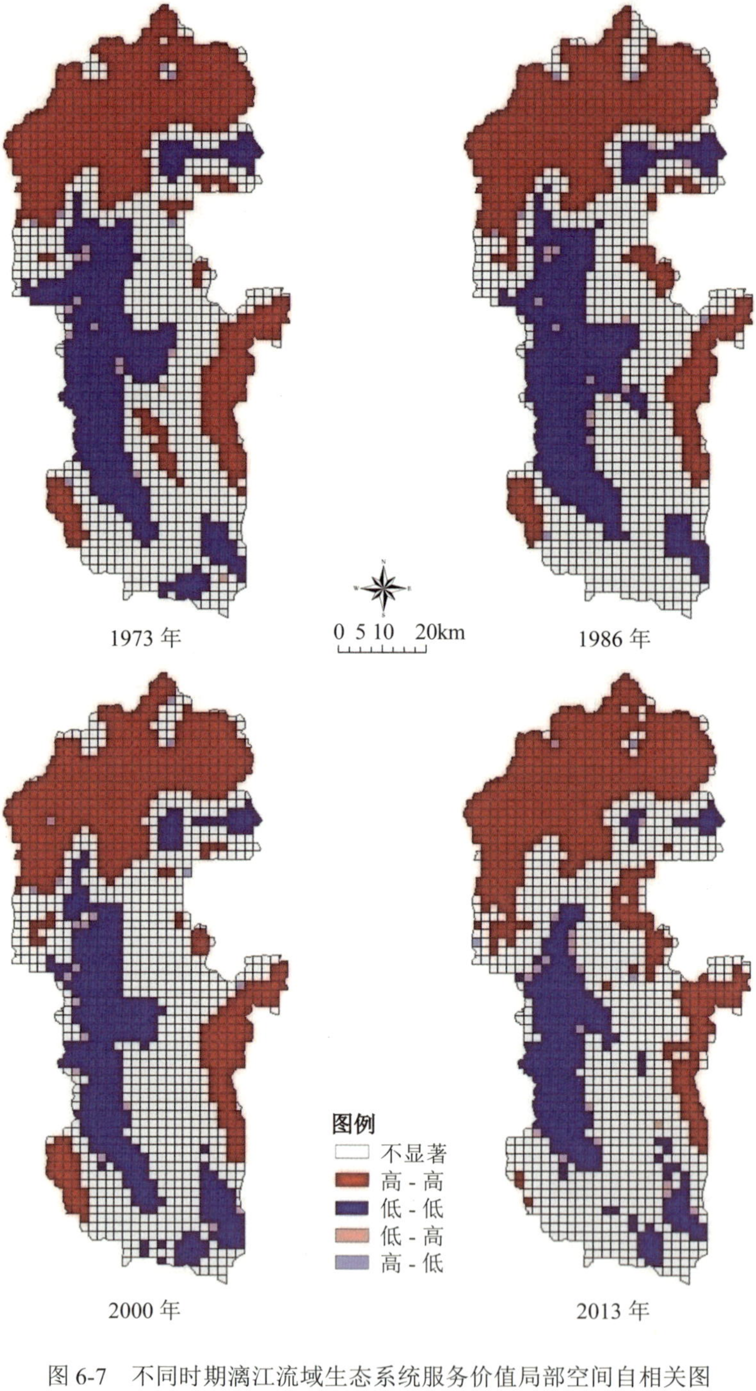

图 6-7　不同时期漓江流域生态系统服务价值局部空间自相关图

6.4　小结与讨论

6.4.1　小结

（1）研究期内，漓江流域生态系统服务价值持续增加，年均增加 0.21×10^8 元，林地生态系统服务价值所占比例均超过 85%，是生态系统服务价值的主体部分，林地面积增加是生态系统服务价值增加的主要原因。各坡度段单位面积生态系统服务价值均随坡度增大而增加，不同时段大于 25° 坡度段均具有最高的单位面积生态系统服务价值量，15° ～ 25° 坡度段均具有最高的生态系统服务价值总量。各高程带单位面积生态系统服务价值均随高程增加而增大，高海拔地区具有较高的单位面积生态系统服务价值量，200 ～ 500m 高程带均具有最高的生态系统服务价值总量，且呈持续增加的趋势。

（2）1973—2000 年各单项服务价值的贡献率变化不大，受建设用地快速增加的影响，2000—2013 年水源涵养功能的贡献率由第 2 位下降到第 4 位。研究期内，土壤形成与保护、水源涵养和气体调节功能的合计贡献率接近于总体服务价值的一半，而娱乐文化和食物生产等文化和生产性功能的合计贡献率不足 8%，表明漓江流域生态系统以调节、支持等服务性功能为主。从各单项服务价值来看，生态价值持续增加的主要为土壤形成与保护、生物多样性保护、气体调节、气候调节、原材料和文化娱乐功能，持续下降的为废物处理和食物生产功能。

（3）研究期内，林地和水域向其他土地利用类型的转化带来生态系统服务价值的负向流动，总计损失 942.16×10^6 元，耕地、建设用地、草地和未利用地向其他土地利用类型的转化带来生态系统服务价值的正向流动，价值增加 1769.55×10^6 元。各土地利用类型转化为建设用地，价值均呈负向流动。各土地利用类型转化为水域，价值均呈正向流动。

（4）40 年间漓江流域大部分镇（乡）区（大于 18 个）处于高 ESV 区和较高 ESV 区，不同时段面积占比合计均大于 60%。生态服务等级分布虽有所变化，但生态系统服务价值整体空间格局保持基本稳定，呈现出北部和东部高、中部和南部低的空间分布特点。生态系统服务高值区主要分布在华江、兰田、青狮潭、两水、中峰、界首、溶江等乡镇，此区域内分布着大片自然山林和大面积水域。生态系统服务低值区主要分布在桂林市区以及周边乡镇，人类活动干扰比较剧烈，城镇化程度较高。研究期内大部分行政单元的 ESV 等级保持不变，等级变化的区域主要集中在漓江流域的中部地区，此区域土地利用类型转换频繁，干扰活动强。

（5）采用格网方法的区域生态系统服务价值研究结果表明，1973—2013 年漓江流域生态系统服务价值，整体上处于较高的生态服务等级水平并持续上升，但局部低生态系统服务价值区域逐步趋向于集中连片分布，4 个时期生态服务存在明显的空间正自相关性。1973—2013 年漓江流域以高 ESV 区和较高 ESV 区为主，面积呈逐年增加的趋势，中 ESV 区面积先下降后上升再下降，较低 ESV 区面积持续快速下降，低 ESV 区面积先减少后增加。生态系统服务价值的整体格局基本稳定，但空间差异显著，呈现出中间低、四周高的分布特点。高生态系统服务价值区主要分布在漓江流域的北部和东部，低生态系统服务价值区集中分布在漓江流域的中心地带，即兴安县城—灵川县城—桂林市区—阳朔县城旅游经济带，主要为研究区中心镇区所在地。

6.4.2 讨论

（1）生态系统服务价值的测算

加强区域生态系统服务价值测算，对定量衡量土地利用对生态环境的影响具有重要意义。本研究根据漓江流域实际情况，修正了生态系统服务价值系数，评估结果基本反映出 40 年间漓江流域生态系统服务价值的时空变化特征，在一定程度上为流域生态环境建设和土地资源管理提供了决策支持。由于受限于已有的资料以及建设用地各功能间复杂的相互关系，未对建设用地各服务功能做详尽的研究，可能对研究结果产生一定的影响，今后需加强对建设用地生态系统服务价值的估算。

（2）研究方法讨论

现有区域土地生态系统服务价值的研究通常以土地利用类型和行政区域作为

基本评价单元，大部分是在估算不同区域生态系统服务价值的基础上进行简单的横向比较分析，评价难以深入揭示生态系统服务价值的空间差异。本研究将格网方法引入生态系统服务价值研究，构建了生态系统服务价值指数，实现了生态系统服务价值评价的空间化，并结合空间自相关分析和DEM数据，深入揭示了漓江流域生态系统服务价值的空间分布规律。本研究使生态系统服务价值评价动态化，评价结果图纸化，研究结果更直观、更具有实际意义。

第7章　漓江流域土地利用变化的生态风险研究

7.1　引言

生态风险是指一个种群、生态系统或整个景观的正常功能受外界胁迫，从而在目前和将来减少该系统内部某些要素或其本身的健康、生产力、遗传结构、经济价值和美学价值的一种状况（李国旗等，1999），是评估区域生态环境可持续性的重要指标。生态风险评价始于20世纪80年代，经过多年的发展，评价由单风险源、单一受体的局部小尺度区域扩展到多风险源、多受体的大尺度区域（Serveiss，2002；Hayes and Landis，2004；杨克磊等，2008；Bartolo et al.，2012），现已成为一种重要的生态环境管理手段（Liu et al.，2011；Agostini et al.，2012；Landis et al.，2013；Zhao et al.，2014）。土地利用/覆被变化是全球环境变化的重要组成部分（Foley et al.，2005；Turner et al.，2013），在人为活动占优势的景观内，不同土地利用结构产生的生态影响具有累积性和区域性（曾辉和刘国军，1999），对区域生态安全起着决定性的作用。由于土地利用数据信息较易保存（Pungetti，1995；王娟等，2008），在难以进行全面生态监测的区域，可以基于土地利用类型结构变化进行区域生态风险评价，以综合评价一定时段内各生态影响的类型和程度（臧淑英等，2005；胡和兵等，2011；赵岩洁等，2013）。近年来，基于土地利用变化的区域生态风险评价逐渐成为环境管理研究领域中的热点问题（Xie et al.，2013；巩杰等，2014），相关研究大多数利用土地类型结构数据来构建生态风险指数，通过层次分析、专家咨询等方法确定不同土地利用类型的生态风险权重（韦仕川等，2008；莫宏伟等，2009；叶长盛和冯艳芬，2013），利用 ARCGIS 的空间分析功能进行区域生态风险评价（刘永兵等，2006；万利等，2009；田义超等，2013），但运用空间统计分析（空间自相关）并结合区域 DEM 数据，深入揭示土地利用变化带来的流域生态风险的空间分异规律的相关研究较少。

漓江流域属于典型的喀斯特地区，旅游开发和城市建设等人类活动干扰剧烈，土地利用变化显著，随着桂林国际旅游胜地建设的持续推进，生态环境压力倍增，维持区域较低的生态风险水平对流域可持续发展至关重要。本研究借助 3S 技术，综合运用地统计和空间统计分析方法，以遥感影像解译的土地利用数据为基本信息源，分析土地利用变化及结构合理性，构建生态风险指数，结合 DEM 数据进行生态风险评价，揭示漓江流域 1973—2013 年生态风险的时空演化特征，提出生态风险管理对策，为实现流域生态保护、旅游开发以及环境管理之间的协调发展提供决策依据。

7.2　研究方法

7.2.1　数据来源

1973—2013 年漓江流域土地利用结构数据来源于第 4 章的计算结果，高程分级图和坡度分级图通过流域数字高程模型（DEM）提取，不同时期流域社会经济数据来源于《桂林市社会经济统计年鉴（1973—2013）》。

7.2.2　生态风险评价单元划分

根据漓江流域斑块面积情况，本研究采用 2km×2km 的格网单元，利用等间距系统采样法对生态风险指数进行空间化，共有样区 1580 个，计算每个格网的生态风险值，作为格网中心点的生态风险水平（见图 7-1）。

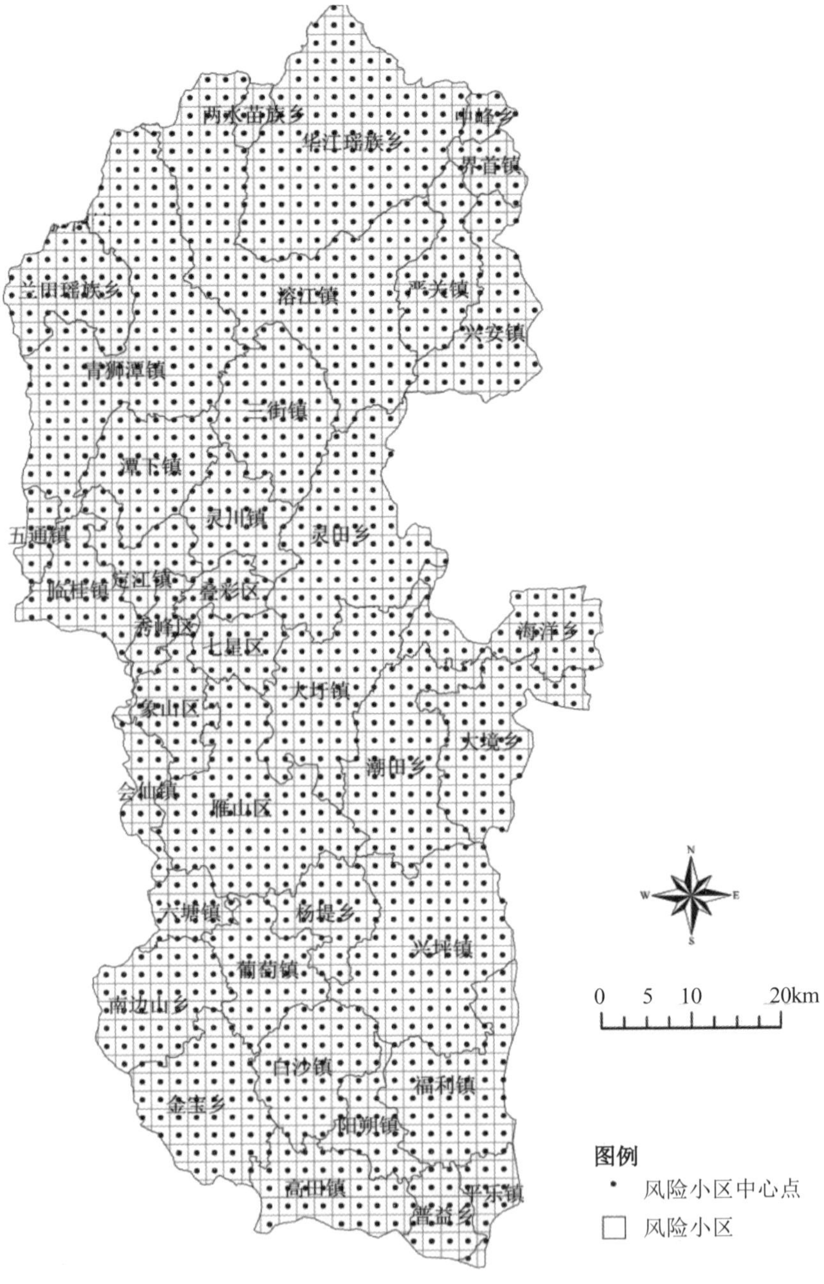

图 7-1　生态风险小区划分

7.2.3　生态风险指数

利用各土地利用类型的面积比例，构建生态风险指数（*ERI*），建立土地利用结构与区域生态风险之间的经验联系，用于测度格网单元生态风险的相对大小（叶长盛、冯艳芬，2013；赵岩洁等，2013）。计算公式如下

$$ERI = \sum_{i=1}^{N} \frac{A_{ki}}{A_k} W_i \tag{7-1}$$

式中，*ERI* 为生态风险指数；A_k 为第 k 个样地的总面积；A_{ki} 为第 k 个样地第 i 类土地利用类型的总面积；W_i 为第 i 类土地利用类型的生态风险强度参数；N 为土地利用类型的数量。

参考相关研究（臧淑英等，2005；韦仕川等，2008；叶长盛、冯艳芬，2013；赵岩洁等，2013），采用层次分析法确定不同土地利用类型的生态风险强度参数 W_i，依次为：林地 0.0427、耕地 0.1916、建设用地 0.3934、水域 0.1425、草地 0.0726、未利用地 0.1572。

7.2.4　空间分析方法

1. 空间自相关分析法

空间自相关分析分为全局空间自相关分析和局部空间自相关分析，用来检验某一变量是否在空间上相关，以及相关程度如何（Dale and Fortin，2009；谢花林，2011；Dale and Kline，2013）。

全局空间自相关是对属性值在整个区域的空间特征的描述（Dalposso et al.，2013）。全局 Moran's I 是最常用的全局空间自相关统计指标（叶长盛、冯艳芬，2013），可从整体上反映区域生态风险的空间自相关性，其值在 −1 和 1 之间，大于 0 和小于 0 分别表示呈正相关和负相关，等于 0 表示不相关（Overmars et al.，2003）。计算公式如下（Anselin，1995）

$$I=\frac{\sum_{i=1}^{n}\sum_{j=1}^{n}w_{ij}(x_i-\overline{x})(x_j-\overline{x})}{(\sum_{i=1}^{n}\sum_{j=1}^{n}w_{ij})\sum_{i=1}^{n}(x_i-\overline{x})^2/n}\quad i\neq j \tag{7-2}$$

式中，n 为空间点总数；x_i 和 x_j 分别为变量 x 在相邻配对空间点的取值；w_{ij} 表示邻接或距离空间权重矩阵；$\overline{x}$ 为变量的平均值。

局部空间自相关可以反映整个区域中，局部小区域某一属性值与周边单元同一属性值的相关程度（Wulder et al.，2007； Fan and Myint，2014）。可以用局部空间自相关指标 $LISA$ 来揭示各个区域单元空间自相关的程度，具体计算公式如下（Anselin，1995）

$$LISA_i=\frac{(x_i-\overline{x})}{\sum_i(x_i-\overline{x})^2/n}\sum_j w_{ij}(x_j-\overline{x})\qquad i\neq j \tag{7-3}$$

式中，x_i、x_j、w_{ij} 和 $\overline{x}$ 的含义同（7-2）。$LISA_i$ 小于 0 表示非相似值的空间聚集，$LISA_i$ 大于 0 表示该区域单元周围高值或低值空间聚集。

2. 半方差分析法

区域生态风险指数作为一种空间变量，可以利用 ArcGIS 中的地统计分析模块，计算半变异函数，进行区域生态风险程度的空间分析。计算公式如下（谢花林，2011）

$$r(h)=\frac{1}{2N(h)}\sum_{i=1}^{n(h)}\left[Z(x_i)-Z(x_i+h)\right]^2 \tag{7-4}$$

式中，$r(h)$ 为半变异函数；h 为样本空间距离（步长）；$N(h)$ 为样本对总数；$Z(x_i)$ 和 $Z(x_i+h)$ 分别为空间位置 x_i、x_i+h 处的生态风险值。

本研究在理论拟合的基础上，利用普通克里格法编制不同时相漓江流域的生态风险程度图。

7.2.5 土地利用相对合理指数

研究显示，坡度对土地利用方式有重要影响。陈利顶等（2001）参照水利部

《土壤侵蚀分类分级标准》（SL190—96），从水土保持的角度出发，提出了土地利用相对合理指数（R），该指数用于反映一定区域内土地利用的合理程度（陈利顶等，2001；万龙等，2010；赵岩洁等，2013）。计算公式如下

$$R=\sum_{j=1}^{n}\sum_{i=1}^{m}(L_{ij}\times S_{ij})/n \tag{7-5}$$

式中，R 为土地利用相对合理指数；L_{ij} 为在 j 坡度段内第 i 种土地利用类型的面积所占比例；S_{ij} 为第 i 种土地利用类型在第 j 坡度段的适宜程度，其值介于 0 ～ 1，值越大表示从水土保持的角度看，土地利用结构越合理，值为 1 表示土地利用最适宜，为 0 表示最不适宜；m 和 n 分别代表土地利用类型数和坡度分级数。

参考前人研究（陈利顶等，2001；赵岩洁等，2013），采用专家打分法，结合漓江流域实际情况，确定不同坡度范围的土地利用适宜度（见表 7-1）。

表 7-1　不同坡度的土地利用适宜度

坡度分级	林地	耕地	建设用地	水域	草地	未利用地
0°～3°	1.00	1.00	1.00	1.00	1.00	0.50
3°～8°	1.00	0.75	1.00	0.50	1.00	0.50
8°～15°	1.00	0.50	0.50	0.00	1.00	0.40
15°～25°	1.00	0.25	0.25	0.00	1.00	0.30
＞25°	1.00	0.00	0.00	0.00	1.00	0.30

7.3　结果与分析

7.3.1　土地利用变化及结构合理性评价

1973—2013 年，林地一直是漓江流域的主要土地利用类型，面积持续增加；耕地不断减少，40 年间面积下降近 50%；建设用地快速增加，净增加 146.78 km^2，水域和草地波动下降，总面积减少；未利用地 2013 年较 1973 年增

加近 2 倍，但绝对面积小，在整体变化中反映不明显。从整个研究期来看，各土地利用类型都发生了一定程度的转移，发生变化的面积占 23.01%，其中草地最为剧烈，转化率为 84.62%，其次为未利用地，转化率为 71.18%。从转移的绝对面积看，耕地转化量最大，达 833.95 km^2，其次为林地。由于退耕还林、石漠化治理、林果种植等措施的实施以及城镇扩张和旅游开发等因素的驱动，土地利用类型主要向林地和建设用地转移。

土地利用相对合理指数不同，土地利用结构在数量上、空间上对于水土保持的影响也存在差异（赵岩洁等，2013），影响着土地利用生态风险。利用公式（7-5），计算研究区不同时段的土地利用相对合理指数（见表 7-2）。1973—2013 年，漓江流域土地利用相对合理指数均较大，分别为 0.93、0.93、0.94、0.96，由 1973 年的 0.93 上升到 2013 年的 0.96，增加 0.03。整体来看，流域土地利用结构处于相对合理的状态，并呈现出不断优化的趋势，特别是 2000 年以后，土地利用结构改善明显。从不同坡度段土地利用合理性来看，研究期内 0° ～ 3° 坡度段土地利用条件好，适合不同土地类型的开发利用，土地利用结构稳定，保持在适宜状态。3° ～ 8° 和 8° ～ 15° 坡度段土地利用相对合理指数持续上升，分别由 1973 年的 0.87 和 0.89 增加到 2013 年的 0.92 和 0.92，土地利用结构不断改善，尤其是 3° ～ 8° 坡度段改善最为明显，增加 0.05。15° ～ 25° 和大于 25° 坡度段土地利用相对合理指数先下降后上升，下降的原因为 1973—1986 年此坡度段内毁林、毁草，开垦梯田。整体来看，3° ～ 8° 和 8° ～ 15° 坡度段相较其他坡度段土地利用相对合理指数小，主要因为此坡度段内分布有较大面积的适宜性较低的耕地和建设用地。

表 7-2　1973—2013 年漓江流域土地利用相对合理指数

年份	0° ～3°	3° ～8°	8° ～15°	15° ～25°	＞25°	总体
1973	1.00	0.87	0.89	0.94	0.95	0.93
1986	1.00	0.88	0.89	0.93	0.94	0.93
2000	1.00	0.89	0.91	0.95	0.97	0.94
2013	1.00	0.92	0.92	0.96	0.98	0.96

7.3.2　生态风险指数的空间自相关特征

1. 全局空间自相关分析

全局空间自相关指标用于验证整个研究区域某一要素的空间模式（谢花林，2011）。本研究利用 Geo 9.5 对漓江流域生态风险指数进行全局空间自相关分析，用以说明研究区生态风险的空间趋同性。图 7-2 为漓江流域生态风险指数 Moran 散点图，横轴和纵轴分别表示经过标准化处理的生态风险指数及其空间滞后，斜线的斜率即 Moran's I，表示生态风险指数的全局空间自相关程度。1973 年、1986 年、2000 年、2013 年漓江流域生态风险指数的全局 Moran's I 估计值分别为 0.7374、0.7247、0.6950、0.7168。4 个时期全局 Moran's I 估计值均大于 0，显著性水平均小于 0.05，呈先减少后增加的趋势，即由 1973 年的 0.7374 减少到 2000 年的 0.6950，达到最低值，而后增加到 2013 年的 0.7168，整个研究期内小幅下降 0.0206。结果表明，漓江流域生态风险指数的空间分布不是随机分布，而是存在明显的空间正自相关性，相邻样地在空间上呈现高度相似性和聚集分布。1973—2000 年，研究区内城镇建设相对较为缓慢，以离散、点状发展为主，林果种植业的发展不成规模，布局较为分散，耕地与果园呈相互镶嵌状分布，建设用地、林地及耕地呈破碎化趋向，致使漓江流域生态风险的空间趋同性有所下降。2000—2013 年，流域内城镇建设步伐加快，尤其是桂林市区、阳朔县城、灵川县城、兴安县城等区域，城市扩张呈现“摊大饼”的发展模式，林果种植亦趋向规模化、专业化，形成大量水果种植带（如阳朔百里新村金橘种植带、灵川砂糖橘种植带、兴安葡萄种植带），建设用地、林地等土地利用类型集中连片发展，致使研究区生态风险的空间趋同性上升，Moran's I 估计值增加（见图 7-2）。

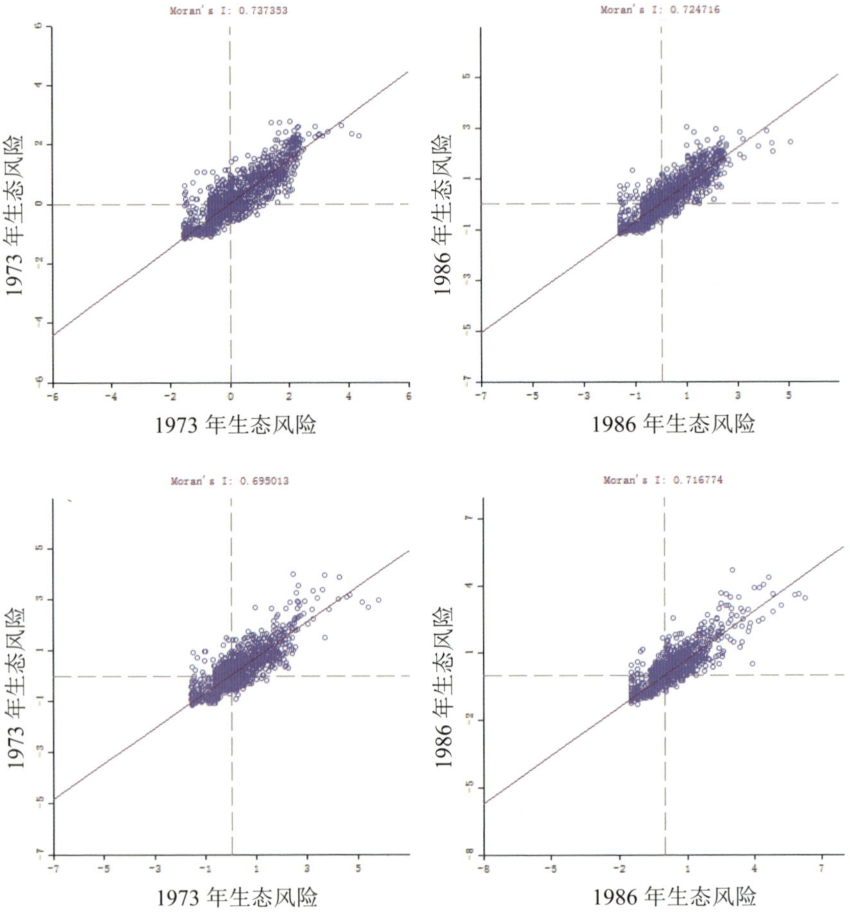

图 7-2　漓江流域生态风险 Moran 散点图

2. 局部空间自相关分析

全局空间自相关分析能够判断整个区域生态风险的空间分布情况（马俊，2014），但不能确定生态风险聚集区属于高 – 高聚集还是低 – 低聚集，以及这些区域所处的具体位置。局部空间自相关系数（LISA）是可选择的度量指标，主要用于测度相邻区域之间生态风险的空间自相关程度（谢花林，2011）。根据公式（7-3）得出漓江流域 1580 个样区 1973 年、1986 年、2000 年、2013 年生态风险的局部空间自相关结果，如图 7-3 所示。

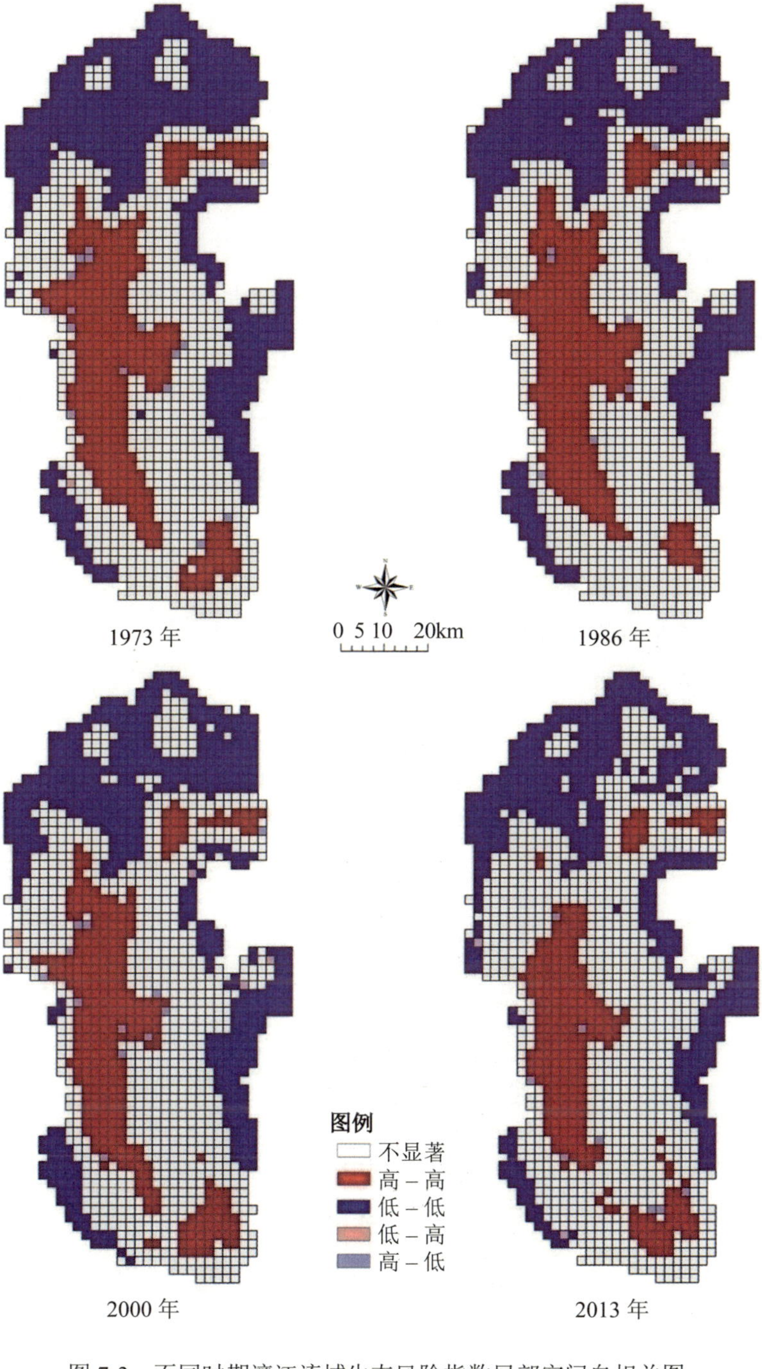

图 7-3　不同时期漓江流域生态风险指数局部空间自相关图

结果表明，1973—2013 年漓江流域生态风险指数的高值和低值聚集区保持着基本稳定的空间格局，呈现中间高、四周低的布局特点。图 7-4 中间红色区域为生态风险高 – 高聚集区，外围蓝色区域为生态风险低 – 低聚集区，二者之间的大部分区域为非聚集状态，有很少量的低 – 高和高 – 低聚集区。2013 年桂林市区北部高值聚集区范围收缩明显，主要因为此区域部分具有较高生态风险的耕地被具有较低生态风险的林地取代。高生态风险区域明显聚集在漓江沿岸的桂林市区、兴安县城、灵川县城和阳朔县城等地，主要由于该地区经济发展水平高，建设用地面积大，旅游产业发达，人口密集，土地利用程度和开发强度高，人类活动剧烈。生态风险指数低值聚集区主要分布在漓江流域北部的青狮潭镇、华江瑶族乡、溶江镇和中东部的大境乡、海洋乡，此区域以自然山林为主，植被状况良好，人口密度低，土地开发利用程度低，景观破碎度小，受人类活动干扰少。从整个研究时段生态风险空间自相关的动态变化来看，1973—2013 年漓江流域的桂林市区、阳朔等地生态风险变化比较明显，趋向于显著提高和显著降低，主要因为城市扩张及旅游开发导致生态风险显著提高，同时由于退耕还林、林果种植等措施的实施，带来部分区域生态风险的降低（见图 7-4）。

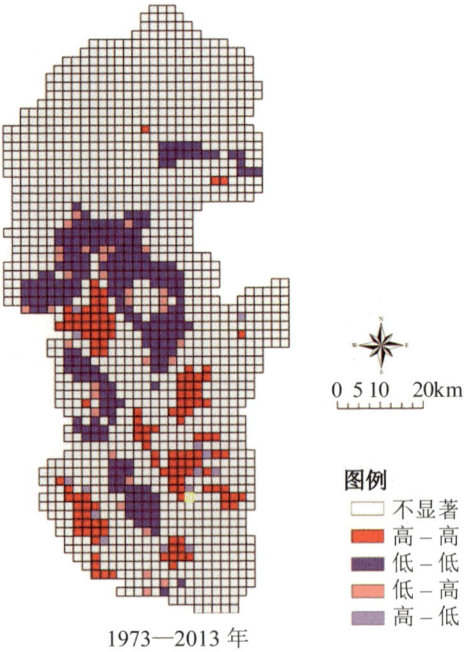

图 7-4　1973—2013 年漓江流域生态风险变化的局部空间自相关图

7.3.3　生态风险指数的空间结构分析

为了进一步分析漓江流域生态风险指数的空间结构，本研究以风险小区中心点作为其生态风险值，利用ARCGIS10.0地统计模块，对4期数据进行理论半变异函数拟合，通过对比高斯模型、线性模型、指数模型及球状模型，发现4个时段球状模型的拟合均较为理想，因而基于此模型分析漓江流域生态风险指数的空间结构。基台值、变程和块金值是半变异函数曲线中的3个主要参数，相关计算结果见表7-3。基台值主要用于反映土地利用生态风险指数的波动幅度（谢花林，2008；安佑志等2011），由表7-3可知，基台值由1973年的0.0024607持续增加到2013年0.0028011，2000年后增长速度明显变快，但整体来看基台值均较小，表明研究期内漓江流域生态风险强度的空间分布较为均匀、差异较小，生态系统的稳定性相对较好，但随着城市化和旅游开发进程的加快，建设用地不断扩张，土地利用程度加大，导致生态系统稳定性下降，高生态风险强度的范围持续增大，空间分布差异逐渐变大、不均匀性增强。变程主要用于表示生态风险指数的空间相关距离（谢花林，2008；叶长盛和冯艳芬，2013），1973—2013年生态风险变程由30949.70m逐渐增加到34318.30m，表明流域生态风险强度的空间相关距离逐渐增大。1973年漓江流域内人为改造活动强度小，以农业生产为主，受漓江流域复杂的喀斯特地形条件、道路交通可达性以及基层生产单元界限的影响比较大，因此生态风险强度的空间相关距离较短。研究期内，特别是2000年以来，城镇建设和旅游景区开发等大规模土地开发活动，使路网不断完善、交通可达性增强，不同行政单元间土地利用形式的差异也在不断减小，局部地形条件的限制作用逐渐减弱，导致生态风险强度的空间相关距离不断增大。漓江流域作为国际知名旅游目的地，生态保护用地面积大，开发活动受限较多，加上复杂的喀斯特地形条件，限制了生态风险空间的扩散，所以生态风险指数的变程增加缓慢，并维持较小的变程。块金基台比可以反映块金方差占总空间异质性变异的大小，研究区1973年块金基台比为17.00%，1986年为15.10%，2000年为17.58%，2013年为16.73%，说明不同研究时段在2km的采样间距内，生态风险还受一些小尺度的非结构性因素的影响，但结构性因素一直是漓江流域内生态风险分异的主导因素。

表 7-3 生态风险指数的理论半变异函数

年份	理论模型	变程（m）	块金值	基台值	块金基台比（%）
1973	球状	30949.70	0.00041841	0.0024607	17.00
1986	球状	31333.80	0.00039094	0.0025898	15.10
2000	球状	33167.60	0.00045598	0.0025938	17.58
2013	球状	34318.30	0.00046862	0.0028011	16.73

7.3.4 漓江流域生态风险时空分异

1. 生态风险空间分布

基于半变异函数的球状模型，采用普通克里格法对 4 个时相 1580 个样区的生态风险值进行空间插值，绘制不同时期漓江流域生态风险空间分布图（见图 7-5）。参考相关研究（王娟等，2008），采用相对指标法将评价样区的生态风险指数划分为高生态风险（≥ 0.20）、较高生态风险（0.15 ～ 0.20）、中生态风险（0.10 ～ 0.15）、较低生态风险（0.05 ～ 0.10）、低生态风险（≤ 0.05）5 个等级，统计 4 个时相不同等级生态风险区的分布面积及比例（见表 7-4）。

表 7-4 漓江流域不同等级生态风险区面积统计

统计类型 Types	1973年		1986年		2000年		2013年	
	面积（km^2）	比例（%）	面积（km^2）	比例（%）	面积（km^2）	比例（%）	面积（km^2）	比例（%）
低生态风险区	1966.22	33.68	1792.25	30.70	1853.54	31.75	2052.03	35.15
较低生态风险区	2185.72	37.44	2464.77	42.22	2498.05	42.79	2580.37	44.20
中生态风险区	1088.19	18.64	1103.37	18.90	1128.47	19.33	838.33	14.36
较高生态风险区	566.86	9.71	434.34	7.44	268.55	4.60	240.52	4.12
高生态风险区	30.94	0.53	43.20	0.74	89.32	1.53	126.68	2.17

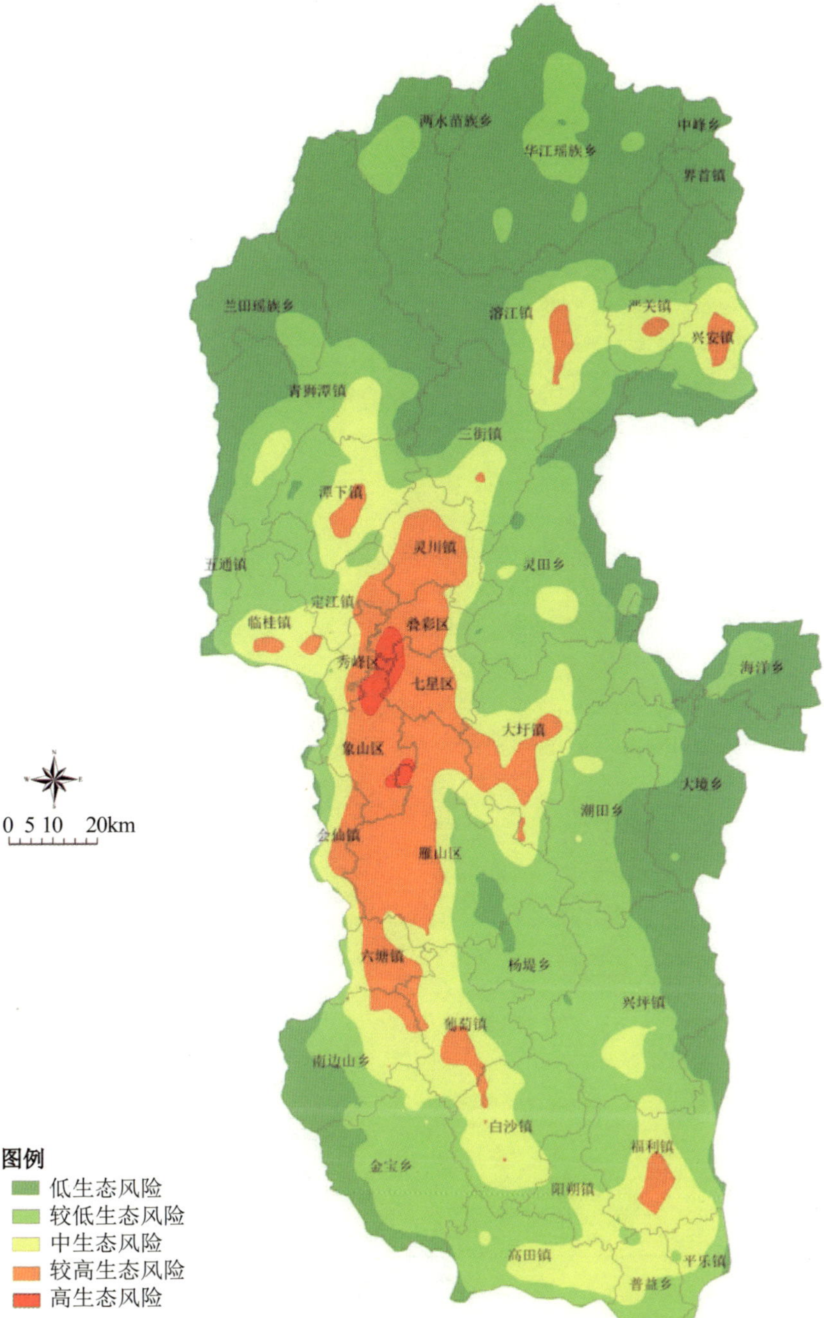

1973 年

图 7-5 1973—2013 年漓江流域生态风险空间分布图

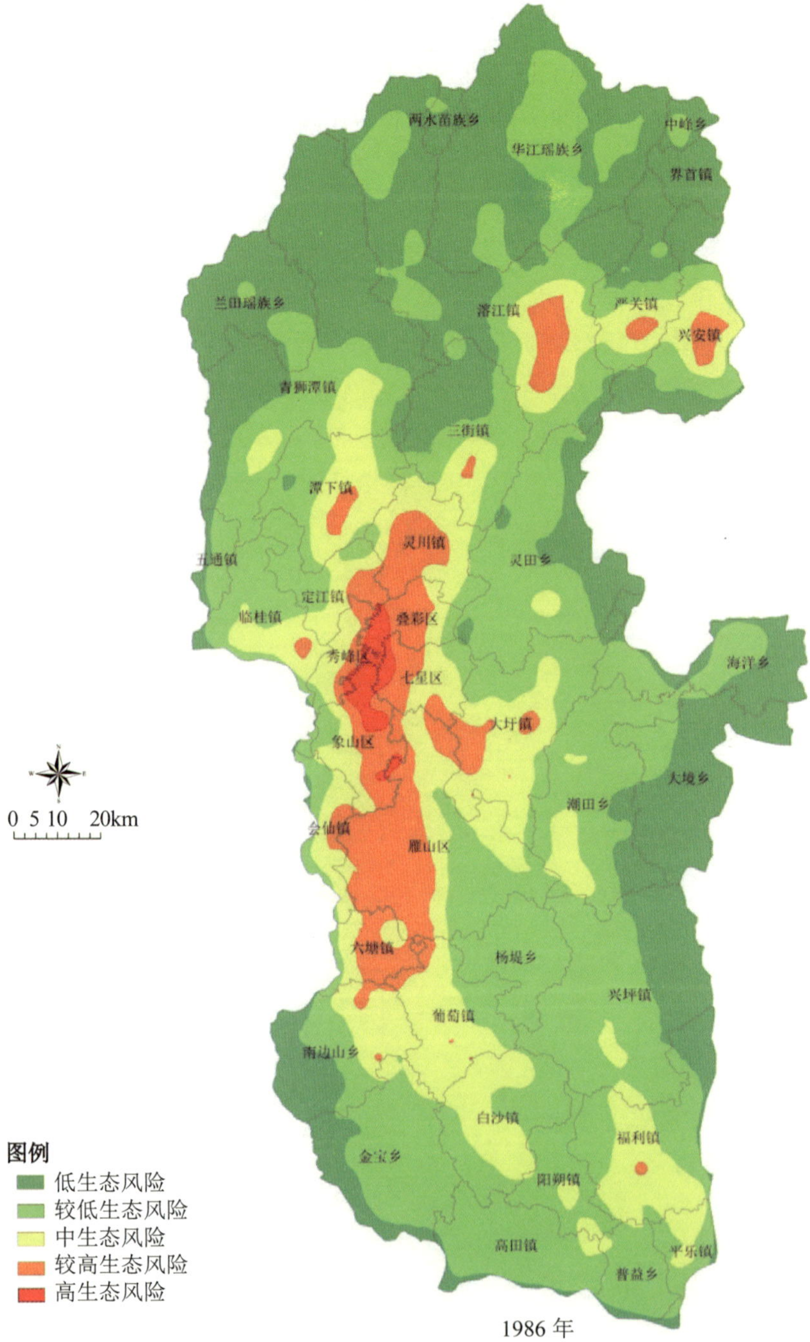

1986 年

图 7-5　1973—2013 年漓江流域生态风险空间分布图（续）

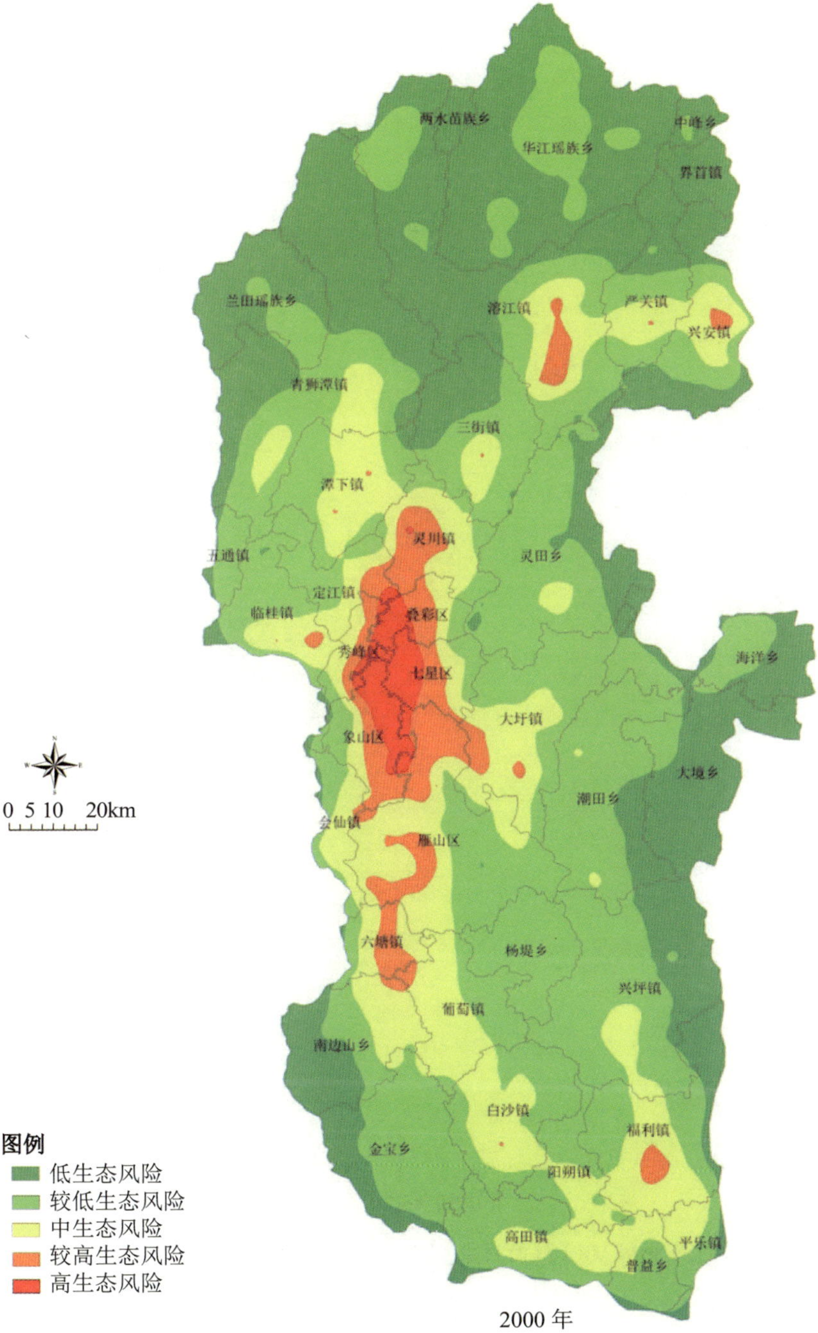

2000 年

图 7-5　1973—2013 年漓江流域生态风险空间分布图（续）

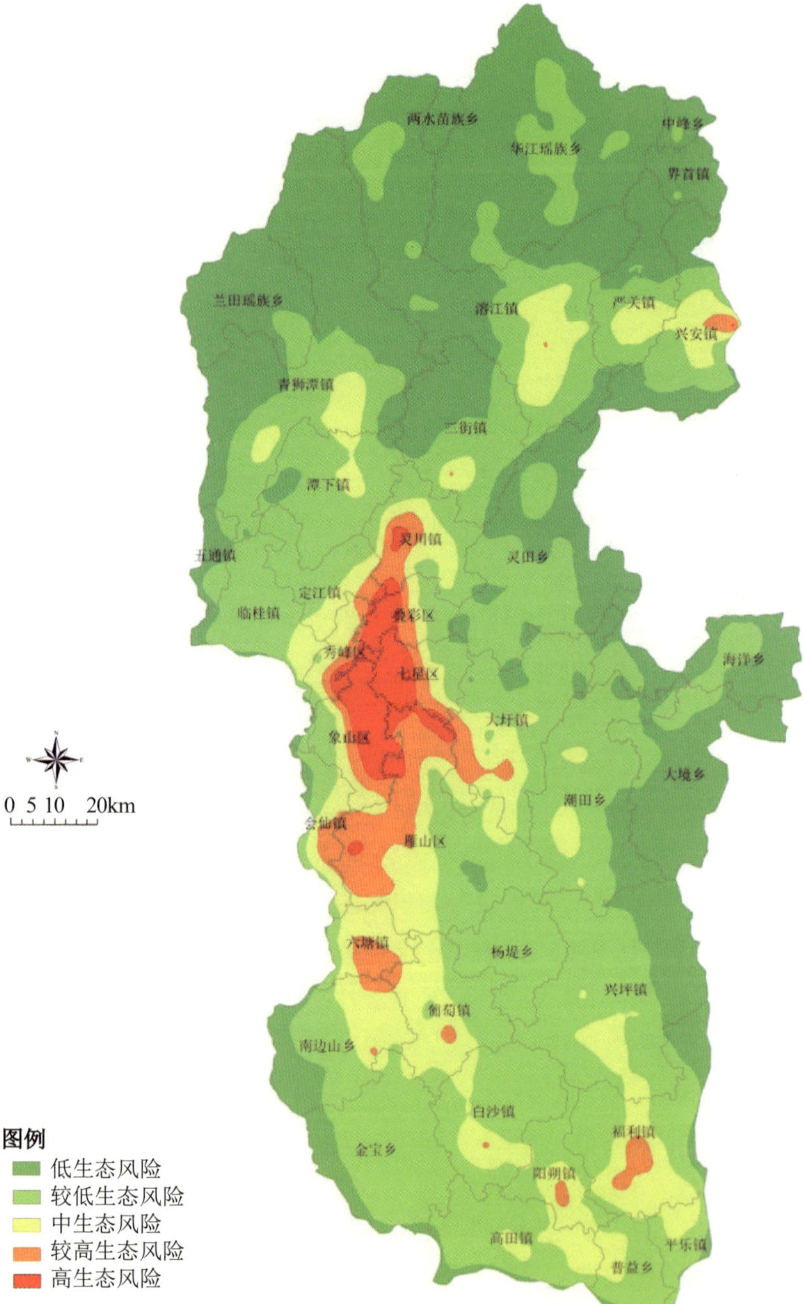

2013 年

图 7-5　1973—2013 年漓江流域生态风险空间分布图（续）

由图 7-5 可以看出，1973—2013 年漓江流域生态风险的整体格局基本稳定，但空间差异显著，呈现明显的圈层结构，以兴安县城—灵川县城—桂林市区—阳朔县城为轴向外风险程度逐渐降低。1973—2013 年低生态风险区主要集中分布在流域北部的猫儿山国家级自然保护区（漓江源）、青狮潭水源林保护区以及中东部的海洋山水源林保护区，景观类型以森林为主，4 个时期的面积分别为 1966.22 km^2、1792.25 km^2、1853.54 km^2、2052.03 km^2，主要涉及华江、兰田、溶江、青狮潭、海洋和大境等乡镇，占比均超过 30%（见表 7-4）。低生态风险区的面积在缓慢下降后又呈快速增长的态势，特别是 2000 年后退耕还林、封山育林等系列措施的实施，使其面积不断扩大，占比由 2000 年的 31.75% 增加到 2013 年的 35.15%。较低生态风险区主要环绕中高风险区域呈圈层状分布，景观类型以经济林、果园、草地为主，主要涉及灵田、潮田、杨堤、兴坪、金宝以及高田等乡镇，4 个时期的面积占比分别为 37.44%、42.22%、42.79%、44.20%，在 5 个风险类型中占比均最高，面积由 1973 年的 2185.72 km^2 持续增加到 2013 年的 2580.37 km^2，呈向中间地带不断扩张之势，主要由于随着人们生活水平的提高，对水果的需求日益增长，促使果业种植的规模不断扩大。中生态风险区主要分布在流域中间的河谷地带，景观类型以耕地、经济林、果园为主，主要涉及严关、三街、潭下、六塘、葡萄、白沙和福利等乡镇，属于低生态风险区和高生态风险区的过渡地带，4 个时期的面积分别为 1088.19 km^2、1103.37 km^2、1128.47 km^2、838.33 km^2，占比由 1973 年的 18.64% 上升到 2000 年的 19.33%，后快速下降到 2013 年的 14.36%，主要由于 2000 年以前经济林、果园的种植未形成规模，与耕地镶嵌分布，2000 年以后林果生产呈现规模化、区域化的发展趋势，造成耕地被大面积连片果园所取代。较高生态风险区环绕高生态风险区分布，景观类型以耕地、建筑为主，主要涉及兴安、灵川、阳朔等中心镇和桂林市区的城郊接合部，4 个时期的占比分别为 9.71%、7.44%、4.60%、4.12%，面积由 1973 年的 566.86 km^2 持续减少到 2013 年的 240.52 km^2，主要由于风险水平较高的农田转化为建设用地和林地所致。高生态风险区主要分布在桂林市区，其他区域零星分布，景观类型以建筑为主，4 个时期的占比分别为 0.53%、0.74%、1.53%、2.17%，面积比重不大但增加迅速，由 1973 年的 30.94 km^2 迅速增加到 2013 年的 126.68 km^2。总体来看，40 年间漓江流域大部分区域一直处于较低的生态风险水平，并呈逐渐向好的趋势，但高生态风险区增加迅速且集中连片，此类区域是今后生态环境建设的重点区域，需特别加强区域生态风险的管控。

2. 生态风险时序变化

根据 4 期漓江流域各样区生态风险值统计得出，1973 年生态风险值介于 0.0011 ～ 0.2965，均值为 0.0784，1986 年介于 0.0013 ～ 0.3136，均值为 0.0772，2000 年介于 0.0017 ～ 0.3449，均值为 0.0748，2013 年介于 0.0011 ～ 0.3620，均值为 0.0711。研究期内漓江流域的生态风险均值由 1973 年的 0.0784 减少到 2013 年的 0.0711，峰值由 0.2965 持续增加到 0.3620，漓江流域整体上持续处于较低的生态风险水平，局部高风险区域趋向集中。40 年间漓江流域大部分样区的生态风险值发生了变化，生态风险值降低的样区占 51.98%，增加的样区占 36.50%，11.52% 的样区生态风险值维持不变。

为了分析不同时段内研究区生态风险的变化情况，利用 ARCGIS 的栅格计算功能，分别对 1973—1986 年、1986—2000 年、2000—2013 年及 1973—2013 年 4 个时段的生态风险栅格图进行栅格计算，栅格值相差 1 个等级确定为生态风险小幅增加或减少，栅格值相差 2 个等级及以上确定为生态风险大幅增加或减少，最终生成不同时段生态风险变化图（见图 7-6），并统计各个时段生态风险区的面积变化（见表 7-5）。

表 7-5　1973—2013 年漓江流域不同等级生态风险区面积变化

统计类型	1973—1986年		1986—2000年		2000—2013年		1973—2013年	
	面积变化（km^2）	变化率（%）	面积变化（km^2）	变化率（%）	面积变化（km^2）	变化率（%）	面积变化（km^2）	变化率（%）
低生态风险区	-173.97	-8.85	61.29	3.42	198.49	10.71	85.81	4.36
较低生态风险区	279.05	12.77	33.28	1.35	82.32	3.30	394.65	18.06
中生态风险区	15.18	1.39	25.10	2.27	-290.14	-25.71	-249.86	-22.96
较高生态风险区	-132.52	-23.38	-165.79	-38.17	-28.03	-10.44	-326.34	-57.57
高生态风险区	12.26	39.63	46.12	106.76	37.36	41.83	95.74	309.44

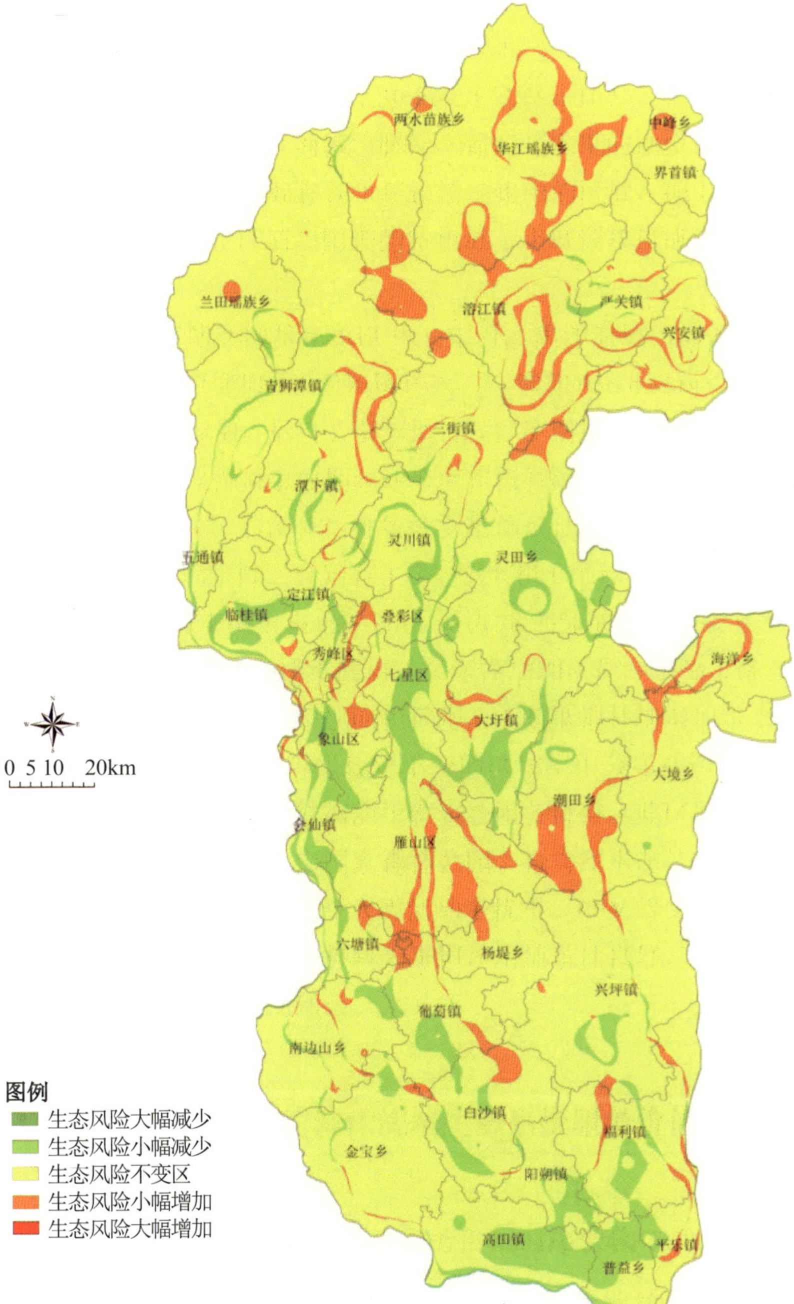

1973—1986 年

图 7-6　1973—2013 年漓江流域生态风险变化图

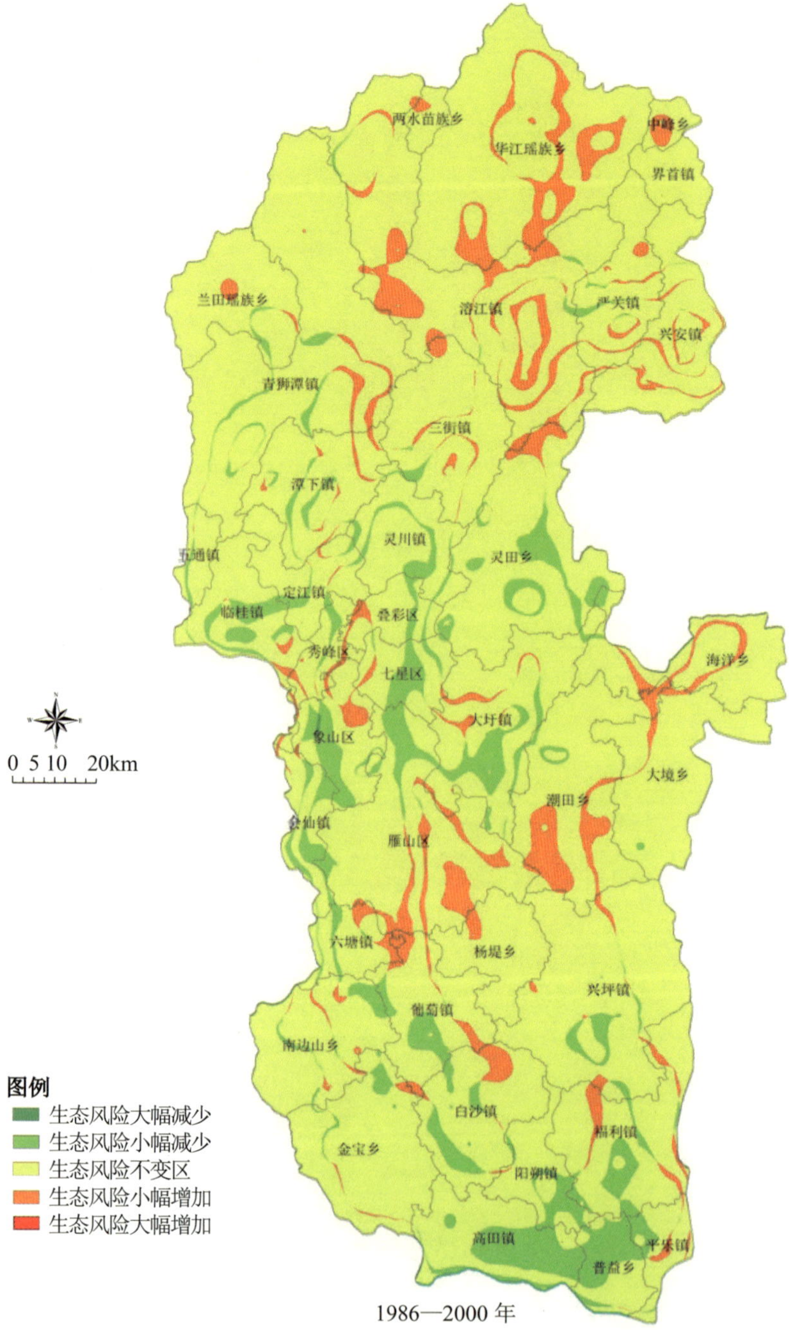

图 7-6　1973—2013 年漓江流域生态风险变化图（续）

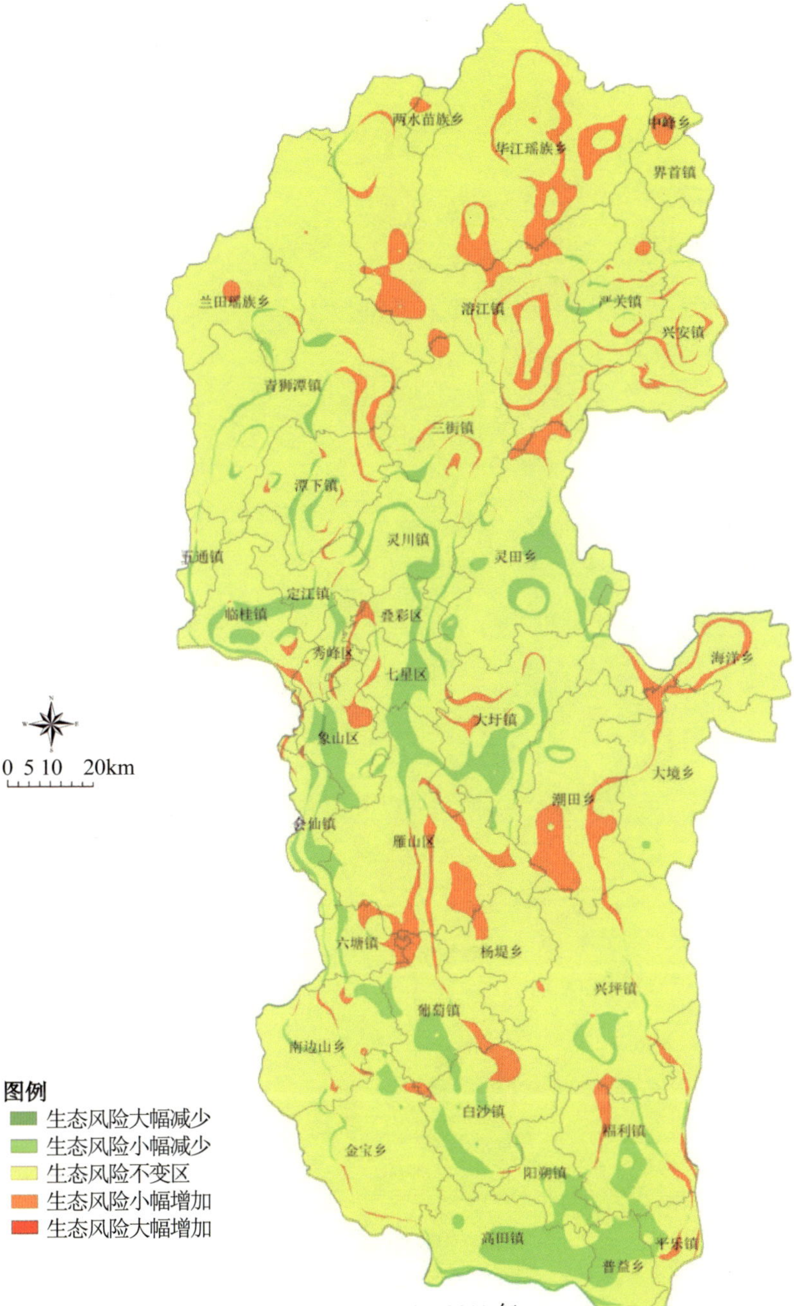

2000—2013 年

图 7-6 1973—2013 年漓江流域生态风险变化图（续）

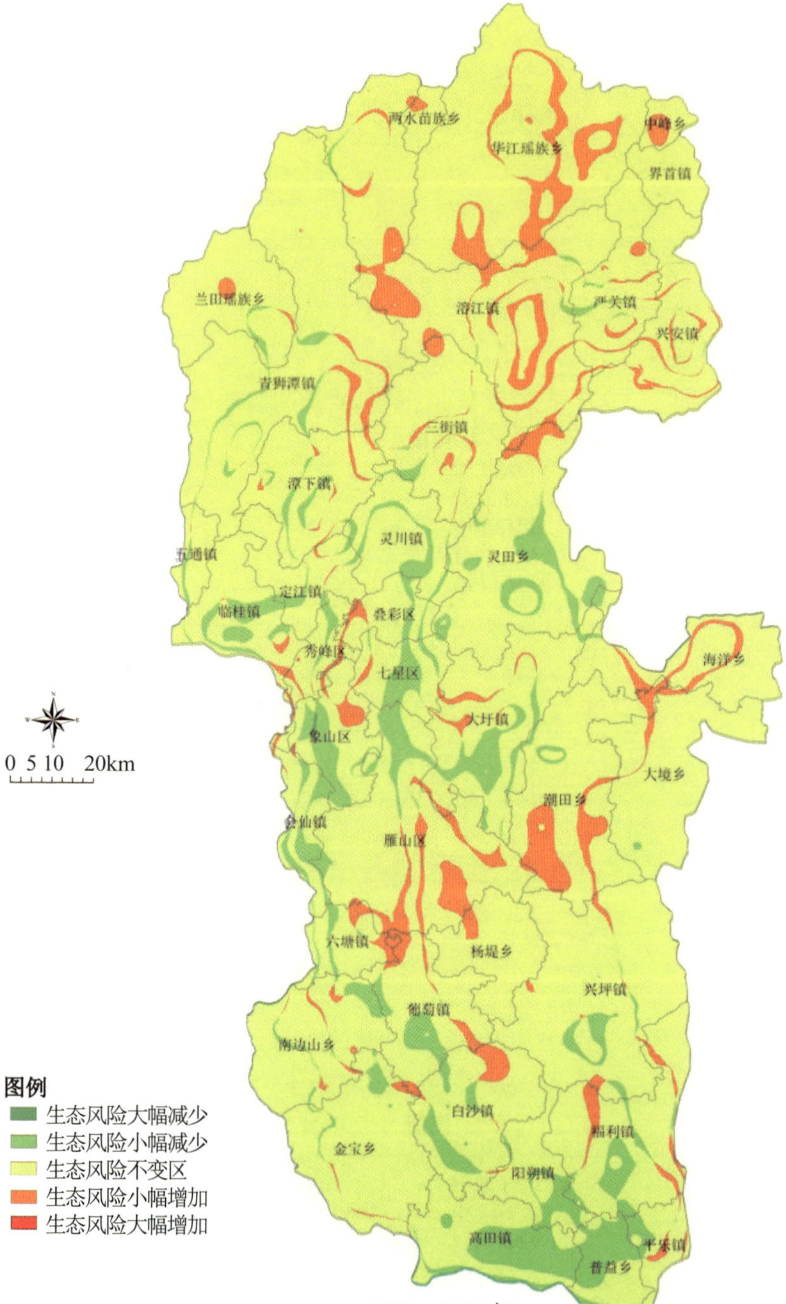

1973—2013 年

图 7-6　1973—2013 年漓江流域生态风险变化图（续）

由表 7-5 可以看出，1973—1986 年，低生态风险区和较高生态风险区面积呈减少趋势，分别减少 173.97 km^2 和 132.52 km^2，降幅分别为 8.85% 和 23.38%，较低、中和高生态风险区面积增加，较低生态风险区面积净增最多，为 279.05 km^2，高生态风险区增幅最大，为 39.63%。研究期内大部分区域的生态风险等级变化不大，生态风险等级增加的区域集中分布在研究区北部的华江、溶江和中南部的雁山、潮田等乡镇，主要由该区域内较低海拔地区的草地和林地被开发为耕地所致。另外，在桂林市区的城郊接合部也出现一定程度的环状增加，主要由城市向四周扩张，造成建设用地面积增加所致。生态风险等级减少的区域集中分布在桂林市区外围的临桂、象山、大圩和南部的高田、普益、阳朔等镇区（见图 7-6），主要由于此类区域坡度较为平缓，交通便利，部分耕地转化为果园所致。综合而言，此阶段内生态风险区域的增加和减少主要受种植业结构调整的影响，而城镇化建设相对较慢，建设用地增量较小，影响范围不大。

1986—2000 年，低、较低、中和高生态风险区面积均出现不同程度的增加，其中低生态风险区面积增加量最大，为 61.29 km^2，高生态风险区面积增幅最大，为 106.76%。较高生态风险区面积净减少 165.79 km^2，下降 38.17%。生态风险上升的区域主要出现在桂林市区的七星、象山和阳朔周边，主要由于此区域城镇化建设明显加快，建设用地增加迅速，由上一阶段的点状发展逐渐趋向于集中连片。生态风险减少的区域广布于漓江河谷地势较低、坡度较平缓的区域（见图 7-6），主要由于此阶段研究区林果种植业由上一阶段的部分镇区小区域种植，趋向于全域性大部分镇区连片发展。综合而言，此阶段生态风险的变化主要由城镇扩张和大范围林果种植带来的建设用地和林地增加所致。

2000—2013 年，低、较低和高生态风险区面积均出现不同程度的增加，其中低生态风险区面积增加量最大，净增加 198.49 km^2，增幅为 10.71%，高生态风险区面积增幅最大，为 41.83%。中和较高生态风险区面积分别净减少 290.14 km^2 和 28.03 km^2，降幅分别为 25.71% 和 10.44%。生态风险上升的区域主要出现在兴安镇、灵川镇、阳朔镇和桂林市区的城郊接合部（见图 7-6），主要由于桂林市区的扩张，阳朔、兴安等特色旅游小城镇的建设，贵广高铁和桂梧高速等基础设施的建设，尤其是雁山大学城的建设，带来此区域建设用地的大面积增加。生态风险下降的区域集中分布在漓江流域的中北部，主要由北部高海拔地区退耕还林、中部林果种植、乡村旅游发展带来的耕地、草地向林地转移所致。综合而言，此阶段生态风险的变化主要受城镇化建设、景区开发、乡村旅游、林果种植和退耕还林等多重因素影响，生态风险趋向高和低两极化发展。

整个研究期内，低、较低和高生态风险区面积增加，其中较低生态风险区增加最多，净增加 394.65 km^2，高生态风险区面积增幅最大，高达 309.44%。中、较高生态风险区面积分别减少 249.86 km^2 和 326.34 km^2。生态风险增加的区域集中在桂林市区、阳朔、兴安等城镇建设活跃区，生态风险减少区主要集中在高海拔地区的退耕还林区和漓江河谷地带的林果种植区（见图 7-6）。综合而言，研究区处于较低的生态风险水平，整体呈生态风险下降趋势，但局部区域生态风险迅速升高是今后环境管理的重点。

3. 生态风险变化的坡度差异

利用 ARCGIS 10.0 的空间提取功能，将不同时段漓江流域的生态风险图与坡度栅格图进行叠加运算，通过其空间统计功能计算不同坡度段的生态风险指数（见表 7-6），得出各个时期不同坡度段上各级生态风险区面积的分布情况（见图 7-7），具体面积及比例见表 7-7。

表 7-6　1973—2013 年漓江流域各坡度段生态风险指数

坡度段	1973年	1986年	2000年	2013年	1973—1986年	1986—2000年	2000—2013年	1973—2013年
0°～3°	0.1366	0.1292	0.1284	0.1177	−0.0075	−0.0008	−0.0106	−0.0189
3°～8°	0.1168	0.1116	0.1082	0.1024	−0.0052	−0.0034	−0.0057	−0.0144
8°～15°	0.0755	0.0756	0.0723	0.0694	0.0001	−0.0033	−0.0029	−0.0061
15°～25°	0.0587	0.0605	0.0577	0.0560	0.0018	−0.0028	−0.0017	−0.0027
＞25°	0.0567	0.0582	0.0566	0.0551	0.0015	−0.0016	−0.0015	−0.0016

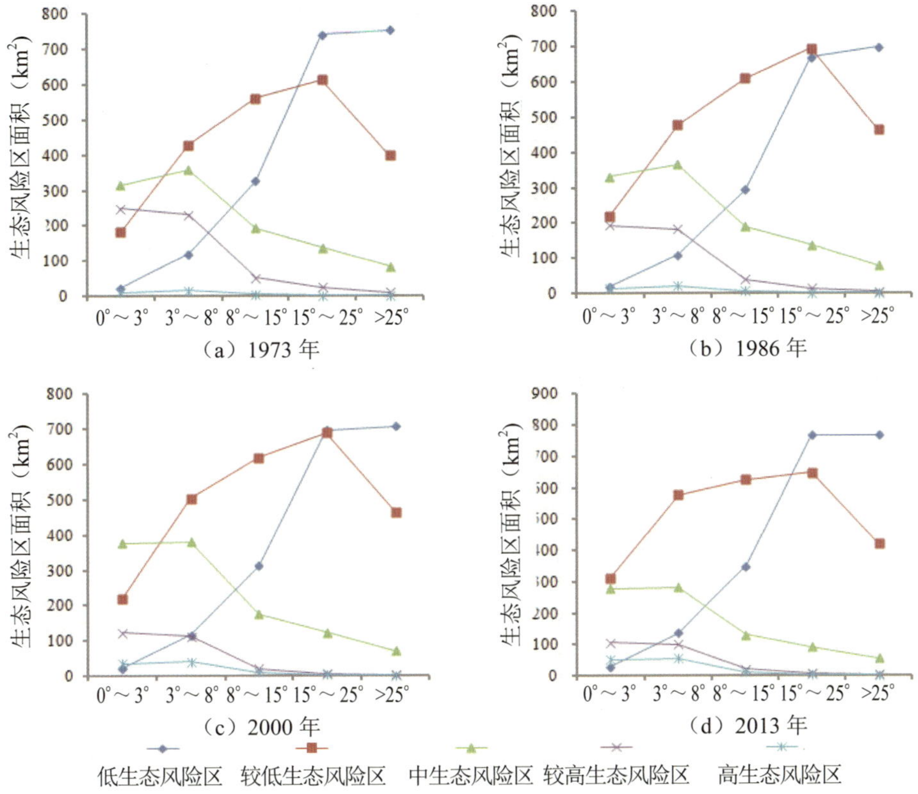

图 7-7　1973—2013 年漓江流域各坡度段生态风险区面积分布

从各时期不同坡度段的生态风险指数来看（见表 7-6），各研究时段均表现出随坡度增加生态风险指数逐渐下降的分布特点，其中 8°～15° 坡度段下降最为显著，15°～25° 和大于 25° 坡度段降幅平缓，0°～3° 坡度段生态风险指数高于其他坡度段。整个研究期内，0°～3° 坡度段生态风险指数持续下降，并且降幅逐渐加快，对比坡度分级图及各时段土地利用类型图发现，研究区 0°～3° 坡度段有大量具有较高生态风险的耕地被转化为具有低生态风险的林地，抵消了建设用地增加带来的生态风险增加。3°～8° 坡度段生态风险指数持续下降，降幅较 0°～3° 坡度段趋缓。8°～15°、15°～25° 和大于 25° 坡度段生态风险指数先增加后减少，整体小幅下降。1973—1986 年生态风险指数增加，主要由毁林、毁草开荒导致高坡度区域的林地转化为耕地所致，1986—2013 年由于林果种植、退耕还林等政策的实施，高坡度地区的林地逐渐增加。40 年间各坡度段的生态风险指数整体上均有下降，降幅较大的区域主要集中在 0° ～ 3° 和 3° ～ 8° 坡度段，其他区域降幅较小。

从各时期不同坡度段上各级生态风险区面积的分布情况来看（见图 7-7），1973—2013 年研究区各坡度段不同风险等级的面积虽有波动，但整体上呈现基本一致的分布特征。1973—2013 年研究区高生态风险区和较高生态风险区主要分布在 0° ～ 3° 和 3° ～ 8° 两个坡度段，4 个时期高生态风险区在 0° ～ 3°、3° ～ 8° 两个坡度段的面积占比合计分别为 80.94%、80.53%、84.85%、86.29%，较高生态风险区面积占比合计分别为 84.66%、86.60%、88.20%、86.32%（见表 7-7），其他坡度段有少量分布，随着坡度增加，高和较高风险等级的面积持续下降，尤其在 8° ～ 15° 坡度段下降最为显著，主要因为建设用地、耕地集中分布在坡度较为平缓的地区，人口密度大，人类活动干扰剧烈，生态风险高。较低生态风险区比较均衡地分布于 3° ～ 8°、8° ～ 15°、15° ～ 25°、大于 25° 坡度段，0° ～ 3° 坡度段占比最低。低生态风险主要分布在 8° ～ 15°、15° ～ 25° 和大于 25° 坡度段，在大于 25° 坡度段面积占比最高，随着坡度的增加，低生态风险区面积不断增加，尤其在 15° ～ 25° 坡度段增加最为显著，主要由于漓江流域的林地集中分布在坡度较高的地区。

从数量变化上看（见表 7-7），不同时期高生态风险区面积在各坡度段上均持续快速增加，以 0° ～ 3° 和 3° ～ 8° 坡度段增加最多，分别由 1973 年的 10.07 km^2 和 14.97 km^2 增加到 2013 年的 52.69 km^2 和 56.62 km^2，主要由于该区域坡度缓，用地条件好，城镇扩展、道路交通等基础设施建设主要在这两个坡度段内进行，人类活动干扰剧烈，导致生态风险增加。较高生态风险区在 0° ～ 3° 和 3° ～ 8° 坡度段面积持续减少，主要由具有较高生态风险的耕地向建设用地和林地双向转移所致。低生态风险区面积在 5 个坡度段上均先下降后上升，整体有所增加，主要因为 1986 年以后各坡度段上的林地均有不同程度的增加。较低生态风险区面积在 0° ～ 3°、3° ～ 8°、8° ～ 15° 坡度段持续增加，在 15° ～ 25° 和大于 25° 坡度段先增加后减少，总体略有增加。中生态风险区面积在 8° ～ 15° 和大于 25° 两个坡度段持续下降，在 0° ～ 3°、3° ～ 8°、15° ～ 25° 坡度段先增加后减少，波动下行。总体而言，研究区内坡度较大的区域人类活动干扰少，生态系统较为稳定，以低生态风险为主；坡度平缓的地区交通可达性强，用地开发条件好，人类活动频繁，干扰剧烈，生态风险相对较高。

表 7-7　1973—2013 年漓江流域不同坡度段各等级生态风险区面积统计

年份	坡度段	低生态风险区		较低生态风险区		中生态风险区		较高生态风险区		高生态风险区	
		面积（km^2）	比例（%）	面积（km^2）	比例（%）	面积（km^2）	比例（%）	面积（km^2）	比例（%）	面积（km^2）	比例（%）
1973	0°～3°	22.61	1.15	183.16	8.38	315.47	28.99	248.68	43.87	10.07	32.55
	3°～8°	120.33	6.12	428.62	19.61	358.45	32.94	231.22	40.79	14.97	48.39
	8°～15°	326.79	16.62	561.51	25.69	193.15	17.75	51.93	9.16	4.21	13.60
	15°～25°	741.66	37.72	614.41	28.11	137.44	12.63	24.26	4.28	1.19	3.86
	＞25°	754.83	38.39	398.02	18.21	83.68	7.69	10.77	1.90	0.50	1.60
1986	0°～3°	19.89	1.11	219.86	8.92	332.11	30.10	193.89	44.64	14.42	33.38
	3°～8°	108.61	6.06	476.93	19.35	365.55	33.13	182.25	41.96	20.37	47.15
	8°～15°	294.65	16.44	609.78	24.74	189.01	17.13	38.14	8.78	5.82	13.47
	15°～25°	670.12	37.39	694.33	28.17	137.81	12.49	14.59	3.36	1.98	4.59
	＞25°	698.98	39.00	463.87	18.82	78.89	7.15	5.47	1.26	0.61	1.41
2000	0°～3°	22.80	1.23	221.08	8.85	376.91	33.40	123.72	46.07	35.64	39.90
	3°～8°	116.03	6.26	503.60	20.16	380.75	33.74	113.14	42.13	40.15	44.95
	8°～15°	311.95	16.83	620.02	24.82	175.59	15.56	20.57	7.66	9.29	10.40
	15°～25°	696.00	37.55	688.96	27.58	123.34	10.93	7.44	2.77	3.19	3.57
	＞25°	706.76	38.13	464.39	18.59	71.88	6.37	3.68	1.37	1.05	1.18
2013	0°～3°	30.58	1.49	311.71	12.08	278.24	33.19	107.06	44.51	52.69	41.59
	3°～8°	137.69	6.71	576.71	22.35	282.18	33.66	100.56	41.81	56.62	44.70
	8°～15°	349.05	17.01	624.97	24.22	130.70	15.59	20.68	8.60	11.81	9.32
	15°～25°	767.05	37.38	647.93	25.11	91.71	10.94	8.35	3.47	3.90	3.08
	＞25°	767.66	37.41	419.05	16.24	55.50	6.62	3.87	1.61	1.66	1.31

4. 生态风险变化的高程差异

将漓江流域高程带栅格图和 4 个时段的生态风险分布图叠加，统计各高程带的生态风险指数（见表 7-8）及不同生态风险区面积的分布情况（见表 7-9）。

从各时期不同高程带的生态风险指数来看（见表 7-8），生态风险指数表现出相似的分布特点：0 ～ 200m ＞ 200 ～ 500m ＞ 500 ～ 800m ＞ 800 ～ 1200 m 大于 1200 m，其中 0 ～ 200m 的生态风险指数远高于其他高程带。随着海拔的升高，生态风险指数降幅逐渐趋于平缓，500m 以上的区域各时期生态风险指数减少量均小于 0.01，主要因为研究区的重要城镇集中分布于低海拔地区，人口密度大，人类活动干扰剧烈，而高海拔地区以林地为主并保持基本稳定。不同时段各高程带内生态风险指数变化表现出较大差异，0 ～ 200m 高程带生态风险指数先减少后增加，整体上有所下降，1973—1986 年生态风险指数的减少主要由低海拔地区的耕地转化为林地所致，1986—2013 年由于林地和耕地被具有高生态风险的建设用地所侵占，导致生态风险指数持续上升。200 ～ 500m 高程带生态风险指数持续减少，由 1973 年的 0.0921 下降为 2013 年的 0.0812。500 ～ 800m、800 ～ 1200m 及大于 1200m 高程带呈先增加后减少的波动趋势，但变化幅度很小，前期生态风险指数的上升主要由人类对林地的破坏引起，后期由于高海拔地区退耕还林、封山育林等政策的实施，使林地逐渐恢复。40 年间各高程带生态风险指数整体都有减少，降幅较大的区域主要集中在 0 ～ 200m 和 200 ～ 500m 高程带，其他区域基本稳定。

表 7-8　1973—2013 年漓江流域各高程带生态风险指数

高程带（m）	1973年	1986年	2000年	2013年	1973—1986年	1986—2000年	2000—2013年	1973—2013年
0～200	0.1549	0.1375	0.1417	0.1426	−0.0174	0.0042	0.0009	−0.0123
200～500	0.0921	0.0919	0.0873	0.0812	−0.0002	−0.0046	−0.0061	−0.0109
500～800	0.0479	0.0504	0.0491	0.0478	0.0025	−0.0013	−0.0013	−0.0001
800～1200	0.0441	0.0452	0.0450	0.0441	0.0011	−0.0002	−0.0009	0.0000
＞1200	0.0430	0.0432	0.0436	0.0428	0.0002	0.0004	−0.0008	−0.0002

从各高程带不同生态风险区面积的分布来看（见图 7-8），1973—2013 年低生态风险区主要分布在 200 ～ 500m、500 ～ 800m、800 ～ 1200m 高程带，三者面积占比合计分别为 90.76%、90.03%、90.22%、91.14%（见表 7-9），整体保

持基本稳定，主要由于该高程带内分布有大面积生长良好的林地，生态系统较为稳定。较低生态风险区主要分布在 200 ～ 500m 高程带，4 个时期面积占比分别为 82.72%、78.16%、80.89% 和 84.36%，主要由于该高程带属于大面积林地和耕地的过渡地带，林地和耕地交错布置。中生态风险区主要分布在 0 ～ 200m 和 200 ～ 500m 高程带，面积占比合计均在 99% 以上，另外在 500 ～ 800m 高程带有零星分布。较高和高生态风险区主要分布在 0 ～ 200m 和 200 ～ 500m 高程带，除 2000 年较高生态风险区在 500 ～ 800m 有零星分布外，其他时段在 500m 以上的高程范围内均未出现高和较高生态风险区的分布。

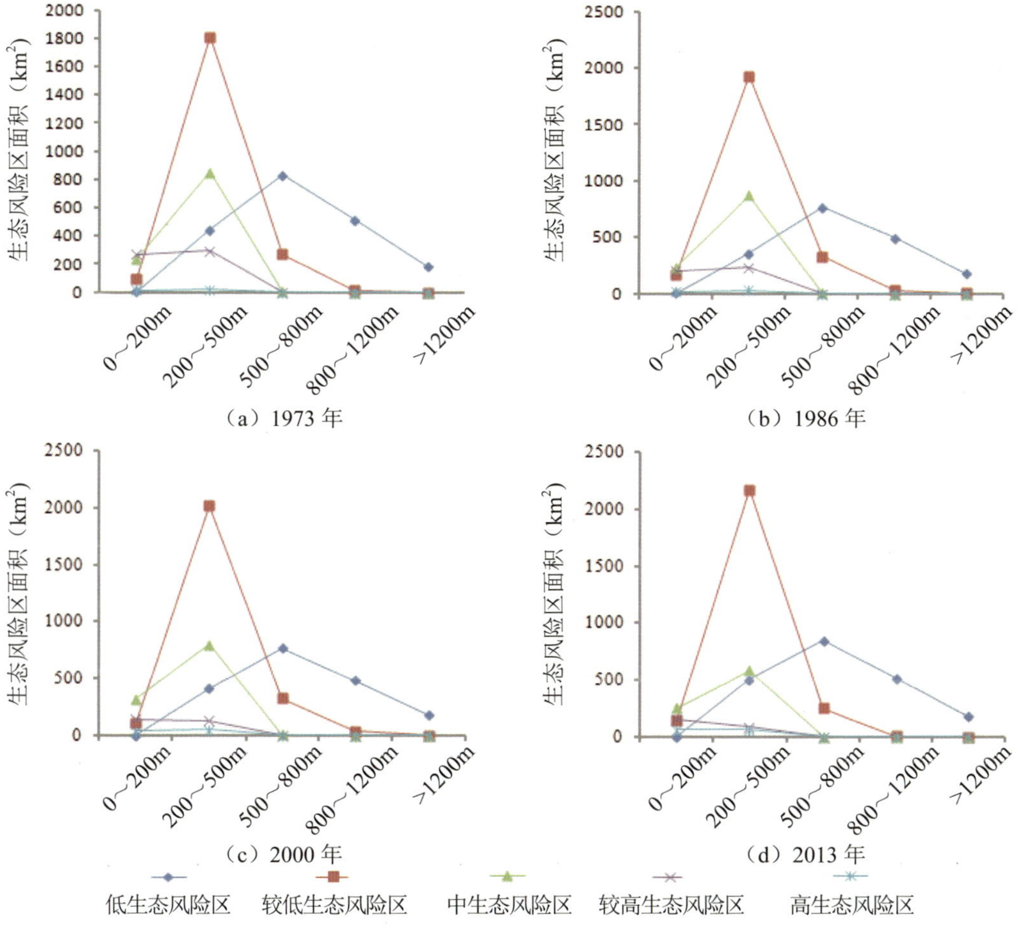

图 7-8　1973—2013 年漓江流域各高程带生态风险区面积分布

表 7-9　1973—2013 年漓江流域不同高程带各等级生态风险区面积统计

年份	高程带（m）	低生态风险区		较低生态风险区		中生态风险区k		较高生态风险区		高生态风险区	
		面积（km^2）	比例（%）	面积（km^2）	比例（%）	面积（km^2）	比例（%）	面积（km^2）	比例（%）	面积（km^2）	比例（%）
1973	0～200	1.18	0.06	94.42	4.32	236.14	21.70	272.38	48.05	11.87	38.36
	200～500	442.79	22.52	1808.03	82.72	851.29	78.23	294.48	51.95	19.07	61.64
	500～800	829.94	42.21	270.15	12.36	0.76	0.07	0.00	0.00	0.00	0.00
	800～1200	511.81	26.03	12.68	0.58	0.00	0.00	0.00	0.00	0.00	0.00
	＞1200	180.50	9.18	0.44	0.02	0.00	0.00	0.00	0.00	0.00	0.00
1986	0～200	1.08	0.06	171.30	6.95	230.05	20.85	199.93	46.03	13.58	31.43
	200～500	355.40	19.83	1926.46	78.16	869.79	78.83	234.41	53.97	29.62	68.57
	500～800	763.50	42.60	333.73	13.54	3.53	0.32	0.00	0.00	0.00	0.00
	800～1200	494.66	27.60	30.07	1.22	0.00	0.00	0.00	0.00	0.00	0.00
	＞1200	177.61	9.91	3.21	0.13	0.00	0.00	0.00	0.00	0.00	0.00
2000	0～200	2.04	0.11	111.41	4.46	322.06	28.54	140.85	52.45	38.31	42.89
	200～500	412.78	22.27	2020.67	80.89	801.33	71.01	127.51	47.48	51.01	57.11
	500～800	770.52	41.57	327.00	13.09	5.08	0.45	0.19	0.07	0.00	0.00
	800～1200	488.96	26.38	36.72	1.47	0.00	0.00	0.00	0.00	0.00	0.00
	＞1200	179.24	9.67	2.25	0.09	0.00	0.00	0.00	0.00	0.00	0.00
2013	0～200	1.03	0.05	145.27	5.63	255.52	30.48	151.70	63.07	62.54	49.37
	200～500	503.98	24.56	2176.80	84.36	581.97	69.42	88.82	36.93	64.14	50.63
	500～800	849.74	41.41	250.30	9.70	0.84	0.10	0.00	0.00	0.00	0.00
	800～1200	516.50	25.17	8.00	0.31	0.00	0.00	0.00	0.00	0.00	0.00
	＞1200	180.78	8.81	0.00	0.00	0.00	0.00	0.00	0.00	0.00	0.00

从数量变化上看（见表 7-9），研究期内高生态风险区面积在 0 ～ 200m 和 200 ～ 500m 高度带内均持续快速增加，分别由 1973 年的 11.87 km^2 和 19.07 km^2 增加到 2013 年的 62.54 km^2 和 64.14 km^2，这是因为漓江流域内的建设活动主要集中在 500m 以下的高程范围内。较高生态风险区在 0 ～ 200m 高程带内先由 1973 年的 272.38 km^2 快速减少到 2000 年的 140.85 km^2，后小幅增加到 2013 年的 151.70 km^2，主要由于该区域的耕地不断被建设用地和林地所占用；在 200 ～ 500m 高程带内，持续快速减少，由 294.48 km^2 下降到 88.82 km^2，主要由果业种植带来的林地增加所致。中生态风险区在 0 ～ 200m 高程带呈先减少后增加再减少的波动变化，在 200 ～ 500m 和 500 ～ 800m 高程带均呈现先增加后减少的趋势，这是由于 1986—2000 年人类生产活动不断向高海拔地区拓展，2000 年后随着退耕还林、封山育林等政策的实施，人们在较高海拔的活动又趋于减少。较低生态风险区在 0 ～ 200m 呈先增加后减少再增加的趋势，说明在 0 ～ 200m 高程带内土地利用类型互转频繁；200 ～ 500m 高程带内面积持续增加，耕地向林地转移的趋势明显，这与研究期内丘陵地带大面积种植林果和退耕还林直接相关；500 ～ 800m 高程带内面积先增加后减少，这与低生态风险区在该高程带内先减少后增加的趋势恰好相反，说明在 1973—1986 年该高程带内有部分林地被开垦为耕地或者被采伐变为草地，1986 年后在林果种植等因素驱动下又转化为林地。低生态风险区在 0 ～ 200m 高程带面积很少，基本稳定，研究期内占比均未超过 1%，200 ～ 500m 和 500 ～ 800m 高程带内，面积分别由 1973 年的 442.79 km^2 和 829.94 km^2 减少到 1986 年的 355.40 km^2 和 763.50 km^2，随后增加到 2013 年的 503.98 km^2 和 849.74 km^2，主要由于 1973—1986 年林地转化为耕地、草地、未利用地等其他土地利用类型，1986 年特别是 2000 年以后由于林果种植、退耕还林等相关政策的实施，林地面积快速增加。

5. 生态风险转移特征

利用 ERDAS 9.2 的转移矩阵功能，统计 1973—2013 年漓江流域各时段不同生态风险类型的转化方向、转化面积以及速率。由表 7-10 可以得出，1973—2013 年，漓江流域由低级别生态风险向高级别生态风险转化的面积为 296.13 km^2，占研究区总面积的 5.07%，其中低生态风险→较低生态风险的转化速率最快，为 3.62 km^2/a，较高生态风险→高生态风险的转化速率较快，为 2.39 km^2/a。由高级别生态风险向低级别生态风险转化的面积为 965.44 km^2，占总面积的 16.54%，其中中生态风险→较低生态风险的转化速率远高于其他等级生态风险的转化速率，为 12.15 km^2/a，较低生态风险→低生态风险及较高生态风险→中生态风险的转化速率也较快，分别为 5.77 km^2/a 和 5.37 km^2/a。这表明整个研究区期内，虽然局部地区的生态风险升高，但整体上生态风险呈下降趋势。

从不同的时段来看，1973—1986 年，由低级别生态风险向高级别生态风险转化的面积为 426.77 km^2，其中，低生态风险→较低生态风险的转化速率最快，为 18.27 km^2/a。由高级别生态风险向低级别生态风险转化的面积为 465.64 km^2，其中，中生态风险→较低生态风险的转化速率最快，为 17.07 km^2/a。该时段以相邻生态风险等级的转化为主，风险等级变幅达两级的为较高生态风险→较低生态风险，面积仅为 0.94 km^2，零星分布。研究时段内人类的干扰活动比较缓和，生态风险小幅下降。1986—2000 年，由低级别生态风险向高级别生态风险转化的面积为 373.78 km^2，其中，较低生态风险→中生态风险的转化速率最快，为 11.68 km^2/a。由高级别生态风险向低级别生态风险转化的面积为 603.83 km^2，其中，中生态风险→较低生态风险的转化速率最快，为 18.42 km^2/a。该时段等级相差两级的为中生态风险→高生态风险，面积为 0.59 km^2/a，零星分布。研究时段内人类干扰活动相对于上一时段变强，生态风险降幅扩大。2000—2013 年，由低级别生态风险向高级别生态风险转化的面积为 320.60 km^2，其中，低生态风险→较低生态风险的转化速率最快，为 9.84 km^2/a。由高级别生态风险向低级别生态风险转化的面积为 755.71 km^2，其中，中生态风险→较低生态风险的转化速率最快，为 26.25 km^2/a。该时段等级相差两级的为较低生态风险→较高生态风险、中生态风险→高生态风险、较高生态风险→较低生态风险，面积均较小，分别为 0.33 km^2、1.98 km^2、0.46 km^2。研究时段的生态风险降幅进一步扩大，局部区域人类活动干扰频繁，生态风险变化剧烈。对比三个研究时段，低级别生态风险向高级别生态风险转化的面积持续下降，高级别生态风险向低级别生态风险转化的面积不断增加，三个时段生态风险的转化总面积分别为 892.41 km^2、977.61 km^2、1076.31 km^2，表明人类活动对于土地利用结构的干扰程度越来越深，各种土地利用类型之间的转化及边界变更越来越复杂，生态风险持续下降，等级转化速率不断加快。

表 7-10　1973—2013 年漓江流域各生态风险等级转移特征

转化类型	1973—1986年		1986—2000年		2000—2013年		1973—2013年	
	转化面积（km^2）	速率（km^2/a）	转化面积（km^2）	速率（km^2/a）	转化面积（km^2）	速率（km^2/a）	转化面积（km^2）	速率（km^2/a）
12	237.51	18.27	107.62	7.69	127.91	9.84	144.81	3.62
21	63.65	4.90	169.25	12.09	326.54	25.12	230.98	5.77
23	117.64	9.05	163.46	11.68	60.29	4.64	38.64	0.97
24	0.00	0.00	0.00	0.00	0.33	0.03	0.45	0.01
31	0.00	0.00	0.00	0.00	0.00	0.00	0.22	0.01
32	221.87	17.07	257.92	18.42	341.28	26.25	486.02	12.15
34	56.44	4.34	56.26	4.02	90.46	6.96	16.59	0.41
35	0.00	0.00	0.59	0.04	1.98	0.15	0.21	0.01
42	0.94	0.07	0.00	0.00	0.46	0.04	33.59	0.84
43	176.15	13.55	176.39	12.60	83.13	6.39	214.63	5.37
45	15.18	1.17	45.85	3.28	39.63	3.05	95.43	2.39
54	3.03	0.23	0.27	0.02	4.30	0.33	0.00	0.00

注：类型列中12 表示低→较低生态风险，21 表示较低→低生态风险，23表示较低→中生态风险，24表示较低→较高生态风险，31 表示中→低生态风险，32 表示中→较低生态风险，34 表示中→较高生态风险，35 表示中→高生态风险，42 表示较高→较低生态风险，43 表示较高→中生态风险，45 表示较高→高生态风险，54 表示高→较高生态风险。

7.3.5　不同土地利用类型的风险分布

利用 ARCGIS 10.0 的空间分析功能，对漓江流域 4 个时期不同土地利用类型的生态风险等级面积进行统计，结果如表 7-11—表 7-14 所示。从表 7-11—表 7-14 可以看出，林地分布区域以低和较低生态风险区为主，1973—2013 年 4 个时期二者合计面积占比分别为 89.03%、87.57%、87.23%、88.32%，呈先下降后上升的趋势，主要由于林地具有比较低的生态风险强度参数，使得林地整体处于较低的生态风险水平，前期由于森林采伐或者毁林种粮，林地趋向于破碎化，使整体占比略有下降，后期受退耕还林、种植结构调整等政策措施的影响，林地的破碎化程度减小，面积占比又略有上升。林地高生态风险的比例虽然比较小，但是呈现明显的增加态势，说明研究后期人类活动对林地的干扰在加强，局部小区域被高生态风险土地利用类型所环绕。在1973年、1986年两个时相，耕地分布区域以较低、中及较高生态风险区为主，中生态风险区面积占比最大，分别为41.85%和43.96%；2000年和2013年两个时相，以较低和中生态风险区为主，二者合计占比分别为81.38%和79.84%。表明研究前期流域内的耕地破碎化程度低，以连片大面积分布为主，后期耕地不断转为林地等较低生态风险类型的用地，破碎化程度加剧，林地和耕地交错布局。研究期内耕地中的高生态风险区占比小幅减小后又快速增大，说明研究后期随着农民收入的增加，农村新建房屋数量不断增加，村庄面积扩大，部分区域出现在耕地内建房的开发乱象。在1973年、1986年、2000年，建设用地分布区域以中、较高和高生态风险区为主，三者合计占比均在80%以上，2013年较低生态风险区面积占比超过较高生态风险区占比，上升到20.76%。研究期内高生态风险区占比由1973年的20.23%快速上升到2000年的32.30%，之后小幅下降到2013年的31.74%，较高生态风险区占比由1973年的33.58%持续下降到2013年的18.94%，较低生态风险区占比波动上升，低生态风险区面积虽小但持续上升，表明研究区建设用地越来越趋向于集中连片分布，但后期随着城市绿地建设水平的不断提升，以及美丽乡村绿化的持续推进，逐步实现了森林围城、城景相融、村在景中，使部分区域建设用地的生态风险降低。水域分布区域以较低、中和较高生态风险区为主，较低生态风险区面积占比波动上升，尤其由2000年的36.94%迅速上升为2013年的53.87%，中生态风险区占比先上升后下降，较高生态风险区占比由1973年的25.41%持续下降为2013年的10.90%，高生态风险区占比先上升后下降，表明研究前期城市滨水区域的建设强度不断加大，造成高生态风险区占比不断增加，后期水源林建设及城市滨水景观营造使得较低生态风险区面积大幅增加。草地分布区域以较低和中生态风险区为主，较低生态风险区占比波动上升，中生态风险区占比波动下降，说明前期草地斑块主要与林地和耕地镶嵌分布，后期以与林地交错分布为主，生态风险降低。未利用地整体面积很小，分布区域以较低和中生态风险区为主，说明研究区内的未利用地大部分散布在林地、草地和水域的岸滩，很多区域由喀斯特地区的石漠化及采石场开采造成。上述结果表明不同土地利用类型的生态风险与人类活动紧密相连，人为干扰频繁的土地利用类型，生态风险发生的概率高，人为干扰弱的土地利用类型，生态系统的稳定性好，生态风险的等级低。

表 7-11 1973 年各土地利用类型各等级生态风险区面积统计

土地利用类型	低生态风险区		较低生态风险区		中生态风险区		较高生态风险区		高生态风险区	
	面积（km^2）	比重（%）	面积（km^2）	比重（%）	面积（km^2）	比重（%）	面积（km^2）	比重（%）	面积（km^2）	比重（%）
林地	1916.38	47.15	1702.19	41.88	388.15	9.55	55.28	1.36	2.44	0.06
耕地	20.89	1.49	321.73	22.95	586.69	41.85	458.70	32.72	13.88	0.99
建设用地	0.70	1.21	10.07	17.33	16.07	27.65	19.52	33.58	11.76	20.23
水域	4.71	4.57	36.88	35.74	32.66	31.65	26.22	25.41	2.71	2.63
草地	23.20	11.47	110.57	54.67	61.77	30.54	6.57	3.25	0.14	0.07
未利用地	0.08	1.00	4.67	58.03	2.77	34.46	0.53	6.51	0.00	0.00

表 7-12 1986 年各土地利用类型各等级生态风险区面积统计

土地利用类型	低生态风险区		较低生态风险区		中生态风险区		较高生态风险区		高生态风险区	
	面积（km^2）	比重（%）	面积（km^2）	比重（%）	面积（km^2）	比重（%）	面积（km^2）	比重（%）	面积（km^2）	比重（%）
林地	1740.13	41.74	1910.64	45.83	433.57	10.40	75.46	1.81	9.17	0.22
耕地	25.39	1.95	386.62	29.69	572.44	43.96	307.83	23.64	9.90	0.76
建设用地	0.83	1.04	13.97	17.56	21.72	27.29	23.54	29.58	19.52	24.53
水域	2.75	2.59	45.45	42.80	35.35	33.29	18.93	17.83	3.71	3.49
草地	22.51	13.21	104.32	61.22	36.69	21.53	6.42	3.77	0.46	0.27
未利用地	0.49	4.65	4.25	40.09	3.51	33.04	1.82	17.15	0.54	5.07

表 7-13 2000 年各土地利用类型各等级生态风险区面积统计

土地利用类型	低生态风险区		较低生态风险区		中生态风险区		较高生态风险区		高生态风险区	
	面积（km^2）	比重（%）	面积（km^2）	比重（%）	面积（km^2）	比重（%）	面积（km^2）	比重（%）	面积（km^2）	比重（%）
林地	1808.47	41.72	1972.76	45.51	478.13	11.03	58.52	1.35	16.90	0.39
耕地	23.27	2.11	374.32	33.94	523.21	47.44	157.71	14.30	24.37	2.21
建设用地	1.12	0.94	18.55	15.57	34.69	29.13	26.27	22.06	38.47	32.30
水域	5.05	4.56	40.87	36.94	40.66	36.75	16.88	15.26	7.18	6.49
草地	15.77	10.19	85.39	55.16	46.30	29.91	6.58	4.25	0.76	0.49
未利用地	0.15	0.97	6.03	38.30	5.58	35.46	2.43	15.46	1.54	9.81

表 7-14　2013 年各土地利用类型各等级生态风险区面积统计

土地利用类型	低生态风险区		较低生态风险区		中生态风险区		较高生态风险区		高生态风险区	
	面积（km^2）	比重（%）	面积（km^2）	比重（%）	面积（km^2）	比重（%）	面积（km^2）	比重（%）	面积（km^2）	比重（%）
林地	1993.99	43.45	2059.15	44.87	426.33	9.29	81.69	1.78	27.99	0.61
耕地	16.67	2.24	291.17	39.12	303.08	40.72	106.58	14.32	26.80	3.60
建设用地	1.95	0.95	42.54	20.76	56.57	27.61	38.81	18.94	65.03	31.74
水域	3.84	3.97	52.10	53.87	25.45	26.31	10.54	10.90	4.79	4.95
草地	33.50	18.72	123.21	68.86	20.97	11.72	1.18	0.66	0.07	0.04
未利用地	2.41	10.08	12.18	50.91	6.09	25.45	1.36	5.67	1.89	7.89

7.3.6　漓江流域生态风险管理对策

本研究根据 2013 年漓江流域土地利用生态风险评价结果，按照不同的生态风险等级，提出针对性的管理对策，以提高研究区的生态环境功能，降低生态风险水平，确保低生态风险区不向高生态风险区演化，以利于漓江流域维持较低的生态风险水平。

（1）低和较低生态风险区

低生态风险区主要分布在漓江流域北部和东部的自然山林地带，现有猫儿山国家级自然保护区（漓江源）、青狮潭水源林保护区及海洋山水源林保护区等大面积的生态保护用地，对整个漓江流域生态系统的稳定起着关键作用，应将其作为生态“源地”核心斑块加以保护。对于该区域自然山林的保护，应该严格执行《中华人民共和国自然保护区条例》和地方自然保护区相关条例，严禁非法砍伐、采药、开垦等活动，以保护自然原生森林群落、动植物生境及自然生态。对于大于 15° 的坡耕地实施退耕还林，部分林木状况欠佳及石漠化区域实施封山育林，对海拔大于 800m、坡度大于 25° 、交通不便的区域实施生态移民，尽量减少人为活动。注重青狮潭水库周边、漓江源等水源地林地的保育工作，在条件允许的情况下用水源涵养能力更强的树种替代竹林、桉树等经济林，优化改良林结构，鼓励和支持宜林荒地的人工育林活动。严禁山体采石和河道采砂，对已有的采石场废弃地进行生态恢复。严禁在区域内大兴土木，开发人工旅游项目，在不超过环境承载力的基础上，可适当发展生态旅游，各种旅游设施应实现生态化、绿色化并与自然环境相互协调，尽量减少对生态环境的影响。较低生态风险区主要分布在流域中间地带的低山和丘陵地带，属于林区或者林地与耕地的过渡地带，分布有大面积的人工林和果林，应该控制农药和化肥用量，推行生物防治，发展生态果园，减少面源污染，根据市场需求选择合适的林果种类，避免频繁的种植结构调整。

（2）中生态风险区

中生态风险区主要分布在漓江河谷地带，主要由耕地构成。应对现有耕地斑块空间格局和斑块形状进行优化组合调整，适度扩大经营规模，增加耕地的边缘效应，对大于25°的坡耕地实施退耕还林、还草，充分发挥综合生态效益。加强农田基础设施建设，梳理田间机耕道路，增加扩展渠系，结合农田防护林建设，形成田园绿道网格，增加耕地景观的多样性，提高不同土地利用类型间物质和能量的流通能力，保障景观单元之间“流”的速度，以增强耕地的抗干扰能力。优化耕地空间格局，结合道路、河流防护林建设，引入绿色廊道、防堤林、风水林、庭院篱笆等景观要素，将自然斑块以廊道或碎部形式分散渗入人为活动控制的村落或农耕地段，增强各功能系统在生态过程上的有机联系，提高农业景观的多样性，增强乡村聚落的美学效果。控制农药和化肥用量，减少农业污染对漓江等水系的影响。积极引导村庄集镇用地向集约化方向发展，通过迁村并点，使农村住宅逐步向中心村和小城镇集中，减少农村建设用地规模。

（3）高和较高生态风险区

高和较高生态风险区主要分布在桂林市区，呈集中连片之势，阳朔、兴安等地有零星分布，目前主要为城市建成区以及城郊接合部，是降低漓江流域生态风险的关键区域。应按照桂林市政府提出的“保护漓江，发展临桂，再造一个新桂林”的思路，积极向西发展，建设新城区，跳出漓江流域谋发展，疏解中心城区压力，有效控制桂林老城区人口数量和城市扩展规模，合理安排建筑用地的密度，并在建筑用地之间构建以乔木、灌木为主的城市绿地系统，缓冲建筑用地扩张带来的生态风险，不断调整产业结构，控制“三废”排放，提高土地的人口承载力和经济承载力。此区域除建设用地外，还分布有一些水系、道路廊道和森林斑块，这些景观元素的合理布局将直接影响城镇的生态风险水平。应将市区内的湖泊、水系贯通串联，结合滨水绿化景观营造，建设集休闲娱乐和生态服务于一体的多功能绿道网络，尤其是加快推进“两江四湖”二期连通水系工程建设和漓江两岸的绿道建设。目前建成区分布有大量相对独立的绿色孤岛，道路绿带间缺乏必要的空间联系，应依托贯穿市区的主要道路、铁路、水系的建设，联通城市绿地与郊区绿地甚至流域北部的自然山林，形成联通整个流域的绿道网络体系，打通城市内部绿地斑块和外部自然与半自然斑块的连接通道，将外部自然景观渗入城市腹地，引入新鲜空气，减少城市热岛效应，降低生态风险水平。

7.4　小结与讨论

7.4.1　小结

（1）1973—2013 年，漓江流域土地利用相对合理指数均较大，并呈上升趋势，土地利用结构处于相对合理的状态，并呈现出不断优化的趋势。0° ～ 3° 坡度段土地利用结构稳定，保持在适宜状态，3° ～ 8° 和 8° ～ 15° 坡度段土地利用相对合理指数持续上升，5° ～ 25° 和大于 25° 坡度段土地利用相对合理指数先下降后上升。整体来看，3° ～ 8° 和 8° ～ 15° 坡度段相比其他坡度段土地利用相对合理指数较小。

（2）1973—2013 年，漓江流域生态风险一直维持在较低的水平，并略有下降，但局部地区呈快速增长之势。4 个时期生态风险存在明显的空间正自相关性，高值和低值聚集区保持着基本稳定的空间格局，高值区明显聚集在漓江沿岸的桂林市区、兴安县城、灵川县城和阳朔县城等人类活动干扰剧烈的区域，低值聚集区主要分布在漓江流域北部及中东部的自然山林地带，人类活动干扰少。在整个研究时段，桂林市区、阳朔等地生态风险变化显著。

（3）研究期内，漓江流域以低和较低生态风险区为主，二者总面积所占比例均在 70% 以上，并逐年增加，中生态风险区先增后减，较高生态风险区不断下降，高生态风险区面积快速增加。生态风险的整体格局基本稳定，但空间差异显著，呈现明显的圈层结构，以兴安县城—灵川县城—桂林市区—阳朔县城为轴向外风险程度逐渐降低。低生态风险区主要集中分布在流域北部以及中东部的自然山林地带，高生态风险区主要分布在桂林市区，其他区域零星分布，面积增加迅速。

（4）漓江流域的生态风险变化具有明显的坡度和高程差异。1973—2013 年，研究区高生态风险区和较高生态风险区主要分布在 0° ～ 3° 和 3° ～ 8° 两个坡度段，低生态风险区和较低生态风险区主要分布在 8° ～ 15°、15° ～ 25° 和大于 25° 三个坡度段。各研究时段均表现出随坡度增加生态风险指数逐渐下降的分布特点，其中 8° ～ 15° 坡度段下降最为显著，15° ～ 25° 和大于 25° 坡度段降幅平缓。1973—2013 年，低生态风险区主要分布在 200 ～ 500m、500 ～ 800m 和 800 ～ 1200m 高程带，较低生态风险区主要分布在 200 ～ 500m 高程带，中、较高和高生态风险区主要分布在 0 ～ 200m 和 200 ～ 500m 高程带。研究期内随着海拔的升高生态风险持续下降，但降幅逐渐趋于平缓，0 ～ 200m 的生态风险指数远高于其他高程带。

（5）1973—2013 年，漓江流域由低级别生态风险向高级别生态风险转化的面积为 296.13 km^2，占研究区总面积的 5.07%；由高级别生态风险向低级别生态风险转化的面积为 965.44 km^2，占总面积的 16.54%。低级别生态风险向高级别生态风险转化的面积持续下降，高级别生态风险向低级别生态风险转化的面积不断增加，生态风险持续下降，等级转化速率不断加快。

（6）1973—2013 年，漓江流域林地分布区域以低和较低生态风险区为主，高生态风险区的比例虽然较小，但是呈现明显的增加态势。1973 年和 1986 年耕地以较低、中和较高生态风险区为主，2000 年和 2013 年以较低和中生态风险区为主，高生态风险区占比小幅减小后又快速增大。建设用地分布区域以中、较高和高生态风险区为主，高生态风险区增加迅速。水域分布区域以较低、中和较高生态风险区为主。草地分布区域以较低和中生态风险区为主，较低生态风险区占比波动上升，中生态风险区占比波动下降。未利用地整体面积很小，分布区域以较低和中生态风险区为主。

7.4.2 讨论

（1）漓江流域土地利用相对合理指数与生态风险变化的关系

漓江流域40年间土地利用相对合理指数由1973年的0.93增加到2013年的0.96，流域土地利用结构处于相对合理的状态，并呈现出不断优化的趋势，这与研究区1973—2013年生态风险处于较低水平并持续下降的趋势相一致。从不同坡度段土地利用相对合理指数可以看出，3°～8°和8°～15°坡度段土地利用相对合理指数较低，而生态风险相对较高。通过将土地利用类型图与坡度图叠加运算，计算得出漓江流域50%以上的耕地分布在3°～8°和8°～15°坡度段上，这是两个坡度段相对合理指数较低的主要原因。研究后期土地利用相对合理指数不断上升，生态风险持续下降，主要由于退耕还林、林果种植带来的林地增加、耕地减少。15°～25°和大于25°坡度段土地利用相对合理指数先下降后上升，生态风险先上升后下降，这是由于1973—1986年此坡度段为毁林、毁草，开垦梯田，带来耕地面积增加，后期实施退耕还林政策，使耕地面积下降，耕地的动态变化同土地利用相对合理指数的变化呈负相关。土地利用合理与否同生态风险联系紧密，是生态风险变化的重要影响因素。

（2）生态风险时空变化的原因

漓江流域北部为碎屑岩中低山地貌，中南部主要为低山、丘陵、喀斯特地貌，研究区大部分区域坡度大于8°，高程主要集中于200～800m，生态环境较为脆弱，但由于保护措施得当，整体处于较低的生态风险水平。漓江流域在1973—2013年土地利用合理性总体呈上升趋势，生态风险呈下降趋势，高生态风险区主要集中于3°～8°坡度段和200～500m高程带上，主要因为漓江流域的开发建设活动以及粮食生产集中于此类区域，人类干扰剧烈，同时由于区域内林果种植的蓬勃发展带来生态风险的下降，二者相抵消，生态风险整体下降。低生态风险区主要分布在坡度大于8°和海拔大于500m的区域，整体比较稳定，但中间有小幅波动，前期生态风险上升，主要由毁林开荒所致，后期由于采取退耕还林、林果种植等措施，生态风险下降。

（3）研究方法讨论

本研究基于不同土地利用类型的生态风险强度构建生态风险指数，评价了漓江流域的相对生态风险，但没有考虑土地利用的破碎度、分离度等斑块特征及社会、经济和生态环境等其他因素，故不具有绝对性。但由于土地利用变化必然引起区域生态功能的变化，因此通过研究不同土地利用类型的迁移特征，来分析生态风险的变化趋势以及驱动因素是有效的。根据区域生态风险的评价结果，分区提供生态风险管理对策，可为区域生态环境管理提供决策依据和理论支持。

第8章　结论与讨论

8.1　主要研究结论

本书以漓江流域为研究对象，在景观生态学、流域生态学、环境科学等相关学科理论的支撑下，按照“格局—过程—效应”的研究思路，综合运用 3S 技术和相关分析方法，利用多个时相的遥感影像数据，研究漓江流域 1973—2013 年土地利用演化特征及驱动机制，从多角度分析土地利用变化对漓江流域生态系统服务价值和生态风险时空分异的影响。主要研究结论如下。

（1）1973—2013 年漓江流域土地利用变化显著。林地作为主要的土地利用类型，占总面积的比例均在 69% 以上，并持续增加；耕地不断减少，面积下降近 50%；建设用地快速增加；水域先增后减；草地先减后增；未利用地持续增加。土地利用类型分布具有明显的坡度和高程差异。林地集中分布在坡度大于 8° 的区域，面积小幅增加；耕地主要分布在坡度小于 8° 的区域，面积持续减少；建设用地亦集中分布在 8° 以下的区域，面积持续增加；水域和未利用地主要分布在 15° 以下的区域；草地分布的范围较大，各坡度带均有较大比例的分布。从不同的高程来看，林地主要集中分布在海拔 200 ～ 500m 和 500 ～ 800m 的区域；耕地、建设用地、水域以及未利用地集中分布在海拔 500m 以下的区域，其他区域零星分布；草地集中分布于 200 ～ 500m 的区域内，先减少后增加。1973—2013 年漓江流域土地利用整体动态度先下降后上升，2000—2013 年为 0.61%，达最高值，景观变化剧烈，土地流转频繁。不同时段林地和耕地的变化率均呈现持续增加的趋势，水域的动态度均较小，建设用地的变化速度最快，远高于其他土地利用类型。

1973—2000 年，受城镇建设离散点状发展、林果种植分散经营等因素影响，研究区景观破碎化程度不断加剧，斑块复杂性提高，开始向细粒景观转化。2000—2013 年，受城市集聚发展、林果种植规模化、退耕还林等因素影响，景观破碎化程度不断下降，斑块分布趋向规则化，又开始转向粗粒景观。从不同土地利用类型来看，林地和建设用地的破碎化程度先升后降，斑块间距离减少，聚集程度增加；耕地的破碎化程度不断增加，但仍呈较高的聚集状态；水域的聚集度较高，以集中分布为主；草地斑块的空间关系变化不明显，斑块分布较为均衡；未利用地趋向于集中分布。

（2）1973—1986 年，各土地利用类型转移的主要去向为林地、耕地，此阶段研究区的主要活动为农业生产，各类型间的转移主要受农林种植结构调整、填水造陆及毁草用于农林开发等因素驱动。1986—2000 年林地、耕地、建设用地和草地成为土地利用的主要转入类型，耕地和林地则是土地利用损失的主要类型。造成这一时期土地利用变化的主要驱动力是城镇化进程加速、产业结构调整、果业种植等因素。2000—2013 年林地、耕地和建设用地是土地利用的主要转入类型，城镇快速扩张、工业化、旅游业快速发展、农业种植结构调整及林业生态建设是此阶段土地利用变化的主要驱动因素。

（3）1973—2013 年，漓江流域 4 个时期生态系统服务总价值分别为 172.60×10^8 元、174.67×10^8 元、177.53×10^8 元、180.87×10^8 元，呈持续增加的态势。不同时段林地生态系统服务价值所占比例均超过 85%，是生态系统服务价值的主体部分，林地面积增加是总体生态系统服务价值增加的主要原因。各坡度段单位面积生态系统服务价值随坡度增大而增加，不同时期大于 25° 坡度段均具有最高的单位面积生态系统服务价值，15° ～ 25° 坡度段均具有最高的生态系统服务价值总量。各高程带单位面积生态系统服务价值随高程增加而增大，高海拔地区具有较高的单位面积生态系统服务价值，生态系统相对稳定。在 4 个时期，200 ～ 500m 高程带均具有最高的生态系统服务价值。40 年间不同坡度段和高程带（500 ～ 800m 除外）的生态系统服务价值虽有波动，但整体上均有不同程度的增加。

1973—2000 年各单项服务价值的贡献率变化不大，2000—2013 年受建设用地快速增加的影响，水源涵养功能的贡献率迅速下降。研究期内，土壤形成与保护、水源涵养和气体调节功能的合计贡献率接近于总体服务价值的一半，而娱乐文化和食物生产功能的合计贡献率不足8%，表明漓江流域生态系统的调节、支持等服务性功能远大于生产和文化性功能。从各单项服务价值的变化趋势来看，气体调节、气候调节、土壤形成与保护、生物多样性保护、原材料和娱乐文化功能的价值持续增加。其中，气体调节功能增量最大，净增加 2.47×10^{8} 元；水源涵养功能的价值先增加后减少；废物处理和食物生产功能的价值持续下降。

研究期内生态系统服务价值的负向流动主要由林地和水域转化为其他土地利用类型引起，总计损失 942.16×10^{6} 元，耕地、建设用地、草地和未利用地向其他土地利用类型转化带来生态系统服务价值的正向流动，价值增加 1769.55×10^{6} 元。各土地利用类型转化为建设用地，价值均呈负向流动，各土地利用类型转化为水域，价值均呈正向流动，主要由于建设用地和水域分别具有最低和最高的生态系统服务价值系数。

（4）1973—2013年漓江流域大部分镇（乡）区处于高和较高生态系统服务价值（ESV）区，生态系统服务价值整体空间格局保持基本稳定，呈现北部和东部高、中部和南部低的空间分布特点。生态系统服务高值区主要分布在漓江流域北部的华江、兰田、青狮潭、两水、中峰、界首、溶江等乡镇，此区域内分布着大片自然山林和大面积水域。生态系统服务低值区主要分布在桂林市区以及周边乡镇，不同研究时段范围有所差别，此区域人类活动干扰比较剧烈，城镇化程度较高。研究期内大部分行政单元的ESV等级保持不变，等级变化的区域主要集中在漓江流域的中部地区，此区域土地利用类型转换频繁，干扰活动强。

为进一步体现行政单元内部生态系统服务价值的差异性，将格网方法引入区域生态系统服务价值研究。1973—2013年，漓江流域生态系统服务价值处于较高的生态服务等级水平并持续上升，但局部低生态系统服务价值区逐步趋向于集中连片分布，4个时期生态服务存在明显的空间正自相关性。40年间漓江流域大部分格网单元处于高和较高ESV区，面积逐年增加。生态系统服务价值的整体格局基本稳定，但空间差异显著，呈现出中间低、四周高的分布特点。高生态系统服务价值区集中分布在漓江流域北部和东部的自然山林地带，植被状况良好，受人类活动干扰少；低生态系统服务价值区主要分布在漓江流域的中心地带，即兴安县城—灵川县城—桂林市区—阳朔县城旅游经济带，主要为漓江流域中心镇区所在地。

（5）40 年间漓江流域的土地利用结构处于相对合理的状态并不断优化，生态风险一直维持在较低的水平，并略有下降，但局部地区呈快速增加之势。4 个时期生态风险存在明显的空间正自相关性，高值和低值聚集区保持着基本稳定的空间格局。高值区明显聚集在漓江沿岸的桂林市区、兴安县城、灵川县城和阳朔县城等人类活动干扰剧烈的区域；低值聚集区主要分布在漓江流域北部及中东部的自然山林地带，人类活动干扰少。在整个研究时段，桂林市区、阳朔等地生态风险变化显著。研究期内，漓江流域以低和较低生态风险区为主，二者面积占比合计均在 70% 以上，并逐年增加，中生态风险区先增后减，较高生态风险区不断下降，高生态风险区面积快速增加。生态风险的整体格局基本稳定，但空间差异显著，呈现明显的圈层结构，以兴安县城—灵川县城—桂林市区—阳朔县城为轴向外风险程度逐渐降低。低生态风险区主要集中分布在流域北部以及中东部，高生态风险区主要分布在桂林市区，其他区域零星分布，面积增加迅速。研究期内，漓江流域由低级别生态风险向高级别生态风险转化的面积为 296.13 km^2，由高级别生态风险向低级别生态风险转化的面积为 965.44 km^2，低级别生态风险向高级别生态风险转化的面积持续下降，高级别生态风险向低级别生态风险转化的面积不断增加，生态风险持续下降，等级转化速率不断加快。

（6）漓江流域的生态风险变化具有明显的坡度和高程差异。1973—2013 年，研究区高生态风险区和较高生态风险区主要分布在 0° ～ 3° 和 3° ～ 8° 两个坡度段，低生态风险区和较低生态风险区主要分布在 8° ～ 15° 、15° ～ 25° 和大于 25° 三个坡度段。各研究时段均表现出随坡度增加生态风险指数逐渐下降的分布特点，其中 8° ～ 15° 坡度段下降最为显著，15° ～ 25° 和大于 25° 坡度段降幅平缓，0° ～ 3° 坡度段生态风险指数高于其他坡度段。40 年间各坡度段的生态风险指数整体上均有下降，降幅较大的区域主要集中在 0° ～ 3° 和 3° ～ 8° 坡度段。1973—2013 年，低生态风险区主要分布在 200 ～ 500m、500 ～ 800m 和 800 ～ 1200m 高程带，较低生态风险区主要分布在 200 ～ 500m 高程带，中、较高和高生态风险区主要分布在 0 ～ 200m 和 200 ～ 500m 高程带。研究期内随着海拔的升高生态风险指数持续下降，0 ～ 200m 的生态风险指数远高于其他高程带。另外，生态风险分布亦具有明显的土地利用类型差异，研究期内漓江流域林地分布区域以低和较低生态风险区为主，高生态风险区的比例虽然比较小，但是呈现明显的增加态势。1973—1986 年耕地以较低、中以及较高生态风险区为主，2000—2013 年以较低和中生态风险区为主。建设用地分布区域以中、较高和高生态风险区为主，高生态风险区增加迅速。水域分布区域以较低、中和较高生态风险区为主。草地分布区域以较低和中生态风险区为主，较低生态风险区占比波动上升，中生态风险区占比波动下降。未利用地整体面积很小，分布区域以较低和中生态风险区为主。

（7）依据研究区生态系统服务价值和生态风险评价结果以及土地利用现状，将漓江流域区划为生态城市优化区、生态综合开发区、生态农林发展区、生态保育区 4 个功能区，并提出分区发展策略，以优化土地利用方式和资源配置。同时提出实施漓江水系保护工程、改善流域水环境，加快石漠化治理、保护喀斯特遗产地，加强耕地保护、提高旅游用地效益，加强生态文明建设、推动旅游产业转型升级等生态环境建设对策。

8.2　漓江流域生态可持续发展建议

8.2.1　合理划分生态功能区，促进流域协调发展

生态功能区划是实施区域生态环境分区管理的前提和基础，可为土地资源优化配置和科学管理提供依据。本书以第 6 章和第 7 章绘制的 2013 年生态系统服务价值和生态风险等级分布图为基础，通过叠加 2013 年漓江流域土地利用现状图、镇（乡）区界限图等多个图层，并结合《桂林市城市总体规划（2010—2020）》和《桂林市重点旅游片区规划（2014—2020）》对各区域的功能定位，将漓江流域划分为生态城市优化区、生态综合开发区、生态农林发展区、生态保育区 4 个功能片区。

（1）**生态城市优化区**

生态城市优化区主要是桂林市区，它是整个流域的中心城市，是现阶段区域经济最发达、人口密度最大、建成区最大的区域，同时也面临着建设用地快速增加、经济发展、人口增加带来的环境压力，生态服务能力弱，生态风险高。应控制老城区城市规模和人口的过快增加，按照“保护漓江，发展临桂，再造一个新桂林”的思路，积极向西发展，建设新城区，疏解中心城区的压力。不断调整产业结构，推动传统制造业转型升级，外迁高耗能、高污染的生产性产业，加快发展文化创意产业、现代服务业等绿色产业项目，提高第三产业在国民经济中的比重，控制“三废”排放，提高土地的人口承载力和经济承载力。推广集约利用土地资源的新技术、新材料，合理规划和利用城市地下空间。结合市区内残留的森林自然斑块，通过贯穿市区的河流、主要交通道路，打造集休闲和生态服务于一体的多功能绿道网络，促进中心城市与北部和东部自然山林的物种、能量交流。

（2）**生态综合开发区**

生态综合开发区主要分布于漓江河谷地带，涉及兴安、灵川、阳朔、兴坪等中心镇，是漓江流域旅游经济发展的重要增长极，旅游资源丰富，交通便利，具有较好的经济基础和发展潜力。与生态城市优化区相比，生态综合开发区具有较高的生态服务供给能力和较低的生态风险水平，但也面临较大的环境压力。此类区域在发展过程中应坚持旅游产业的主导地位，建设兴安、灵川、大圩、阳朔、兴坪等各具特色的旅游小城镇，并在景区开发和城镇建设中遵循“低冲击开发”的理念，集约利用土地资源，兴建生态环保建筑，打造绿色社区 / 景区，降低对自然环境、历史文脉等因素的破坏，保持已有的自然山水格局。在三大产业发展中，应不断提高低污染的第三产业的比重，减少第二产业的配置，大力发展生态农业。注重低能耗、低污染产业体系的建设，构建产业的循环经济链，以实现资源的循环利用。积极引入文化创意产业、生产性服务业、观光型农业等项目。

（3）**生态农林发展区**

生态农林发展区广布于整个漓江流域，面积最大，分布有大量人工林、果园和农田，具有良好的农林业生产条件，既承担着维护粮食生产安全和供给蔬果的社会功能，又是维护区域生态环境质量的生态屏障。应加快发展以生态农业为龙头的现代农业，完善优势农产品规划布局，大力拓展农业经济功能、生态功能和服务功能，促进农业产业结构优化升级。推进农业向第二、第三产业延伸，打造一批休闲农业精品，促进休闲农业提档升级。在新型城镇化建设中，以农业增效和农民增收为总体要求，积极推进生态农业、休闲农业、观光农业建设，推动农业与旅游业、现代化服务业融合发展。重点发展区域特色农产品，大力推动"一村一品"建设。完善农村基础设施建设，大力治理农村生态环境面源污染，在中心城镇适度开展低污染工业建设，控制城镇大规模扩张。

（4）生态保育区

生态保育区主要分布于漓江流域的北部和中东部，涉及华江、兰田、青狮潭、灵田、海洋、大境等乡镇。此类区域分布有大量生态保护用地，如猫儿山国家级自然保护区、青狮潭水源林保护区、海洋山水源林保护区等，具有最高的生态服务供给能力，是整个漓江流域的生态骨架，对流域生态环境质量起决定作用，需要实行严格的生态保护政策。各级保护区应严格按照《中华人民共和国自然保护区条例》和地方自然保护区相关条例进行保护和管理。区域内禁止进行有损自然生态的开发建设活动，集中型村落应控制规模，生态脆弱区实行生态移民，注重自然生态环境建设和修复，大于 25° 的坡耕地全部实施退耕还林。严格限制自然保护区核心区内的人类活动，非核心区和其他保育区可适当开展生态旅游等活动，禁止实施与保护方向不一致的旅游项目。对白沙等石漠化和山体受损严重的区域严格实施封山育林，加强森林资源管理和水源涵养林建设，不断改善林分结构，强化生物物种保护，保障区域整体生态安全。

8.2.2 实施漓江水系保护工程，改善流域水环境

漓江的水质、水量对漓江流域社会经济尤其是旅游产业的发展有着直接而重要的影响。为改善漓江水环境，需要实施积极的保护策略。①严禁在漓江上游以及漓江沿岸新建污染企业，逐步关停或搬迁已有的污染企业。流域内生产生活以及旅游活动产生的污染物必须达到国家相关标准方能排放。②加强漓江上游水源林的保护和建设，加快水源涵养林造林步伐，对 25° 以上耕地严格执行退耕还林措施，加强石山等环境脆弱区的封山育林，不断提高森林覆盖率。加强植被的恢复，改善林分结构，适当控制毛竹等低涵养水分植物的种植面积，

形成以阔叶林为主的水源林生态系统。③对漓江护岸进行生态化景观改造，沿岸应构建植物缓冲带，恢复漓江的自然江滩，尽可能保持或恢复河道的天然形态。保护漓江的洲岛景观，严禁在各洲岛上布置工业和居住用地，已有居民点分期分批外迁，部分洲岛可适度开展生态旅游，但要严格控制开发强度。④严格管制漓江沿岸的建设活动，控制建设用地规模，对现有村落进行风貌改造和环境整治。

8.2.3 加快石漠化治理，保护喀斯特遗产地

漓江流域中下游峰丛洼地尤其是阳朔县石漠化较为严重，导致大面积水土流失，需通过封山育林、退耕还林、加大水土保持力度、控制人口增长、增加石漠化地区扶贫力度、发展生态旅游、调整产业结构等措施开展石漠化治理。2014年6月23日，漓江流域喀斯特地貌作为“中国南方喀斯特”第二期，成功列入《世界遗产名录》。要以喀斯特峰林地貌世界遗产地保护与建设为契机，实施喀斯特遗产地保护工程：一是抓紧制定喀斯特世界自然遗产地保护条例，加强法规体系建设；二是建立自然灾害监测系统，对遗产地的自然环境和生态环境进行有效保护；三是有序开发葡萄镇遗产地的旅游资源，重点开发遗产旅游、生态旅游、科考旅游和文化旅游，通过旅游活动积累生态环境保护资金，使世界遗产地实现可持续发展。

8.2.4 加强耕地保护，提高旅游用地效益

应加强对耕地特别是基本农田的保护，引导农业结构调整，鼓励利用非耕地进行农业结构的调整。整合规范农村居民点用地，不断提高农村居民点的土地利用效率。加强建设用地发展控制，合理配置和优化布局建设用地，推动节约集约用地。建立切合漓江流域实际的旅游产业节约集约用地评价体系，制定漓江流域低效用地再开发专项规划，积极推进城镇低效用地再开发利用工作。按照突出重点、先易后难、分步推进的原则，制订年度实施计划，有序推进低效用地再开发利用。通过提高旅游项目用地的规划控制指标等手段来限制“投资少、占地大、产出低”的项目进入。

8.2.5 加强生态文明建设，推动旅游产业转型升级

（1）发展循环型旅游经济

以桂林国际旅游胜地建设为契机，坚持“减量化、无害化、资源化”的原则，积极培育低碳型现代服务业，发展生态农业。按照循环经济的理念构建旅游产业链，通过资源循环持续利用、清洁生产、绿色消费、绿色认证、志愿者旅游等方式，保护旅游资源和减少废弃物排放，实现社会经济和环境的共赢，将漓江流域建设成“高产出、高效益、低能耗、低污染”的循环旅游经济区。

（2）打造绿色型旅游产业

积极制定“绿色饭店”“生态景区”等绿色旅游标准，推进标准化“绿色饭店”“生态景区”建设。不断完善法规，强化措施，构建和推广旅游资源开发和能源利用的节约型模式。以旅游星级饭店和A级旅游区（点）为典型示范，大力推进节约型旅游行业建设。

（3）推广低碳型旅游消费理念

把建设节约型城市、节约型企业与旅游星级评定、景区质量等级评定、城市创优和工农业旅游示范点建设结合起来，以管理、激励来促进形成低碳节约型服务管理模式。注重培育消费者的环保意识，积极倡导合理、适度消费，倡导低碳出行，开展低碳积分有奖游等系列环保活动。

8.3 主要特色及创新点

（1）漓江流域是世界重要的旅游目的地，属于典型的喀斯特地区，生态环境脆弱。以其作为研究对象，具有十分重要的现实意义，同时也丰富了景观生态学和流域生态学理论，提供了喀斯特地区和旅游地典型区域的案例。

（2）现有区域土地生态系统服务价值的研究，通常以土地利用类型和行政区域作为基本评价单元，大部分是在估算不同区域生态系统服务价值的基础上进行简单的横向比较分析，评价难以深入揭示生态系统服务价值的空间差异。本研究将格网方法引入生态系统服务价值研究，并结合空间自相关分析和DEM数据，

深入揭示了漓江流域生态系统服务价值的空间分布规律。本研究使生态系统服务价值评价动态化，评价结果图纸化，研究结果更直观、更具有实际意义。

（3）本研究利用土地类型结构数据来构建生态风险指数，综合运用地统计和空间统计分析方法（空间自相关），结合 DEM 数据，深入揭示了漓江流域生态风险的时空分异规律，实现了区域土地利用变化生态风险的动态评价和图纸化表达，为实现土地资源可持续利用，以及旅游开发和环境管理之间的协调发展提供了决策依据。

8.4　存在的问题

（1）本研究受限于漓江流域复杂的地形条件以及较低的遥感影像分辨率，仅将土地利用类型划分为林地、耕地、建设用地、水域、草地和未利用地 6 类，没有对土地利用类型做进一步的细分，如灌木林、果园、交通用地、旅游服务设施用地等，而相对细化的土地利用分类更有利于中小尺度的土地利用及生态效应研究。今后可以考虑采用高分辨率的影像数据或者对分类方法做进一步的研究。

（2）生态系统服务价值评价中依据相关研究考虑了建设用地的负效应，但未对建设用地的其他服务功能做详尽的研究，可能对研究结果产生一定影响。今后需加强对建设用地生态系统服务价值的估算。

（3）本研究基于不同土地利用类型的生态风险强度，来评价漓江流域的相对生态风险，但没有考虑土地利用的破碎度、分离度等斑块特征，以及社会、经济和生态环境等其他因素，故不具有绝对性。今后生态风险评估中需要注重对多重因素的集成和综合。

参考文献

安佑志，尹占娥，殷杰，等，2011. 上海城市土地利用变化及生态风险研究 [J]. 地域研究与开发，30（1）：130-134.

蔡运龙，陆大道，周一星，等，2004. 中国地理科学的国家需求与发展战略 [J]. 地理学报，59（6）：811-819.

常春艳，赵庚星，王凌，等，2012. 黄河口生态脆弱区土地利用时空变化及驱动因素分析 [J]. 农业工程学报，28（24）：226-234.

陈利顶，傅伯杰，王军，2001. 黄土丘陵区典型小流域土地利用变化研究——以陕西延安地区大南沟流域为例 [J]. 地理科学，21（1）：46-51.

陈美球，赵宝苹，罗志军，等，2013. 基于 RS 与 GIS 的赣江上游流域生态系统服务价值变化 [J]. 生态学报，33（9）：2761-2767.

陈鹏，潘晓玲，2003. 干旱区内陆流域区域景观生态风险分析——以阜康三工河流域为例 [J]. 生态学杂志，22（4）：116-120.

陈姝，居为民，李显风，2009. 常熟市土地利用变化对生态服务价值的影响 [J]. 水土保持研究，16（5）：93-97.

陈志钢，2010. 风景名胜城市土地利用动态变化及与旅游发展的互动机理研究—— 以广西壮族自治区阳朔县为例 [J]. 资源科学，32（10）:1980-1986.

陈志钢，保继刚，2012. 典型旅游城市游憩商业区空间形态演变及影响机制——以广西阳朔县为例 [J]. 地理研究，31（7）:1339-1350.

程琳，李锋，邓华锋，2011. 中国超大城市土地利用状况及其生态系统服务动态演变 [J]. 生态学报，31（20）：6194-6203.

邓贵平，覃建雄，颜磊，2011. 旅游发展对九寨沟自然保护区景观格局变化的影响 [J]. 长江流域资源与环境，20（5）：579-584.

段文军，王金叶，张立杰，等，2014.1960—2010 年漓江流域降水变化特征研究 [J]. 水文，34（5）：88-93.

段 锦，康慕谊，江源，2012. 东江流域生态系统服务价值变化研究 [J]. 自然资源学报，27（1）：90-103.

冯仕超，高小红，亢健，等，2012. 西宁市 30 多年来土地利用 / 土地覆被变化及城市扩展研究 [J]. 干旱区研究，29（1）：129-136.

傅伯杰，张立伟，2014. 土地利用变化与生态系统服务：概念、方法与进展 [J]. 地理科学，33（4）：441-446.

盖艾鸿，2013. 基于 3S 技术的庆阳市土地利用变化及土地生态安全研究 [D]. 兰州：甘肃农业大学 .

高宾，李小玉，李志刚，等，2011. 基于景观格局的锦州湾沿海经济开发区生态风险分析 [J]. 生态学报，31（12）：3441-3450.

高俊峰，闻余华，2002. 太湖流域土地利用变化对流域产水量的影响 [J]. 地理学报，57（2）：194-200.

高学杰，罗勇，林万涛，等，2003. 土地利用变化对我国区域气候影响的数值试验 [J]. 大气科学进展，20（4）：583-592.
高永年，高俊峰，许妍，2010. 太湖流域水生态功能区土地利用变化的景观生态风险效应 [J]. 自然资源学报，25（7）：1088-1096.
高中贵，彭补拙，喻建华，等，2005. 经济发达区土地利用变化对土壤性质的影响——以江苏省昆山市为例 [J]. 自然资源学报，20（1）：44-51.
龚克，2011. 桂林喀斯特区生态旅游资源评价与开发战略管理研究 [D]. 北京：中国地质大学 .
巩杰，谢余初，赵彩霞，等，2014. 甘肃白龙江流域景观生态风险评价及其时空分异 [J]. 中国环境科学，34（8）：2153-2160.
郭泺，杜世宏，赵松婷，等，2011. 黔东南地区景观格局的动态变化及驱动力 [J]. 山地学报，29（5）：543-550.
郭荣中，杨敏华，2014. 长株潭地区生态系统服务价值分析及趋势预测 [J]. 农业工程学报，30（5）：238-246.
郭旭东，傅伯杰，陈利顶，2001. 低山丘陵区土地利用方式对土壤质量的影响——以河北省遵化市为例 [J]. 地理学报，56（4）：447-455.
韩会然，杨成凤，宋金平，2015. 北京市土地利用空间格局演化模拟及预测 [J]. 地理科学进展，34（8）：976-986.
何丹，周璟，高伟，等，2014. 基于 CA-Markov 模型的滇池流域土地利用变化动态模拟研究 [J]. 北京大学学报（自然科学版），50（6）：1133-1140.
何东艳，华璀，卢远，2012. 漓江流域土地利用生态风险评价 [J]. 广西师范大学学报（自然科学版），30（4）：172-178.
何英彬，陈佑启，2004. 土地利用 / 覆盖变化研究综述 [J]. 中国农业资源与区划，25（2）：58-62.
侯鹏，王桥，王昌佐，等，2011. 流域土地利用 / 土地覆被变化的生态效应 [J]. 地理研究，30 （11）：2092-2098.
胡和兵，刘红玉，郝敬锋，等，2013. 城市化流域生态系统服务价值时空分异特征及其对土地利用程度的响应 [J]. 生态学报，33（8）：2565-2576.
胡和兵，刘红玉，郝敬锋，等，2011. 流域景观结构的城市化影响与生态风险评价 [J]. 生态学报，31（12）：3432-3440.
胡金龙，王金叶，郑文俊，等，2013. 基于土地利用变化的桂林市区生态风险评价 [J]. 中南林业科技大学学报（自然科学版），33（3）：84-88.
胡金龙，周志翔，滕明君，等，2017. 基于土地利用变化的典型喀斯特流域生态风险评估——以漓江流域为例 [J]. 应用生态学报，28（6）：2003-2012.
胡喜生，洪伟，吴承祯，2011. 福州市土地生态系统服务功能价值的评估 [J]. 东北林业大学学报，39（12）：90-94.
胡余忠，朱先武，程其文，等，2008. 安徽皖南山区人类活动及生态变化影响的水文效应初探 [J]. 水文，28（3）：86-91.
黄华乾，2013. 漓江流域社区居民对生态旅游影响的感知 [D]. 桂林：桂林理工大学 .
黄云凤，崔胜辉，石龙宇，2012. 半城市化地区生态系统服务对土地利用 / 覆被变化的响应——以厦门市集美区为例 [J]. 地理科学进展，31（5）：551-560.
贾科利，常庆瑞，张俊华，2008. 陕北农牧交错带土地利用变化及驱动机制分析 [J]. 资源科学，30（7）：

1053-1060.
康幕谊，江源，石瑞香，2000. NECT 样带 1984 ～ 1996 土地利用变化分析 [J]. 地理科学，20（2）：115-120.
黎夏，叶嘉安，1997. 利用遥感监测和分析珠江三角洲的城市扩张过程——以东莞市为例 [J]. 地理研究，16(4):56-52.
黎瑶，杨柳青，2011. 漓江两岸绿化彩化原则与方式探讨 [J]. 中南林业科技大学学报（社会科学版），5（2）：116-118.
黎治华，高志强，高炜，等，2011. 中国 1999—2009 年土地覆盖动态变化的时空特点 [J]. 农业工程学报，27（2）：312-322.
李保杰，2014. 矿区土地景观格局演变及其生态效应研究 [D]. 徐州：中国矿业大学 .
李冰，毕军，田颖，2012. 太湖流域重污染区土地利用变化对生态系统服务价值的影响 [J]. 地理科学，32（4）：471-476.
李常斌，杨林山，杨文瑾，等，2014. 洮河流域土地利用 / 土地覆被变化及其驱动机制研究 [J]. 地理科学，34（7）：848-855.
李传哲，于福亮，刘佳，等，2011. 近 20 年来黑河干流中游地区土地利用 / 覆被变化及驱动力定量研究 [J]. 自然资源学报，26（3）：353-363.
李国旗，安树青，陈兴龙，等，1999. 生态风险研究述评 [J]. 生态学杂志，18（4）：57-64.
李团胜，2004. 陕西省土地利用动态变化分析 [J]. 地理研究，23（2）：157-164.
李卫锋，王仰麟，彭建，等，2004. 深圳市景观格局演变及其驱动因素分析 [J]. 应用生态学报，15（8）：1403-1410.
李伟霄，翁翎燕，2014. 基于 TOPSIS 的城市经济与环境协调发展评价——以上海市为例 [J]. 地球与环境，42（4）:550-554.
李文楷，李天宏，钱征寒，2008. 深圳市土地利用变化对生态服务功能的影响 [J]. 自然资源学报，23（3）：440-446.
李晓文，方精云，朴世龙，2004. 上海城市土地利用转变类型及其空间关联分析 [J]. 自然资源学报，19（4）：438-446.
李秀彬，1996. 全球环境变化研究的核心领域——土地利用 / 土地覆被变化的国际研究动向 [J]. 地理学报，51（6）：553-558.
李正，王军，白中科，等，2012. 贵州省土地利用及其生态系统服务价值与灰色预测 [J]. 地理科学进展，31（5）：577-583.
李忠锋，王一谋，冯毓荪，等，2003. 基于 RS 与 GIS 的榆林地区土地利用变化分析 [J]. 水土保持学报，17 （2）：97-99.
刘桂林，张落成，张倩，2014. 长三角地区土地利用时空变化对生态系统服务价值的影响 [J]. 生态学报，34（12）：3311-3319.
刘纪远，张增祥，徐新良，等，2009. 21 世纪初中国土地利用变化的空间格局与驱动力分析 [J]. 地理学报，64（ 12）：1411-1420.
刘纪远，匡文慧，张增祥，等，2014. 20 世纪 80 年代末以来中国土地利用变化的基本特征与空间格局 [J]. 地理学报，69（1）：3-14.
刘金巍，靳甜甜，刘国华，等，2014. 黑河中上游地区 2000—2010 年土地利用变化及水土保持服务功能 [J]. 生态学报，34（23）：7013-7025.

刘晶，刘学录，王哲锋，2011. 祁连山东段景观格局变化及其驱动因子研究 [J]. 草业学报，20（6）：26-33.
刘艳丽，李成亮，高明秀，等，2015. 不同土地利用方式对黄河三角洲土壤物理特性的影响 [J]. 生态学报，35（15）：1-12.
刘永兵，王衍臻，李海龙，等，2006. 松嫩草原西部土地利用与生态风险评价——以杜蒙县为例 [J]. 水土保持学报，20（5）：150-153.
刘永强，廖柳文，龙花楼，等，2015. 土地利用转型的生态系统服务价值效应分析——以湖南省为例 [J]. 地理研究，34（4）:691-700.
刘钰，齐志方，蔡莞镔，等，2013. 基于生态系统服务评估的建设用地无序扩张的控制途径——以福州市域为例 [J]. 复旦学报（自然科学版），52（6）：829-835.
罗文斌，汪友结，吴一洲，等，2008. 基于 TOPSIS 法的城市旅游与城市发展协调性评价研究——以杭州市为例 [J]. 旅游学刊，(12）:13-17.
娄和震，杨胜天，周秋文，等，2014. 延河流域 2000—2010 年土地利用 / 覆盖变化及驱动力分析 [J]. 干旱区资源与环境，28（4）：15-21.
马骏，马朋，李昌晓，等，2014. 基于土地利用的三峡库区（重庆段）生态系统服务价值时空变化 [J]. 林业科学，50（5）：17-26.
马晓龙，金远亮，2014. 城市土地利用变化与旅游发展的作用机制研究 [J]. 旅游学刊，29（4）：87-96.
莫宏伟，任志远，李振国，2009. 陕北榆林市土地生态价值及生态风险动态分析 [J]. 水土保持通报，29（6）：189-192.
彭月，2010. 三峡库区（重庆）典型区县土地利用 / 覆被变化及其生态环境效应分析 [D]. 重庆：西南大学 .
彭资，谷成燕，刘智勇，等，2014. 东江流域 1989—2009 年土地利用变化对生态承载力的影响 [J]. 植物生态学报，38（7）：675-686.
覃德华，2010. 闽东土地利用 / 覆盖变化的时空分异规律及其区域生态安全综合评价 [D]. 福州：福建农林大学 .
尚前浪，陈 刚，明庆忠，2018. 民族村寨旅游发展对社区和家庭生计变迁影响 [J]. 社会科学家，(7）:78-86.
石龙宇，崔胜辉，尹锴，等，2010. 厦门市土地利用 / 覆被变化对生态系统服务的影响 [J]. 地理学报，65（6）：708-714.
石垚，王如松，黄锦楼，等，2012. 中国陆地生态系统服务功能的时空变化分析 [J]. 科学通报，57（9）：720-731.
史培军，陈晋，潘用忠，2000. 深圳市土地利用变化机制分析 [J]. 地理学报，55（3）：152-160.
宋富强，康慕谊，郑壮丽，等，2011. 陕北黄土高原地区土地利用 / 覆被分类及验证 [J]. 农业工程学报，27（3）：316-324.
覃星铭，何丙辉，沈利娜，等，2018. 漓江流域水土流失特征及其侵蚀影响因子典型分析 [J]. 中国岩溶，37（3）：351-360.
苏静，孙九霞，2017. 旅游影响民族社区社会关系变迁的微观研究——以岜沙苗寨为例 [J]. 旅游学刊，32（4）：87-95.
苏俊文，2018. 无锡市土地利用变化及其旅游驱动力研究 [D]. 临汾：山西师范大学 .
苏文静，卢远，蔡德所，2012. 基于 GIS 的漓江流域水文特征空间分析 [J]. 广西师范大学学报（自然科学版），30（4）：166-171.
孙洪波，杨桂山，万容容，等，2009. 昆山生态系统服务价值变化及其驱动力差异性分析 [J]. 长江流域资源与环境，18（8）：759-764.
孙丽娜，卢文喜，杨青春，等，2013. 东辽河流域土地利用变化对非点源污染的影响研究 [J]. 中国环境科学，33（8）：1459-1467.
孙家抦，2009. 遥感原理与应用 [M].2 版 . 武汉：武汉大学出版社 .
索俊锋，2011. 千岛湖镇土地利用变化的生态环境效应研究 [J]. 土壤通报，42（2）：267-272.
汤洁，黄璐思，王博，2015. 吉林省辽河流域生态系统服务价值对 LUCC 的响应分析 [J]. 环境科学学报，35（8）：2633-2640.
田耀武，黄志霖，肖文发，2011. 基于 AnnAGNPS 模型的三峡库区秭归县生态服务价值 [J]. 中国环境科学，31（12）：2071-2075.
田义超，梁铭忠，任志远，2013. 城乡过渡区土地利用变化模拟与生态风险时空异质性特征 [J]. 环境科学研究，26（5）：540-548.
万利，陈佑启，谭靖，等，2009. 北京郊区生态安全动态评价与分析 [J]. 地理科学进展，28（2）：238-244.
万利，2009. 城乡交错带土地利用变化的生态环境影响评估 [D]. 北京：中国农业科学院 .
万龙，张晓萍，陈凤娟，等，2010. 黄土区退耕背景下的土地利用适宜性评价——以安塞县马家沟流域为例 [J]. 中国水土保持科学，8（5）：30-35.
王琎，2018. 珠江口近岸土地利用 / 覆盖变化及其环境生态效应研究 [D]. 北京：中国科学院大学 .
王金叶，黎志逡，程道品，等，2012. 区域旅游生态系统可持续发展研究 [M]. 北京：科学出版社 .
王娟，崔保山，刘杰，等，2008. 云南澜沧江流域土地利用及其变化对景观生态风险的影响 [J]. 环境科学学报，28（2）：269-277.
王军，顿耀龙，2015. 土地利用变化对生态系统服务的影响研究综述 [J]. 长江流域资源与环境，24（5）：798-808.
王军，严慎纯，白中科，等，2012. 土地整理的景观格局与生态效应研究综述 [J]. 中国土地科学，26（9）：87-84.
王军，严慎纯，余莉，等，2014. 土地整理的生态系统服务价值评估与生态设计策略——以吉林省大安市土地整理项目为例 [J]. 应用生态学报，25（4）：1093-1099.
王小丹，陈斌如，高攀，等，2005. 青藏高原东缘贡嘎山地区土地利用与景观格局演变 [J]. 北京林业大学学报，27（3）：40-45.
王晓东，蒙吉军，2014. 土地利用变化的环境生态效应研究进展 [J]. 北京大学学报（自然科学版），50（6）：1132-1140.
王新歌，席建超，陈田，2017. 社区居民生计模式变迁与土地利用变化的耦合协调研究——以大连金石滩旅游度假区为例 [J]. 旅游学刊，32（3）:107-116.
王雪梅，柴仲平，毛东雷，等，2015. 不同土地利用方式下渭—库绿洲土壤质量评价 [J]. 水土保持学报，35（4）：46-50.
韦晶，孙林，刘双双，等，2015. 大气颗粒物污染对土地覆盖变化的响应 [J]. 生态学报，35（16）：5495-5506.
韦仕川，吴次芳，杨杨，等，2008. 基于 RS 和 GIS 的黄河三角洲土地利用变化及生态安全研究——以东营市为例 [J]. 水土保持学报，22（1）：185-189.
温海燕，李琼芳，李鹏，等，2013. 土地利用变化对流域产水特性的影响研究 [J]. 水电能源科学，31（1）：12-14.
吴海珍，阿如旱，郭田保，等，2011. 基于 RS 和 GIS 的内蒙古多伦县土地利用变化对生态服务价值的影

响 [J]. 地理科学，31（1）：110-116.
吴剑，陈鹏，文超祥，等，2014. 基于探索性空间数据分析的海坛岛土地利用生态风险评价 [J]. 应用生态学报，25（7）：2056-2062.
吴健生，乔娜，彭建，等，2013. 露天矿区景观生态风险空间分异 [J]. 生态学报，33（12）：3816-3824.
吴蒙，车越，杨凯，2013. 基于生态系统服务价值的城市土地空间分区优化研究——以上海市宝山区为例 [J]. 资源科学，35（12）：2390-2396.
向英奇，刘淼，胡远满，等，2015. 辽宁省沿海地区景观格局时空变化及其驱动力 [J]. 生态学杂志，34（9）：2628-2635.
向芸芸，蒙吉军，2014. 漓江流域旅游开发对景观格局干扰的时空分异 [J]. 山地学报，32（1）:11-20.
肖笃宁，陈文波，2002. 论生态安全的基本概念和研究内容 [J]. 应用生态学报，13（3）：354-358.
肖琳，田光进，2014. 天津市土地利用生态风险评价 [J]. 生态学杂志，33（2）：469-476.
肖明，吴季秋，陈秋波，等，2012. 基于 CA-Markov 模型的昌化江流域土地利用动态变化 [J]. 农业工程学报，28（10）：231-238.
肖杨，毛显强，2006. 区域景观生态风险空间分析 [J]. 中国环境科学，26（5）：623-626.
谢高地，鲁春霞，冷允法，等，2003. 青藏高原生态资产的价值评估 [J]. 自然资源学报，18（2）：189-195.
谢高地，肖玉，鲁春霞，2006. 生态系统服务研究：进展、局限和基本范式 [J]. 植物生态学报，30（2）：191-199.
谢花林，2011. 基于景观结构的土地利用生态风险空间特征分析——以江西兴国县为例 [J]. 中国环境科学，31（4）：688-695.
谢花林，2008. 基于景观结构和空间统计学的区域生态风险分析 [J]. 生态学报，28（10）：5021-5026.
徐嘉兴，李钢，渠俊峰，等，2011. 洪泽湖地区土地利用与景观格局演变 [J]. 长江流域资源与环境，20（10）：1211-1215.
徐兰，罗维，周宝同，2015. 基于土地利用变化的农牧交错带典型流域生态风险评价 [J]. 自然资源学报，30（4）：581-590.
许倍慎，2012. 江汉平原土地利用景观格局演变及生态安全评价 [D]. 武汉：华中师范大学 .
许妍，高俊峰，高永年，2011. 基于土地利用动态变化的太湖地区景观生态风险评价 [J]. 湖泊科学，23（4）：642-648.
许景璇，代俊峰，2018. 漓江流域上游径流变化分析 [J]. 人民长江，49（10）：41-46.
严恩萍，林辉，王广兴，等，2014. 1990—2011 年三峡库区生态系统服务价值演变及驱动力 [J]. 生态学报，34（20）：5962-5973.
阳文锐，2015. 北京城市景观格局时空变化及驱动力 [J]. 生态学报，35（13）：4357-4366.
杨桂山，2002. 长江三角洲耕地数量变化趋势及总量动态平衡前景分析 [J]. 自然资源学报，17（5）：525-532.
杨克磊，张建芳，杨晓帆，等，2008. 唐山市南湖生态示范区景观生态风险评价 [J]. 环境科学研究，21（3）：104-109.
杨永德，2005. 漓江上游水资源可持续利用研究 [D]. 长沙：中南林业大学 .
杨志平，2012. 徐州市土地利用变化及其驱动机制分析 [J]. 国土与自然资源研究，（5）：1-4.
叶长盛，冯艳芬，2013. 基于土地利用变化的珠江三角洲生态风险评价 [J]. 农业工程学报，29（19）：224-232.
袁宇志，张正栋，蒙金华，2015. 基于 SWAT 模型的流溪河流域土地利用与气候变化对径流的影响 [D]. 应用生态学报，26（4）：989-998.
岳文泽，徐丽华，2007. 城市土地利用类型及格局的热环境效应研究——以上海市中心城区为例 [J]. 地理科学，27（2）：243-248.
臧淑英，梁欣，张思冲，2005. 基于 GIS 的大庆市土地利用生态风险分析 [J]. 自然灾害学报，14（4）：141-145.
曾辉，刘国军，1999. 基于景观结构的区域生态风险分析 [J]. 中国环境科学，19（5）：454-457.
张广海，孙文斐，2010. 城市旅游发展动力机制评价分析——以山东滨海城市为例 [J]. 中国海洋大学学报（社会科学版），（4）:76-81.
张皓玮，李欣，殷如梦，等，2018. 旅游城镇化地区土地利用景观格局指数的粒度效应——以扬州市广陵区为例 [J]. 南京师大学报（自然科学版），41（3）:122-130.
张明阳，王克林，刘会玉，等，2010. 桂西北典型喀斯特区生态系统服务价值对景观格局变化的响应 [J]. 应用生态学报，21（5）：1174-1179.
张舟，吴次芳，谭荣，2013. 生态系统服务价值在土地利用变化研究中的应用：瓶颈和展望 [J]. 应用生态学报，24（2）：556-562.
章茹，蒋元勇，万金保，等，2014. 城镇化过程对鄱阳湖流域生态系统的影响 [J]. 长江流域资源与环境，23（3）：400-406.
赵景柱，肖寒，吴刚，2000. 生态系统服务的物质量与价值量评价方法的比较分析 [J]. 应用生态学报，11（2）：290-292.
赵米金，徐涛，2005. 土地利用 / 土地覆被变化环境效应研究 [J]. 水土保持学报，12（1）：43-46.
赵微，闵敏，李俊鹏，2013. 土地整理区域生态系统服务价值损益规律研究 [J]. 资源科学，35（7）：1415-1422.
赵岩洁，李阳兵，邵景安，2013. 基于土地利用变化的三峡库区小流域生态风险评价——以草堂溪为例 [J]. 自然资源学报，28（6）：944-956.
赵阳，余新晓，贾剑波，等，2013. 红门川流域土地利用景观动态演变及驱动力分析 [J]. 农业工程学报，29（9）：239-248.
赵阳，张艺，涂志华，等，2014. 基于生态服务价值的多目标水源地土地利用结构优化 [J]. 中国环境科学，34（1）：232-238.
郑华，李屹峰，欧阳志云，等，2013. 生态系统服务功能管理研究进展 [J]. 生态学报，33（3）：702-710.
郑忠明，李华，周志翔，等，2009. 城市化背景下近 30 年武汉市湿地的景观变化 [J]. 生态学杂志，28（8）：1619-1623.
周德成，罗格平，许文强，等，2010. 1960—2008 年阿克苏河流域生态系统服务价值动态 [J]. 应用生态学报，21（2）：399-408.
周海丽，史培军，徐小黎，2003. 深圳城市化过程与水环境质量变化研究 [J]. 北京师范大学学报（自然科学版），39（2）：273-279.
周俊菊，雷莉，石培基，等，2015. 石羊河流域河川径流对气候与土地利用变化的响应 [J]. 生态学报，35（11）：3788-3796.
朱辉，2015. 基于 RS 和 GIS 技术的海口市土地利用变化及其旅游驱动机制研究 [D]. 海口：海南大学 .
朱会义，何书金，张明，2001. 环渤海地区土地利用变化的驱动力分析 [J]. 地理研究，20（6）：669-678.
朱晓媚，何平，粟维斌，2009. 漓江风景区核心段森林景观格局动态分析 [J]. 桂林工学院学报，29（1）：58-64.

Agostini P，Pizzol L，Critto A，et al，2012. Regional risk assessment for contaminated sites Part 3：spatial decision support system[J]. Environment International，(48)：121-132.
Anselin L，1995. Local indicators of spatial association-LISA[J]. Geographical Analysis，27 (2)：93-115.
Bartolo R E，Vandam R A，Bayliss B P，2012. Regional ecological risk assessment for Australia' s tropical rivers：application of the relative risk model[J]. Human and Ecological Risk Assessment，18 (1)：16-46.
Berry M W，Flamm R O，Hazen B C，et al，1996. A system for modeling land-use change[J]. IEEE Computational Science & Engineering，3 (1)：24-35.
Bormann H，Klaassen K，2008. Seasonal and land use dependent variability of soil hydraulic and soil hydrological properties of two Northern German soils[J]. Geoderma，145 (3)：295-302.
Botequilha L A，Ahern J，2002. Applying landscape ecological concepts and metrics in sustainable landscape planning[J]. Landscape and Urban Planning，59：65-93.
Budhcudra B，Jon H，Bernie E，et al，2003. Assessing watershed-scale，long-term hydrologic impacts of land-use change using a GIS-NPS model[J]. Environmental Management，26 (6)：643-658.
Campos M，Velazquez A，2012. An interdisciplinary approach to depict landscape change drivers：a case study of the Ticuiz agrarian community in Michoacan，Mexico[J]. Applied Geography，32 (2)：409-419.
Carpenter S R，Mooney H A，Agard J，et al，2009. Science for managing ecosystem services：beyond the millennium ecosystem assessment[J]. Proceeding of the National Academy of Sciences of the United States of America，(106)：1305-1312.
Chuai X W，Huang X J，Wang W J，et al，2015. Land use，total carbon emissions change and low carbon land management in Coastal Jiangsu，China[J]. Journal of Cleaner Production，(103)：77-86.
Costanza R，d' Agre R，De Groot R，et al，1997. The value of the world' s ecosystem services and natural capital[J]. Nature，387 (6630)：253-260.
Cunha A P，Alvalá R，Kubota P Y，et al，2015. Impacts of land use and land cover changes on the climate over Northeast Brazil[J]. Atmospheric Science Letters，(16)：219-227.
Dale M R T，Fortin M J，2009. Spatial autocorrelation and statistical tests：some solutions[J]. Journal of Agricultural Biological and Environmental Statistics，14 (2)：188-206.
Dale V H，Kline K L，2013. Issues in using landscape indicators to assess land changes[J]. Ecological Indicators，(28)：91-99.
Dalposso G H，Uribe-opazo M A，Mercante E，et al，2013. Spatial autocorrelation of NDVI and GVI indices derived from landsat/tm images for soybean crops in the western of the state of Paraná in 2004/2005 crop season[J]. Engenharia Agrícola，33 (3)：525-537.
Deng J S，Wang K，Hong Y，et al，2009. Spatio-temporal dynamics and evolution of land use change and landscape pattern in response to rapid urbanization[J]. Landscape and Urban Planning，92 (3-4)：187-198.
Deng L，Shangguan Z P，Sweeney S，2014. "Grain for Green" driven land use change and carbon sequestration on the Loess Plateau，China[J]. Scicntific Reports，(4)：7039.
Dlamini P，Chivenge P，Manson A，et al，2014. Land degradation impact on soil organic carbon and nitrogen stocks of sub-tropical humid grasslands in South Africa[J]. Geoderma，(235-236)：372-381.
Dong G T，Bai J，Yang S T，et al，2015. The impact of land use and land cover change on net primary productivity on China's Sanjiang Plain[J]. Environmental Earth Sciences，(74)：2907-2917.
Douglas G P，2001. Tourism and urban land use change：assessing the impact of chrischurch's tourism

tramway[J]. Tourism and Hospitality Research，（9）:132-148.
El-Khoury A，Seidou O，Lapen D R，et al，2014. Prediction of land-use conversions for use in watershed-scale hydrological modeling：a Canadian case study[J]. The Canadian Geographer/Le Géographe canadien，58（4）：499-516.
Estoque R C，Murayama Y，2012. Examining the potential impact of land use/cover changes on the ecosystem services of Baguio city，the Philippines：a scenario-based analysis[J]. Applied Geography，35（1）：316-326.
Evelyn U，Juri R，Ulo M，2005. Scale dependence of landscape pattern metrics and their indicatory for nutrient and organic matter losses from catchments[J]. Ecological Indicators，5（4）：350-369.
Fan C，Myint S，2014. A comparison of spatial autocorrelation indices and landscape metrics in measuring urban landscape fragmentation[J]. Landscape and Urban Planning，（121）：117-128.
Foley J A，DeFries R，Asner G P，2005. Global consequences of land use[J]. Science，（309）：570-574.
Fu B J，Chen L D，Ma K M，et al，2000. The relationships between land use and soil conditions in the hilly area of the loess plateau in northern Shanxi，China[J]. Catena，39（1）：69-78.
Fu B J，Wang S，Su C H，et al，2013. Linking ecosystem processes and ecosystem services[J]. Current Opinion in Environmental Sustainability，5（1）：4-10.
Gao C Y，Lin Q X，Bao K S，et al，2014. Historical variation and recent ecological risk of heavy metals in wetland sediments along Wusuli river，northeast China[J]. Environmental Earth Sciences，72（11）：4345-4355.
Gao P，Niu X，Wang B，et al，2015. Land use changes and its driving forces in hilly ecological restoration area based on GIS and RS of northern China[J]. Scientific reports，5：1-11.
Geist H J，Lambin E F，2002. Proximate causes and underlying driving forces of tropical deforestation[J]. Biological Science，52（2）：143-150.
Gerstner K，Dormann C F，Stein A，et al，2014. Effects of land use on plant diversity—A global meta-analysis[J]. Journal of Applied Ecology，51（6）：1690-1700.
Gret-Regamey A，Walz A，Bebi P，2008. Valuing ecosystem services for sustainable landscape planning in Alpine regions[J]. Mountain Research and Development，28（2）：156-165.
Guo J T，Zhang Z Q，Zhou J，et al，2014. Decoupling streamflow responses to climate variability and land use/cover changes in a watershed in northern China[J]. Journal of the American Water Resources Association，50（6）：1425-1438.
Hayes E H，Landis W G，2004. Regional ecological risk assessment of a near shore marine environment：Cherry Point，WA[J]. Human and Ecological Risk Assessment，10（2）：299-325.
He C，Wei A，2011. Detecting land-use/land-cover change in rural-urban fringe areas using extended change-vector analysis[J]. Inter-national Journal of Applied Earth Observation and Geo-information，13（4）：572-585.
He F N，Li M J，Li S C，et al，2015. Comparison of changes in land use and land cover in China and the USA over the past 300 years[J]. Journal of Geographical Sciences，25（9）：1045-1057.
He H S，DeZonia B E，Mladenoff D J，2000. An aggregation index（AI） to quantify spatial patterns of landscapes[J]. Landscape Ecology，15（7）：591-601.
Hodge I，1991. Incentive policies and the rural environment[J]. Journal of Rural studies，（7）：207-218.
Huslshoff R M，1995. Landscape indices describing a Dutch landscape[J]. Landscape Ecology，10（2）：101-111.
Islam G M T，Islam A K M S，Shopan A A，et al，2015. Implications of agricultural land use change to

ecosystem services in the Ganges delta[J]. Journal of Environmental Management，（161）: 443-452.
Jaeger J A G，2000. Landscape division，splitting index，and effective mesh size:new measures of landscape fragmentation[J]. Landscape Ecology，15（2）: 115-130.
Jiang Y J，Zhang C，Yuan D X，et al，2008. Impact of land use change on groundwater quality in a typical karst watershed of southwest China：a case study of the Xiaojiang watershed，Yunnan Province[J]. Hydrogeology Journal，16（4）: 727-735.
Kandrika S，Roy P S，2008. Land use land cover classification of Orissa using multi-temporal IRS-P6 awifs data：a decision tree approach[J]. International Journal of Applied Earth Observation and Geoinformation，10（2）: 186-193.
Kellner E，Hubbart J A，Ikem A，2015. A comparison of forest and agricultural shallow groundwater chemical status a century after land use change[J]. Science of The Total Environment，（529）: 82-90.
Kim D G，Kirschbaum M U F，2015. The effect of land-use change on the net exchange rates of greenhouse gases：A compilation of estimates[J]. Agriculture，Ecosystems & Environment，（208）: 114-126.
Kindu M，Schneider T，Teketay D，et al，2015. Drivers of land use/land cover changes in Munessa-Shashemene landscape of the south-central highlands of Ethiopia[J]. Environmental Monitoring and Assessment，187（7）: 1-17.
Kreuter U P，Harris H G，Matlock M D，et al，2001. Change in ecosystem service values in the San Antonio area，Texas[J]. Ecological Economics，39（3）: 333-346.
Kukkonen M，Käyhkö N，2014. Spatio-temporal analysis of forest changes in contrasting land use regimes of Zanzibar，Tanzania[J]. Applied Geography，（55）: 193-202.
Landis W G，Durda J L，Brooks M L，et al，2013. Ecological risk assessment in the context of global climate change[J]. Environmental Toxicology and Chemistry，32（1）: 79-92.
Landis W G，2003. Twenty years before and hence：ecological risk assessment at multiple scales with stressors and multiple endpoints[J]. Human and Ecological Risk Assessment，9（5）: 1317-1326.
Li D F，Shao M A，2014. Soil organic carbon and influencing factors in different landscapes in an arid region of northwestern China[J]. Catena，（116）: 95-104.
Li H B，Wu J G，2004. Use and misuse of landscape indices[J]. Landscape Ecology，19（4）: 389-399.
Li W F，Bai Y，Chen Q W，et al，2014. Discrepant impacts of land use and land cover on urban heat islands：a case study of Shanghai，China[J]. Ecological Indicators，（47）: 171-178.
Liu J Y，Liu M L，Zhuang D F，et al，2003. Study on spatial pattern of land-use change in China during 1995—2000[J]. Science in China （Series D），46（4）: 373-384.
Liu M，Chen L，Gou Y Q，et al，2011. Assessment of urban ecological risk from spatial interaction models for Lijiang City[J]. International Journal of Sustainable Development & World Ecology，18（6）: 537-542.
Lo Y H，Blanco J A，Canals R M，et al，2015. Land use change effects on carbon and nitrogen stocks in the Pyrenees during the last 150 years：a modeling approach[J]. Ecological Modelling，（312）: 322-334.
Mantyka-Pringle C S，Visconti P，Di Marco M，et al，2015. Climate change modifies risk of global biodiversity loss due to land-cover change[J]. Biological Conservation，（187）: 103-111.
Martinsen V，Mulder J，Austrheim G，et al，2011. Carbon storage in low-alpine grassland soils：effects of different grazing intensities of sheep[J]. European Journal of Soil Science，62（6）: 822-833.
Matson P A，Porton W J，Power A G，et al，1997. Agriculture intensification and ecosystem properties[J].

Science，（277）：504-509.
McMurry K C，1930. The use of land for recreation[J]. Annals of the Association of American Geographers，20（1）：7-20.
Meneses B M，Reis R，Vale M J，et al，2015. Land use and land cover changes in Zêzere watershed（Portugal）- Water quality implications[J]. Science of The Total Environment，（527）：439-447.
Meyfroidt P，Lambin E F，Erb K H，et al，2013. Globalization of land use：distant drivers of land change and geographic displacement of land use[J]. Current Opinion in Environment Sustainability，5（5）：438-444.
Misra A，Balaji R，2015. Decadal changes in the land use/land cover and shoreline along the coastal districts of southern Gujarat，India[J]. Environmental Monitoring and Assessment，187（7）：1-13.
Mitsovaa D，Shusterb W，Wang X H，2011. A cellular automata model of land cover change to integrate urban growth with open space conservation[J]. Landscape and Urban Planning，99（2）：141-153.
Murty D，Kirschbaum M U F，Mcmurtrie R E，et al，2002. Does conversion of forest to agricultural land change soil carbon and nitrogen? A review of the literature[J]. Global Change Biology，（8）:105-123.
Ngo T S，Nguyen D B，Rajendra P S，2015. Effect of land use change on runoff and sediment yield in Da River Basin of Hoa Binh Province，Northwest Vietnam[J]. Journal of Mountain Science，12（4）：1051-1064.
Ngo-Mbogba M，Yemefack M，Nyeck B，2015. Assessing soil quality under different land cover types within shifting agriculture in South Cameroon[J]. Soil and Tillage Research，（150）：124-131.
Obade V P，Lal R，2013. Assessing land cover and soil quality by remote sensing and geographical information systems（GIS）[J]. Catena，（104）：77-92.
Obery A M，Landis W G，2002. A regional multiple stressor risk assessment of the Codorus Creek watershed applying the relative model[J]. Human and Ecological Risk Assessment，8（2）：405-528.
Olivier E，Guillaume N，Olivier C，2010. Modelling the impact of land use change and rainfall seasonality on sediment export from an agricultural catchment of the northwestern European loess belt[J]. Agriculture，Ecosystems and Environment，（138）：83-94.
O' Neill R V，Krummel J R，Gardner R H，et al，1988. Indices of landscape pattern[J]. Landscape Ecology，1（3）：153-162.
O' Neill R V，Riitters K，Wickham J，1999. Landscape pattern metrics and regional assessment[J]. Ecosystem Health，（5）：225-233.
Overmars K P，Dekoning G H J，Veldkamp A，2003. Spatial autocorrelation in multi-scale land use models[J]. Ecological Modelling，164（2/3）：257-270.
Paukert C P，Pitts K L，Whittier J B，et al，2011. Development and assessment of a landscape-scale ecological threat index for the Lower Colorado River Basin[J]. Ecological Indicators，11（2）：304-310.
Phaneuf D J，Smith V K，Palmquist R B，et al，2008. Integrating property value and local recreation models to value ecosystem services in urban watersheds[J]. Land Economics，84（3）：361-381.
Pickett S T A，Cadanasso M L，1995. Landscape ecology：spatial heterogeneity in ecological systems[J]. Science，269（5222）：331-334.
Pimm S L，Raven P，2000. Extinction by number[J]. Nature，（403）：843-845.
Polasky S，Nelson E，Pennington D，et al，2011. The impact of land-use change on ecosystem services，biodiversity and returns to landowners：a case study in the state of Minnesota[J]. Environmental and Resource Economics，48（2）:219-412.

Pungetti G，1995. Anthropological approaches to agricultural landscape history in Sardinia[J]. Landscape and Urban Planning，31（1）: 47-56.

Rabbi S M F，Tighe M，Cowie AL，et al，2014. The relationships between land uses，soil management practices，and soil carbon fractions in South Eastern Australia[J]. Agriculture，Ecosystems and Environment，(197) : 41-52.

Radford K G，James P，2013. Changes in the value of ecosystem services along a rural-urban gradient：a case study of Greater Manchester，UK[J]. Landscape and Urban Planning，109（1）: 117-127.

Rafael M，1996. Conservation and community：the contradictions and ambiguities of tourism in the Stone Town of Zanzibar[J]. Habitat International，20（2）:265-272.

Roces-Diaz J V，Diaz-Varela R A，Alvarez-Alvarez P，et al，2015. A multiscale analysis of ecosystem services supply in the NW Iberian Peninsula from a functional perspective[J]. Ecological Indicators，(50) : 24-34.

Ronnback P，1999. The ecological basis for economic value of seafood production supported by mangrove ecosystems[J]. Ecological Economics，29（2）: 235-252.

Sajikumar N，Remya R S，2015. Impact of land cover and land use change on runoff characteristics[J]. Journal of Environmental Management，(161) : 460-468.

Schulman M D，Zimmerm C，Danaher W F，1994. Survival in agriculture：linking macro and micro-level analyses[J]. Sociologia Ruralis，(34) : 229-251.

Schwen A，Backus J，Yang Y，et al，2014. Characterizing land use impact on multi-tracer displacement and soil structure[J]. Journal of Hydrology，(519) : 1752-1768.

Sen G，Bayramoglu M M，Toksoy D，2015. Spatiotemporal changes of land use patterns in high mountain areas of Northeast Turkey：a case study in Maçka[J]. Environmental Monitoring and Assessment，187（8）: 1-14.

Serveiss V B，2002. Applying ecological risk principles to watershed assessment and management[J]. Environmental Management，29（2）: 145-154.

Shi S W，Zhang W，Zhang P，et al，2013. A synthesis of change in deep soil organic carbon stores with afforestation of agricultural soils[J]. Forest Ecology Manage，(296）:53-63.

Shucksmith M，1993. Farm household behavior and the transition to post-productivism[J]. Journal of Agricultural Economics，(44) : 46-47.

Simonneaux V，Cheggour A，Deschamps C，et al，2015. Land use and climate change effects on soil erosion in a semi-arid mountainous watershed （High Atlas，Morocco） [J]. Journal of Arid Environments，(122) : 64-75.

Smith R A，1991. Beach resorts：a model of development evolution[J]. Landscape and Urban Planning，21（3）: 189-210.

Soffianian A，Madanian M，2015. Monitoring land cover changes in Isfahan Province，Iran using Landsat satellite data[J]. Environmental Monitoring and Assessment，187（8）: 1-15.

Sonter L J，Moran C J，Barrett D J，et al，2014. Processes of land use change in mining regions[J]. Journal of Cleaner Production，(84) : 494-501.

Sterling S M，Ducharne A，Polcher J，2012. The impact of global land-cover change on the terrestrical water cycle[J]. Nature Climate Change，3（4）: 385-390.

Su S L，Xiao R，Jiang Z L，et al，2012. Characterizing landscape pattern and ecosystem service value changes for urbanization impacts at an eco-regional scale[J]. Applied Geography，34（1）: 295-305.

Sutton P，Costanza R，2002. Global estimates of market and non-market values derived from nighttime satellite imagery，land cover，and ecosystem service valuation[J]. Ecological Economics，41（3）:509-527.
Tang J M，Wang L，Yao Z J，2008. Analyses of urban landscape dynamics using multi-temporal satellite images：a comparison of two petroleum-oriented cities[J]. Landscape and Urban Planning，87（4）：269-278.
Tangen B A，Finocchiaro R G，Gleason R A，2015. Effects of land use on greenhouse gas fluxes and soil properties of wetland catchments in the Prairie Pothole Region of North America[J]. Science of the Total Environment，（533）：391-409.
Tao Y，Li F，Wang R S，et al，2015. Effects of land use and cover change on terrestrial carbon stocks in urbanized areas：a study from Changzhou，China[J]. Journal of Cleaner Production，（103）:651-657.
Tian G J，Yun O Y，Quan Q，et al，2011. Simulating spatiotemporal dynamics of urbanization with multi-agent systems—A case study of the Phoenix metropolitan region，USA[J]. Ecological Modelling，222（5）：1129-1138.
Tian H Q，Banger K，Bo T，et al，2014. History of land use in India during 1880-2010：large-scale land transformations reconstructed from satellite data and historical archives[J]. Global and Planetary Change，（121）：78-88.
Tian H Q，Chen G S，Zhang C，et al，2012. Century-scale reponse of ecosystem carbon storage to multifcactorial global change in the Southern United States[J]. Ecosystems，15（4）：674-694.
Tilman D，Fargione J，Wolff B，et al，2001. Forecasting agriculturally driven global environmental change[J]. Science，292（5515）：281-284.
Trail M，Tsimpidi A P，Liu P，et al，2015. Reforestation and crop land conversion impacts on future regional air quality in the Southeastern US[J]. Agricultural and Forest Meteorology，（209）：78-86.
Turner B L，Janetos A C，Verburg P H，et al，2013. Land system architecture：using land systems to adapt and mitigate global environmental change[J]. Global Environment Change，23（2）：395-397.
Turner B L，Skole D，Sanderson S，et al，1995. Land-use and land-cover change science/research plan[R]. IGBP Report No.35 & HDP Report No.7. Stockholm：IGBP.
Turner B L，1994. Local faces，global flows：the role of land use and land cover in global environmental change[J]. Land Degradation and Development，5（2）：71-78.
Turner M G，1990. Spatial and temporal analysis of landscape patterns[J]. Landscape Ecology，4（1）：21-30.
Van N O，Kawamura K，Trong D P，et al，2015. Temporal change and its spatial variety on land surface temperature and land use changes in the Red River Delta，Vietnam，using MODIS time-series imagery[J]. Environmental Monitoring and Assessment，187（7）：1-11.
Vitousek P M，Mooney H A，Lubchnenco J，et al，1997. Human domination of earths ecosystems[J]. Science，277（5325）：494-499.
Vleeshouwers L M，Verhagen A，2002. Carbon emission and sequestration by agricultural land use：a model study for Europe[J]. Globe Change Biology，8（6）：519-530.
Vos C C，Verboom J，Opdam P F M，et al，2001. Toward ecologically scaled landscape indices[J]. American Naturalist，157（1）：24-41.
Wang W J，Guo H C，Chuai X W，et al，2014. The impact of land use change on the temporospatial variations of ecosystems services value in China and an optimized land use solution[J]. Environmental Science and Policy，（44）：62-72.

Wang Z M，Zhang B，Zhang S Q，et al，2006. Changes of land use and of ecosystem service values in Sanjiang Plain，Northeast China[J]. Environmental Monitoring and Assessment，112（1）: 69-91.

Ward D，Phinn S R，Murray A T，2000. Monitoring growth in rapidly urbanizing areas using remotely sensed data[J]. Professional Geographer，52（3）: 371-386.

Wijesekara G N，Gupta A，Valeo C，et al，2012. Assessing the impact of future land-use changes on hydrological processes in the Elbow River watershed in southern Alberta，Canada[J]. Journal of Hydrology，412/413：220-232.

Wilson T S，Sleeter B M，Davis A W，2015. Potential future land use threats to California’ s protected areas[J]. Regional Environmental Change，15（6）: 1051-1064.

Wulder M A，White J C，Coops N C，et al，2007. Using local spatial autocorrelation to compare outputs from a forest growth model[J]. Ecological Modelling，209（2/4）: 264-276.

Xie H L，Wang P，Huang H S，2013. Ecological risk assessment of land use change in the Poyang Lake eco-economic zone，China[J]. International Journal of Environmental Research and Public Health，10（1）: 328-346.

Yamashima R，Matsumoto J，Takata K，et al，2015. Impact of historical land-use changes on the Indian summer monsoon onset[J]. International Journal of Climatology，35（9）: 2419-2430.

Yang P，Mao X L，Li T H，et al，2011. Ecological risk assessment of the Shenzhen River-Baywatershed[J]. Human and Ecological Risk Assessment，17（3）: 580-597.

Yang X L，Ren L L，Liu Y，et al，2014. Hydrological response to land use and land cover changes in a sub-watershed of West Liaohe River Basin，China[J]. Journal of Arid Land，6（6）: 678-689.

Yang Z，Lv Y，Li H，2015. Changes of soil organic carbon in soil aggregates under different stages of desertification in the Ordos Sand Land of Inner Mongolia[J]. Journal of Coastal Research，73（sp1）: 420-425.

Yu G，Chen J，Zhang XQ，et al，2013. Comprehensive analysis of an ecological risk assessment of the Daliao River estuary，China[J]. Environmental Monitoring and Assessment，185（8）: 6793-6807.

Yu G，Lu C X，Xie G D，2005. Grassland ecosystem services and their economic evaluation in Qinghai-Tibetan Plateau based on RS and GIS[C]. IGARSS 2005：Proceedings of IEEE International Geoscience and Remote Sensing Symposium：2961-2964.

Yu M Z，Zhang L L，Xu X X，et al，2015. Impact of land-use changes on soil hydraulic properties of Calcaric Regosols on the Loess Plateau，NW China[J]. Journal of Plant Nutrition and Soil Science，(178) :486-498.

Yuan Z，Chu Y，Shen Y，2015. Simulation of surface runoff and sediment yield under different land-use in a Taihang Mountains watershed，North China[J]. Soil and Tillage Research，(153) : 7-19.

Zeng C，Shen H，Zhang L，2013. Recovering missing pixels for Landsat ETM+ SLC-off imagery using multi-temporal regression analysis and a regularization method[J]. Remote Sensing of Environment，(131) : 182-194.

Zhang T，Zhang X N，Xia D Z，et al，2014. An analysis of land use change dynamics and its impacts on hydrological processes in the Jialing River Basin[J]. Water，6（12）: 3758-3782.

Zhang X F，Zhang L H，He C S，et al，2014. Quantifying the impacts of land use/land cover change on groundwater depletion in Northwestern China—A case study of the Dunhuang Oasis[J]. Agricultural Water Management，(146) : 270-279.

Zhao B，Kreuter U，Li B，et al，2004. An ecosystem service value assessment of land-use change on Chongming Island，China[J]. Land Use Policy，21（2）: 139-148.

Zhao Y，Huang C M，Zhang H J，2014. Ecological risk assessment of provincial land-use overall planning in china[J]. Human and Ecological Risk Assessment，20（6）：1491-1506.
Zhou W，Li J L，Mu S J，et al，2014. Effects of ecological restoration induced land-use change and improved management on grassland net primary productivity in the Shiyanghe River Basin，north-west China[J]. Grass and Forage Science，69（4）：596-610.